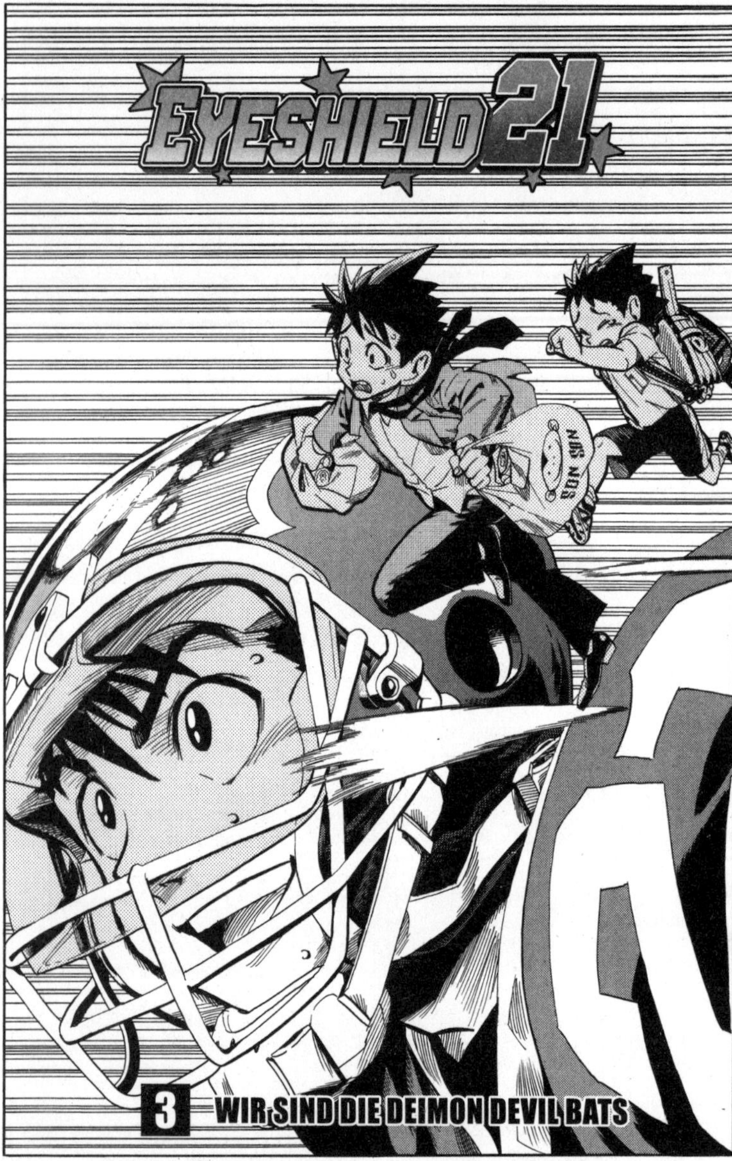

Story
Riichiro Inagaki

Zeichnungen
Yusuke Murata

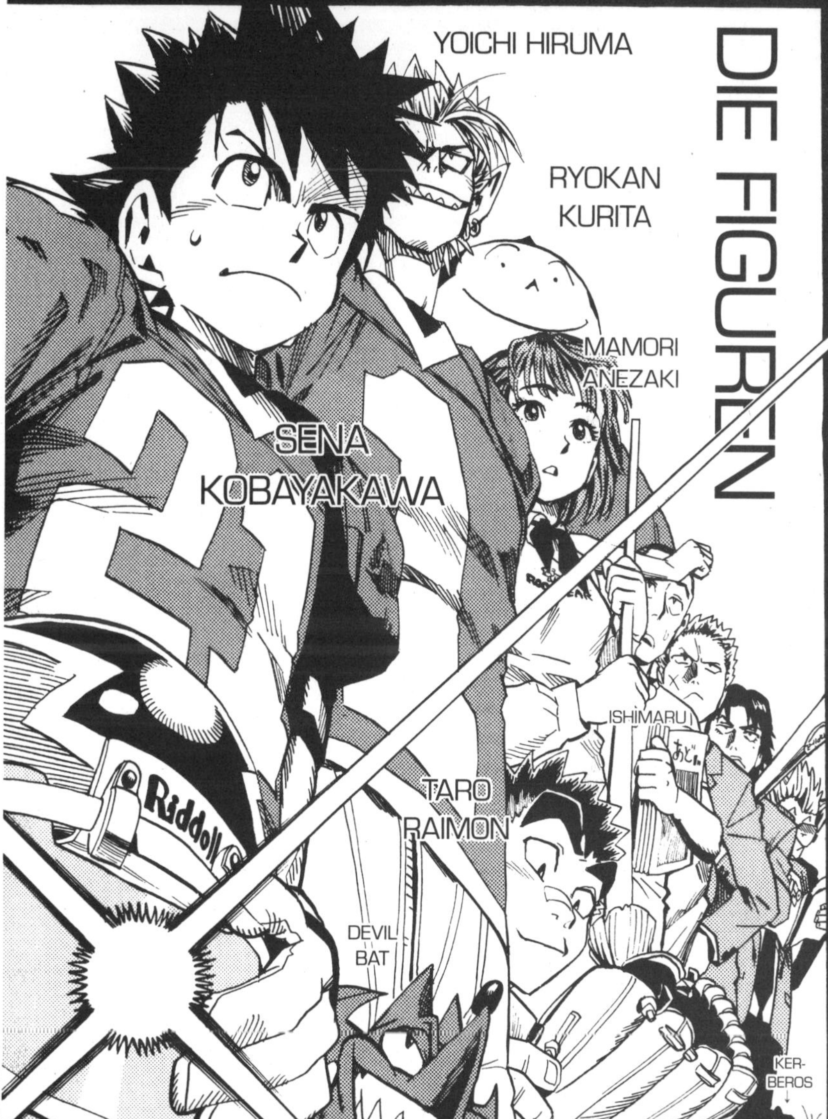
DIE FIGUREN
YOICHI HIRUMA
RYOKAN KURITA
MAMORI ANEZAKI
SENA KOBAYAKAWA
ISHIMARU
TARO RAIMON
DEVIL BAT
KERBEROS

Was bisher geschah: Sena Kobayakawa ist ein schüchterner Zehntklässler. Er hat von klein auf ein Lakaienleben geführt, nimmt sich den Eintritt in die Deimon-Oberschule jedoch zum Anlass, sich zu ändern, wird Manager des Football-Klubs. Dort lernt er Hiruma kennen,dem Senas schnelle, vom vielen Weglaufen trainierte (?)Beine auffallen. Als Eyeshield 21 nimmt er am Spiel gegen die Koigahama-Oberschule teil. Sena macht sich auf dem Feld überraschend gut, und Deimon fährt den ersten Sieg ein. Er beginnt sogar, Gefallen an Football zu finden, aber im nächsten Spiel überlegt er angesichts der überwältigenden Stärke der Ojo-Oberschule und aus Angst vor Shin, sich heimlich aus dem Staub zu machen. Als er jedoch sieht, wie seine Mitspieler alles geben, entschließt er sich, aufs Spielfeld zurückzukehren und Shin die Stirn zu bieten.

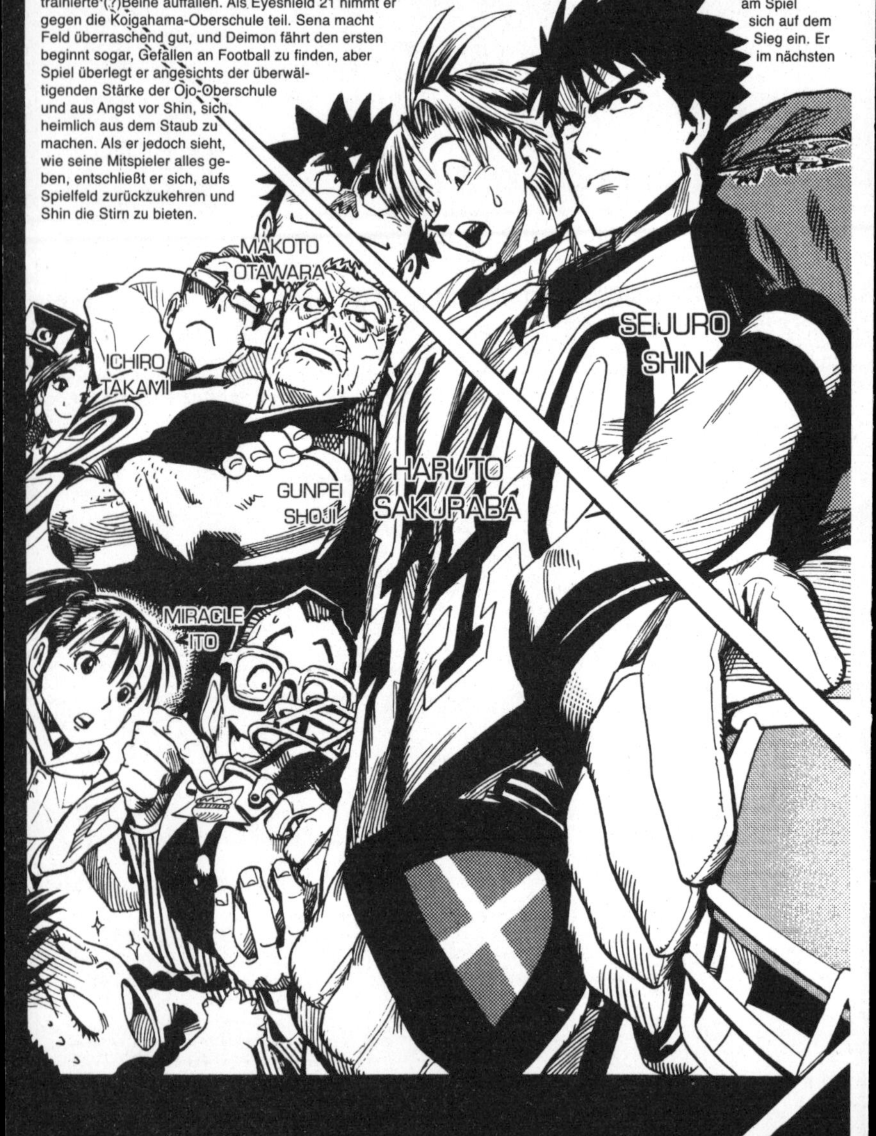

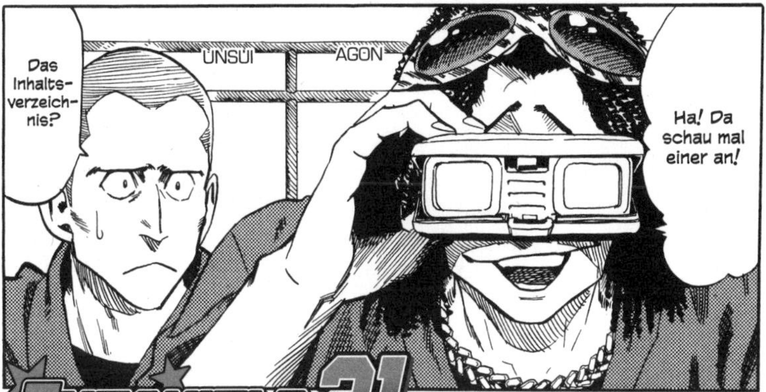

EYESHIELD 21 INHALT

3 WIR SIND DIE DEIMON DEVIL BATS

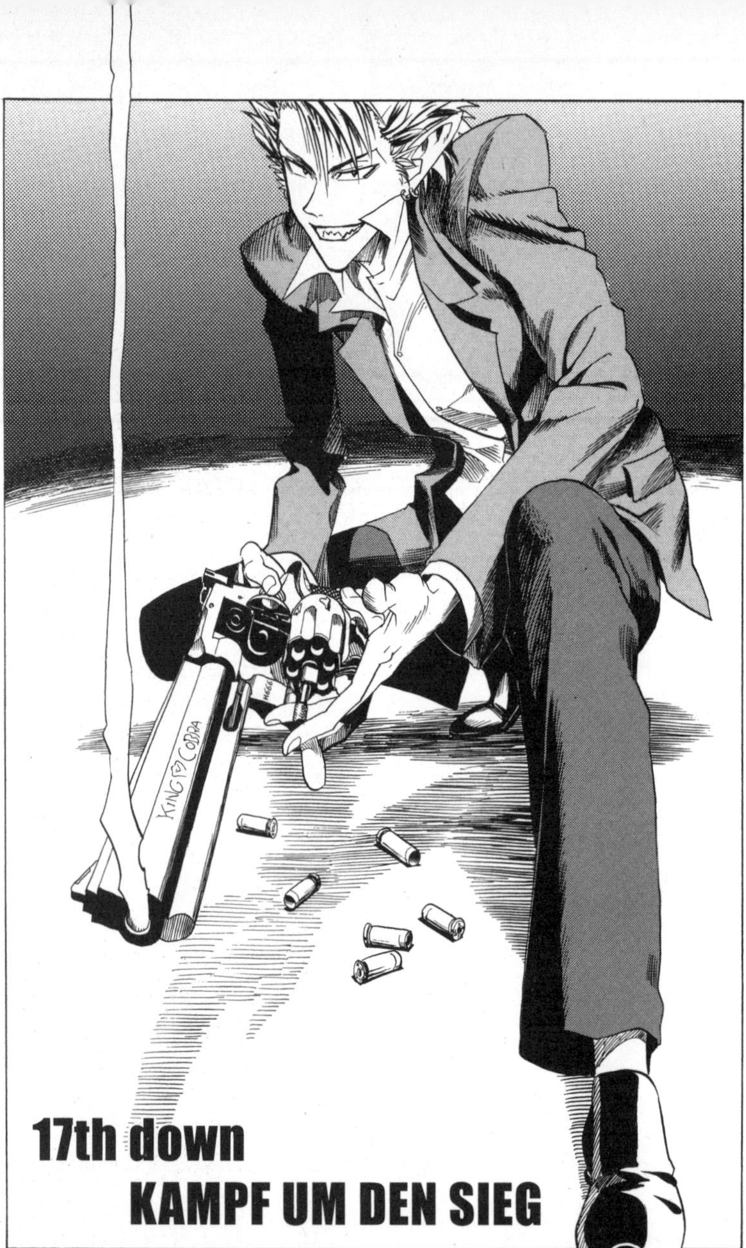

17th down
KAMPF UM DEN SIEG

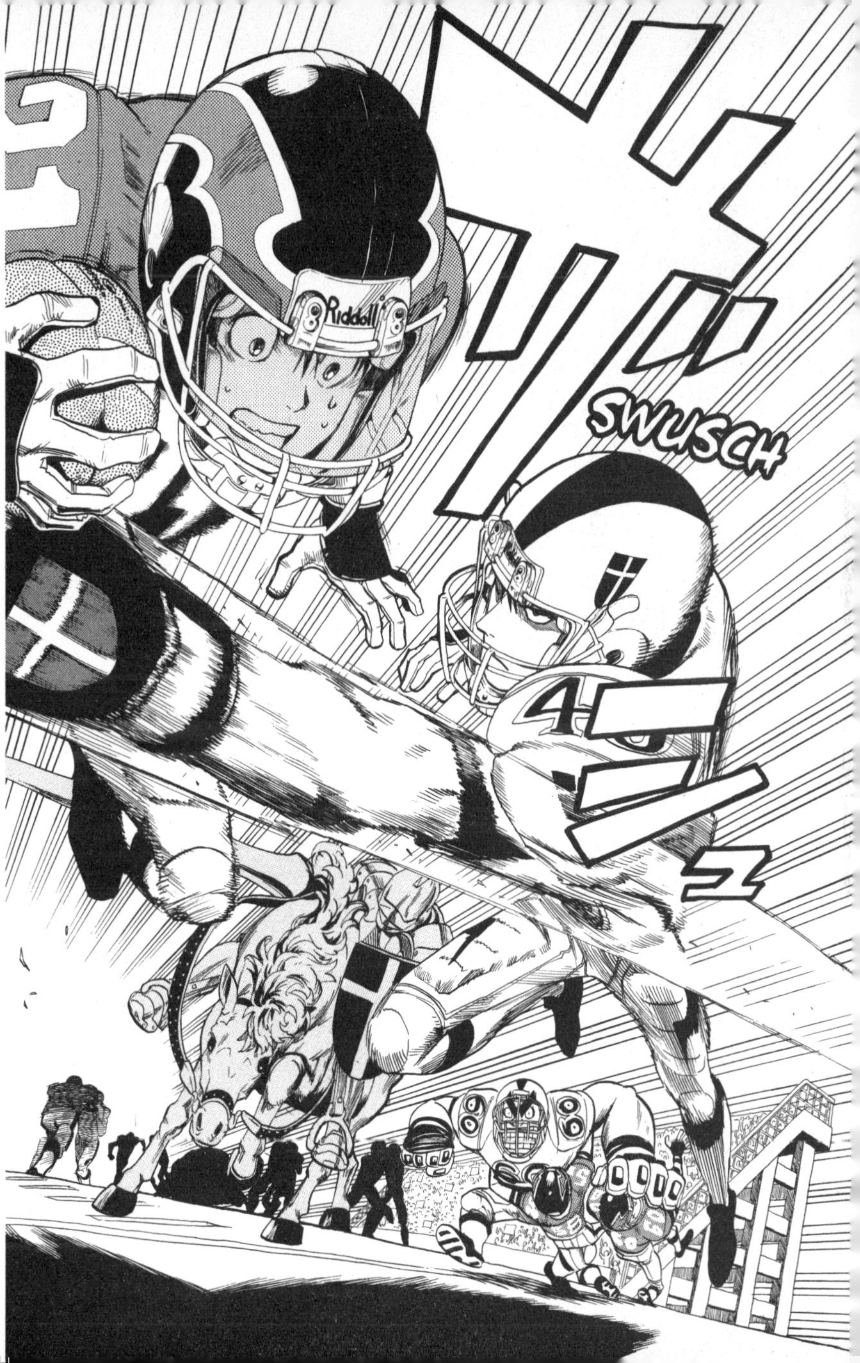
SWUSCH

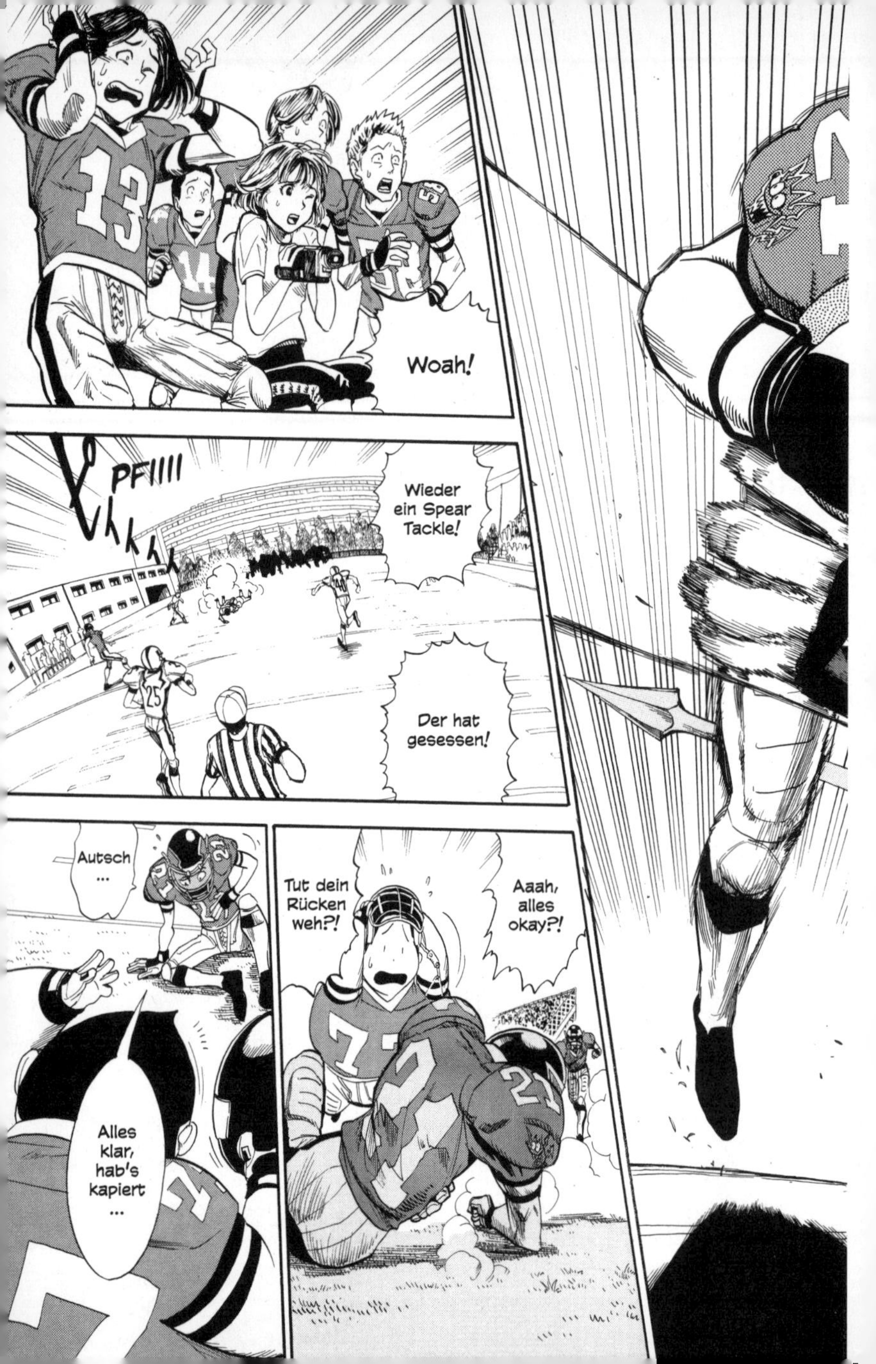

Woah!
PFIIII
Wieder ein Spear Tackle!
Der hat gesessen!
Aaah, alles okay?!
Tut dein Rücken weh?!
Autsch ...
Alles klar, hab's kapiert ...

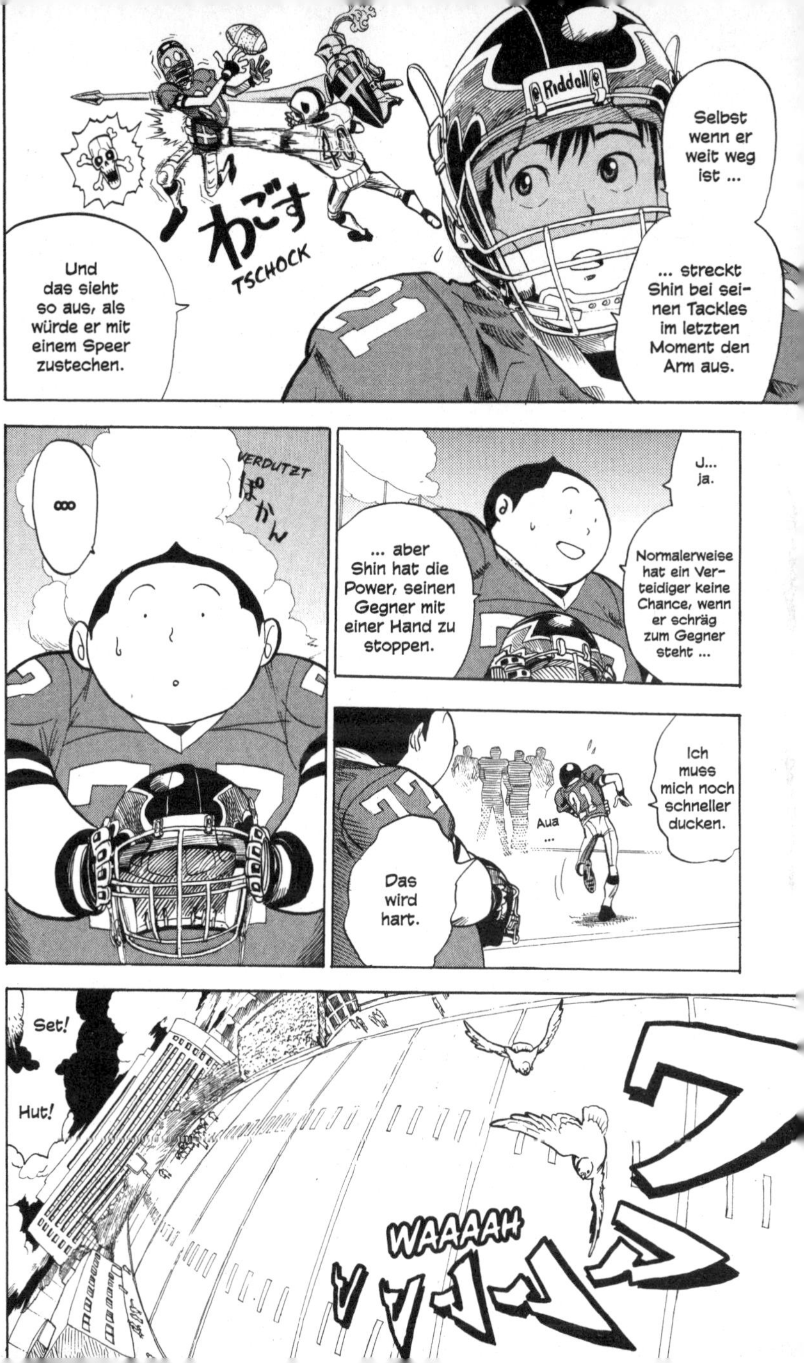

Selbst wenn er weit weg ist ...
... streckt Shin bei seinen Tackles im letzten Moment den Arm aus.
わごす
TSCHOCK
Und das sieht so aus, als würde er mit einem Speer zustechen.
J... ja.
Normalerweise hat ein Verteidiger keine Chance, wenn er schräg zum Gegner steht ...
... aber Shin hat die Power, seinen Gegner mit einer Hand zu stoppen.
VERDUTZT
ぱかん
...
Ich muss mich noch schneller ducken.
Aua ...
Das wird hart.
Set!
Hut!
WAAAAH

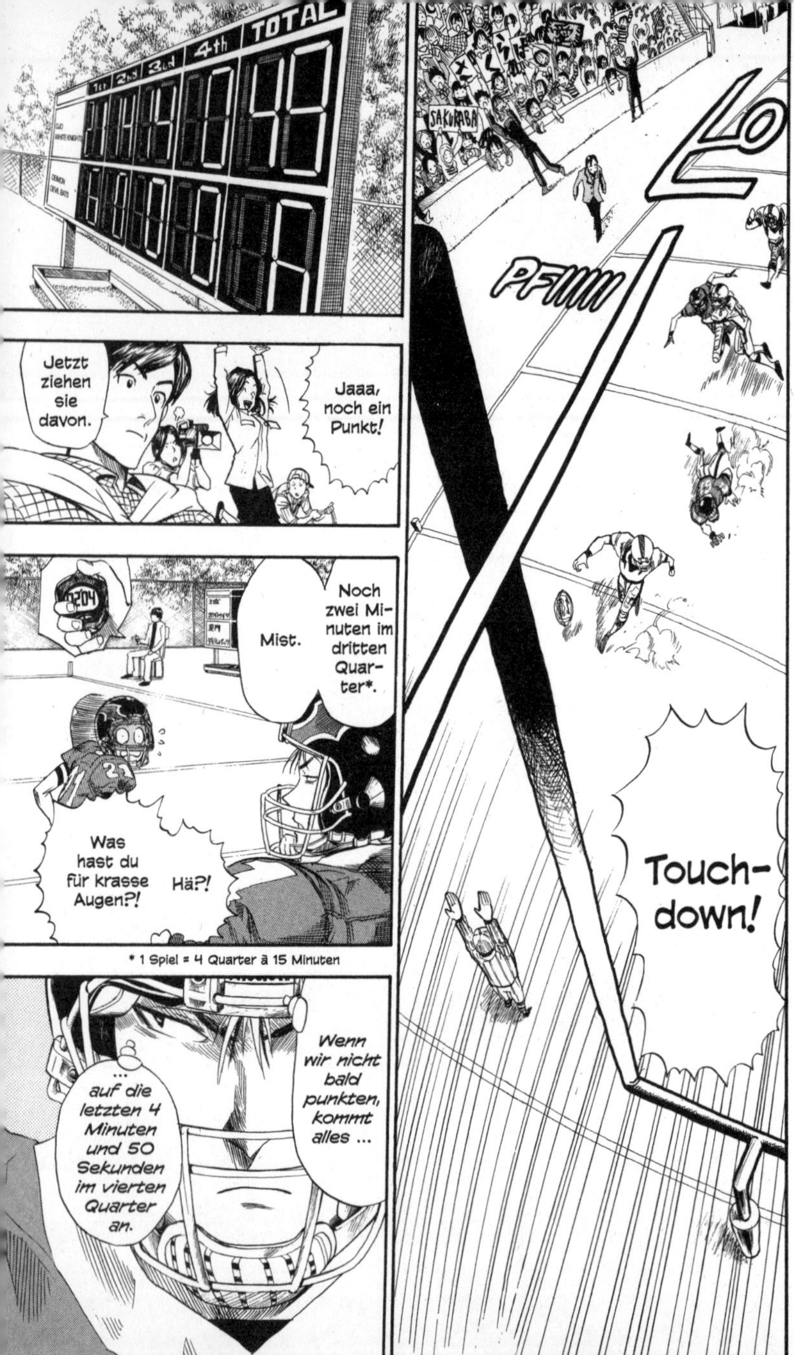
PFIIIII
Touch-down!
TOTAL
SAKURABA
Jaaa, noch ein Punkt!
Jetzt ziehen sie davon.
Noch zwei Minuten im dritten Quarter*.
Mist.
Hä?!
Was hast du für krasse Augen?!
* 1 Spiel = 4 Quarter à 15 Minuten
Wenn wir nicht bald punkten, kommt alles ...
... auf die letzten 4 Minuten und 50 Sekunden im vierten Quarter an.

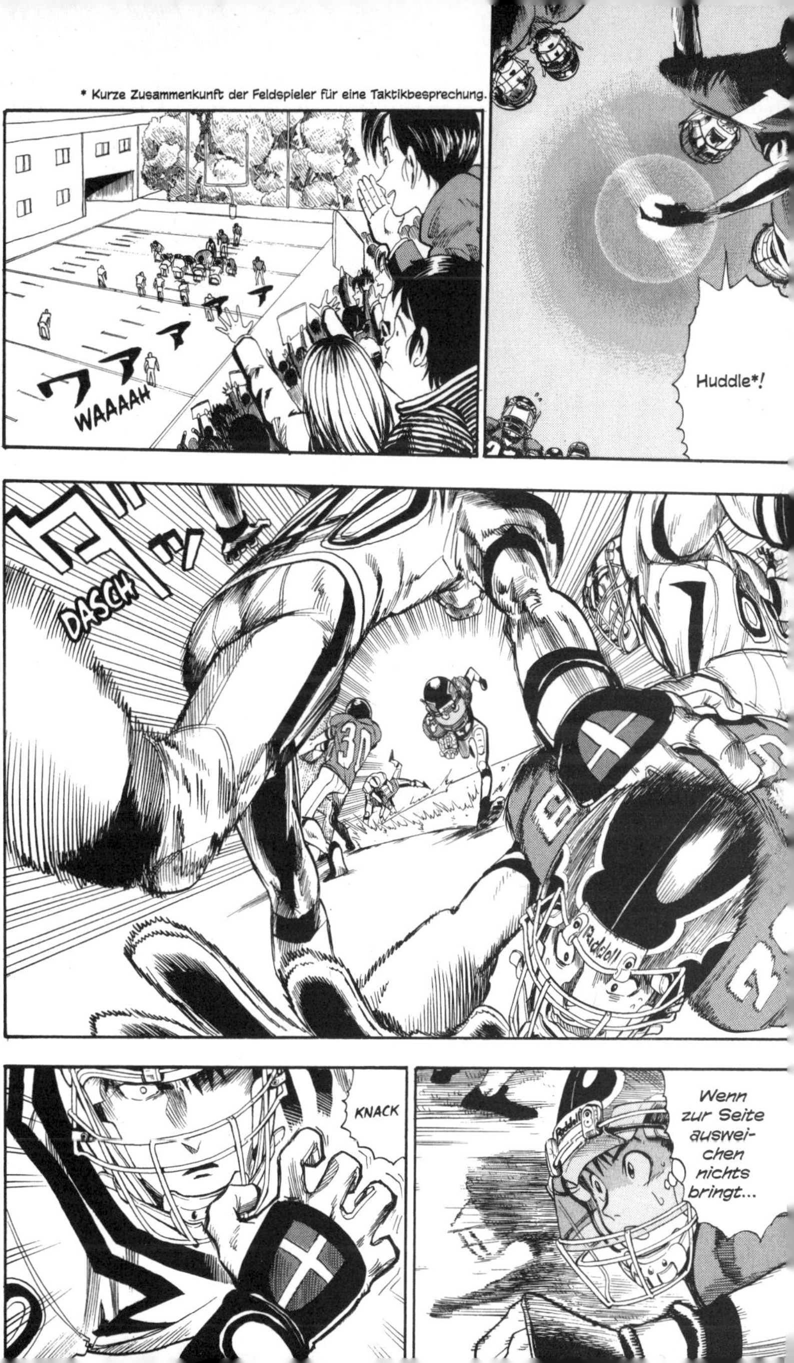

* Kurze Zusammenkunft der Feldspieler für eine Taktikbesprechung.

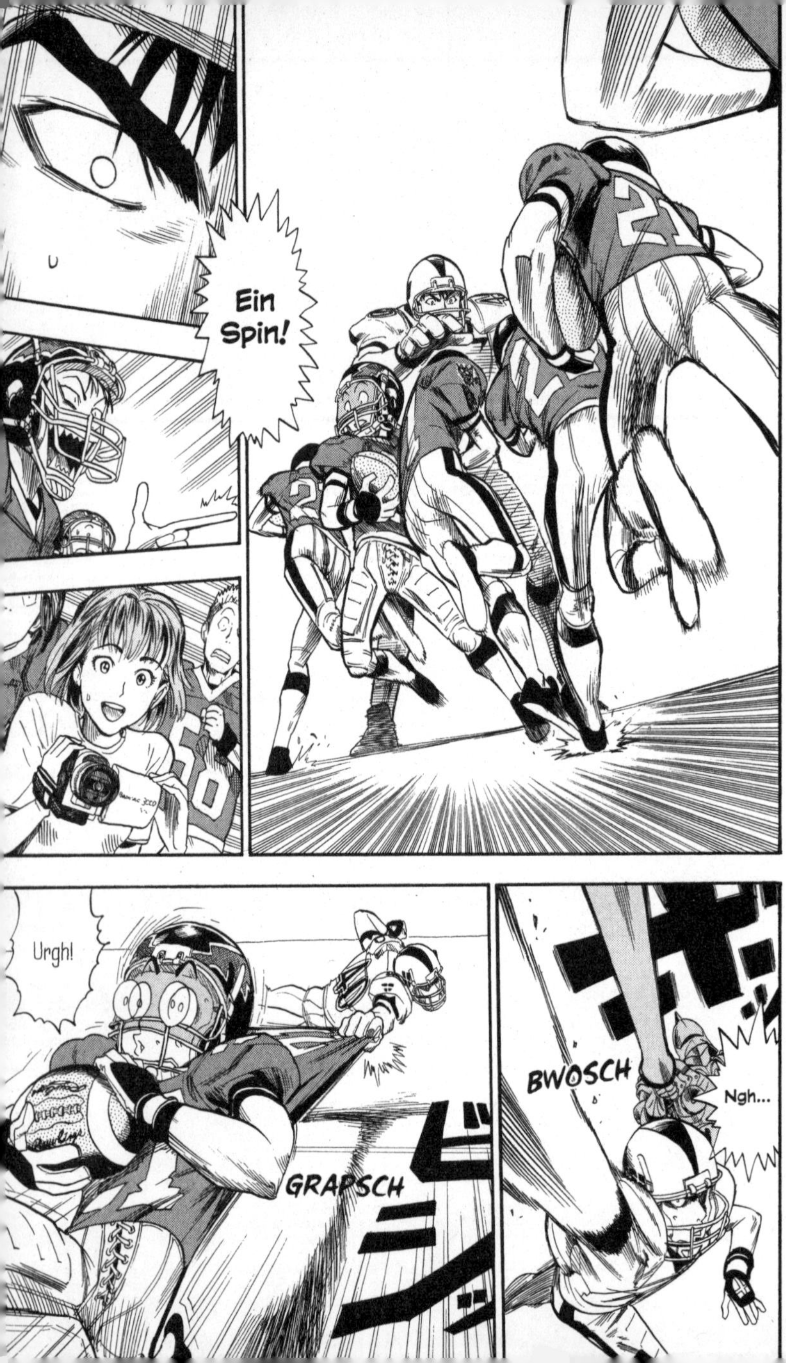
Ein Spin!
Urgh!
GRAPSCH
BWOSCH
Ngh...

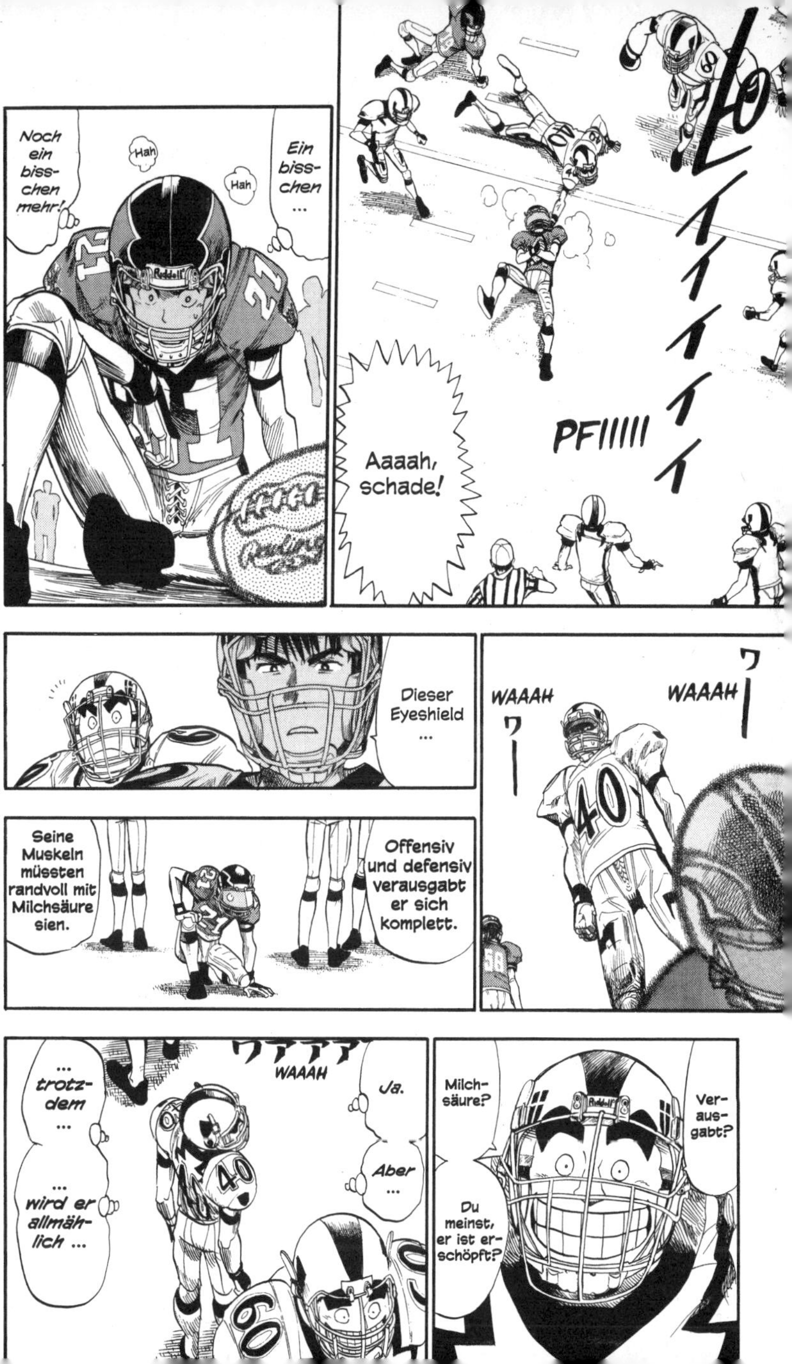

PFIIIII
Aaaah, schade!
Ein bisschen ...
Hah
Hah
Noch ein bisschen mehr!
WAAAH
WAAAH
Dieser Eyeshield ...
Offensiv und defensiv verausgabt er sich komplett.
Seine Muskeln müssten randvoll mit Milchsäure sien.
Ver-ausgabt?
Milch-säure?
Du meinst, er ist er-schöpft?
WAAAH
Ja.
Aber ...
... trotz-dem ...
... wird er allmäh-lich ...

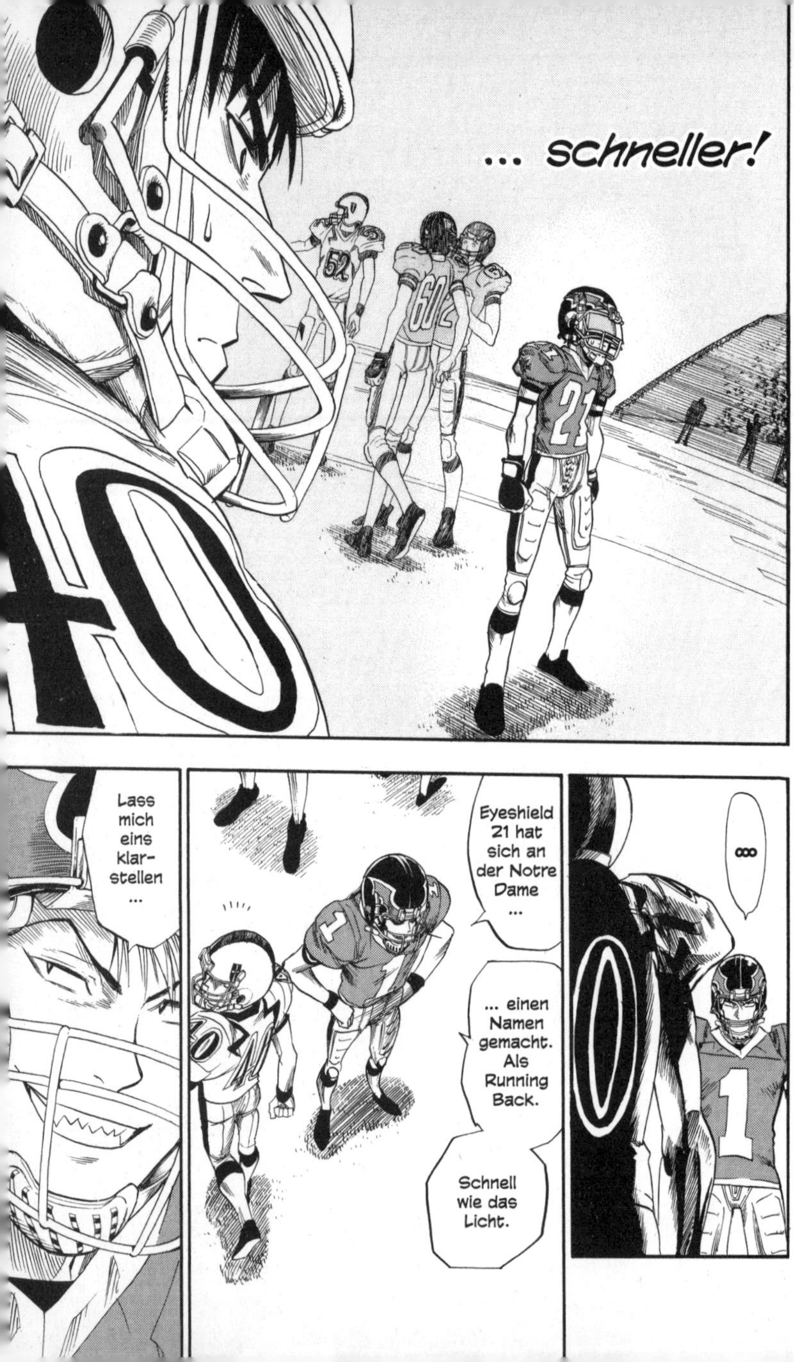
... schneller!
...
Eyeshield 21 hat sich an der Notre Dame ...
... einen Namen gemacht. Als Running Back.
Schnell wie das Licht.
Lass mich eins klar-stellen ...

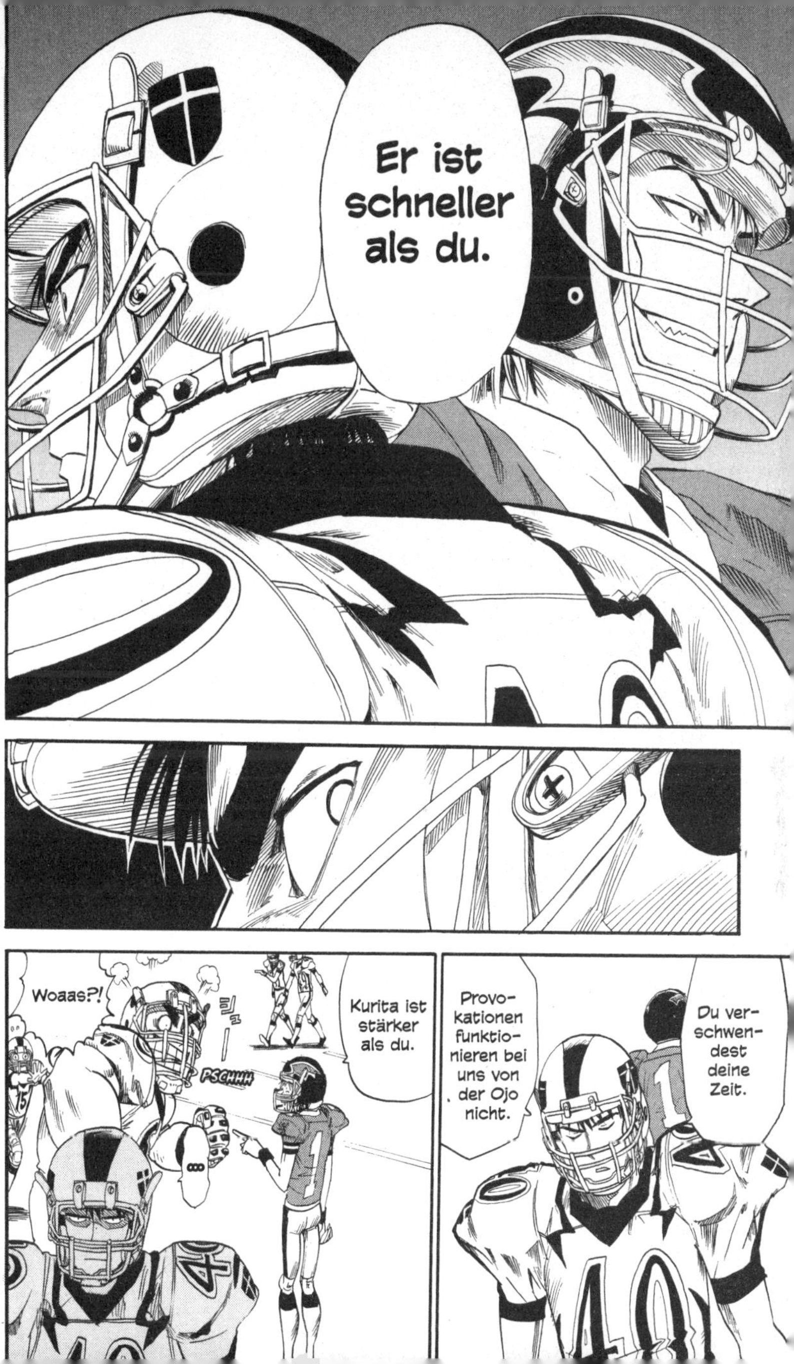
Er ist schneller als du.
Woaas?!
PSCHHH
Kurita ist stärker als du.
Du verschwendest deine Zeit.
Provokationen funktionieren bei uns von der Ojo nicht.

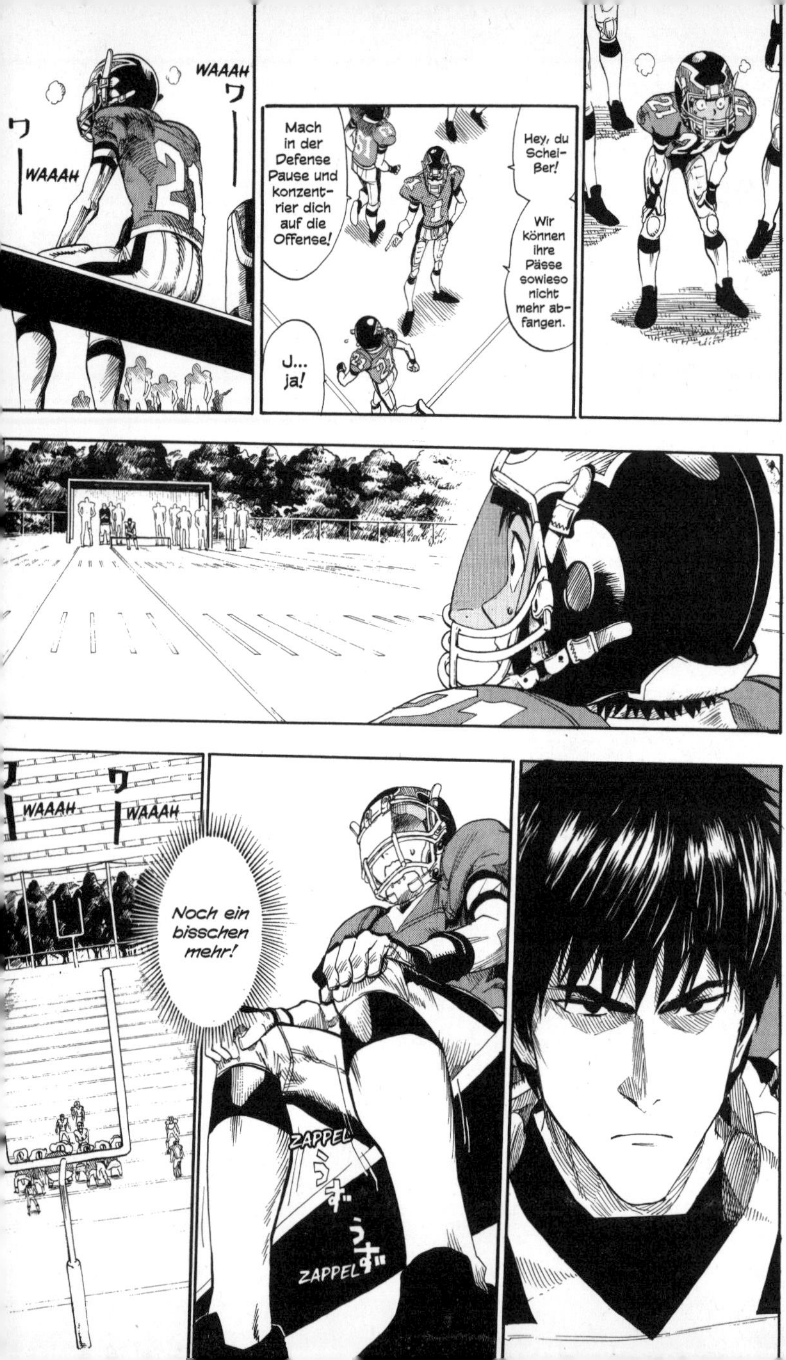

Hey, du Scheißer!
Wir können ihre Pässe sowieso nicht mehr abfangen.
Mach in der Defense Pause und konzentrier dich auf die Offense!
J... ja!
WAAAH ワー
ワー WAAAH
Noch ein bisschen mehr!
ZAPPEL うず
うず ZAPPEL
ワー WAAAH
ワー WAAAH

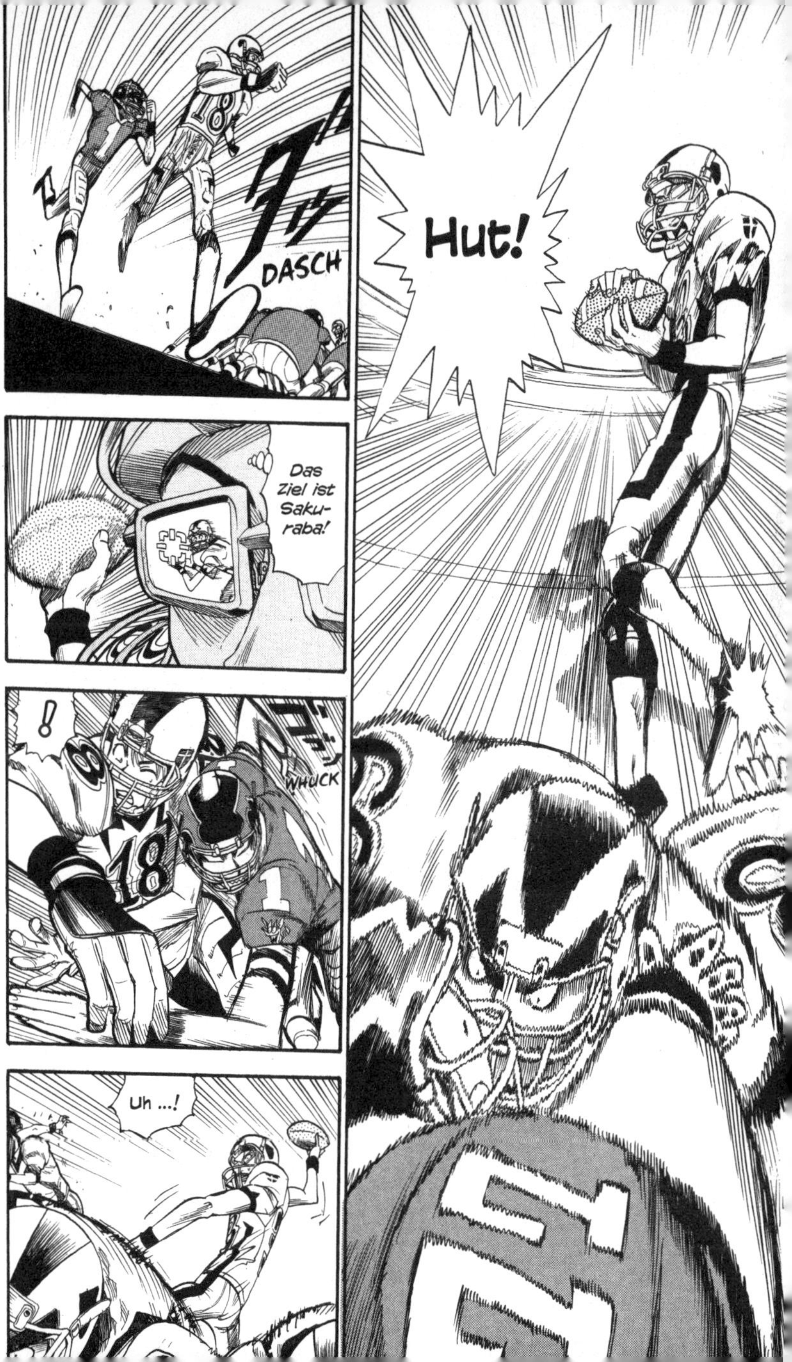
Hut!
DASCH
Das Ziel ist Saku-raba!
!
WHUCK
Uh ...!

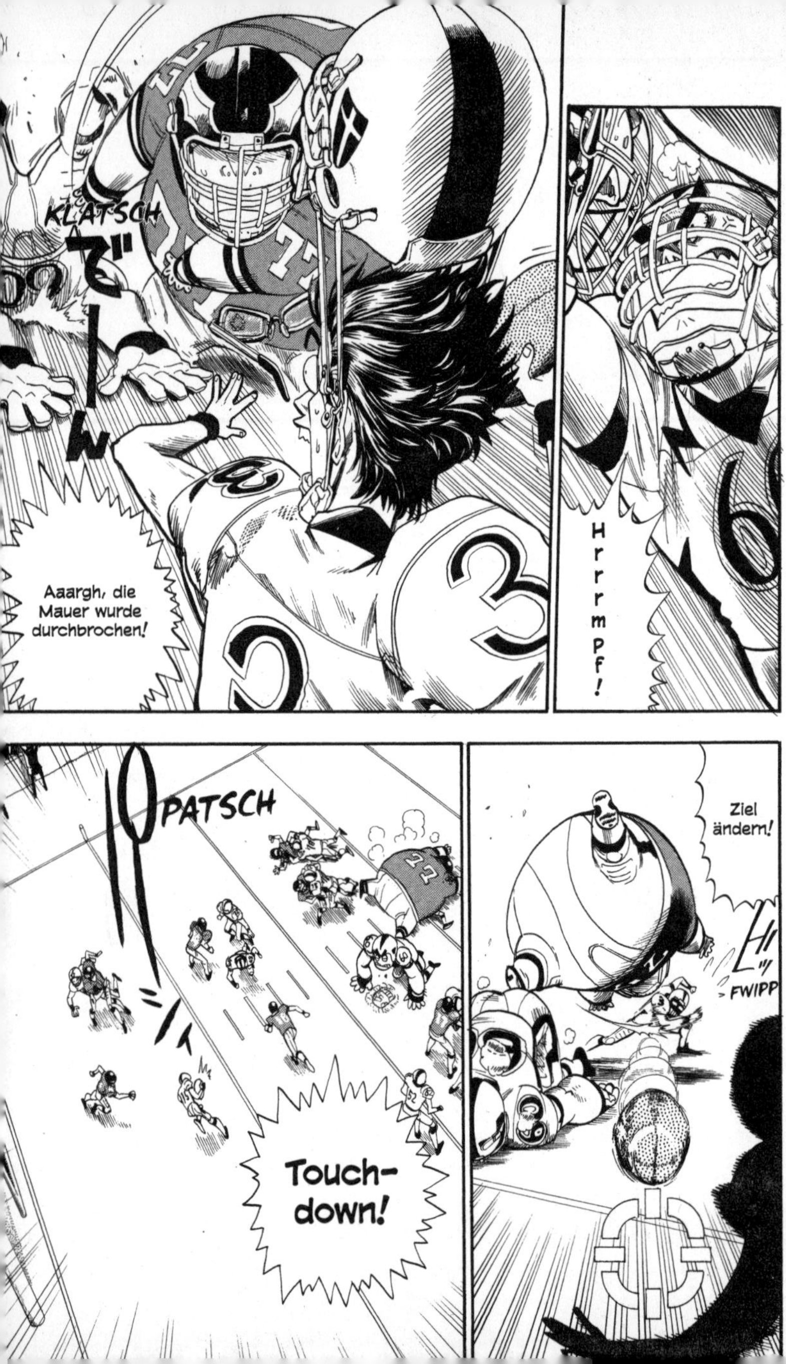
KLATSCH
Aaargh, die Mauer wurde durchbrochen!
Hrrrmpf!
Ziel ändern!
FWIPP
PATSCH
Touch-down!

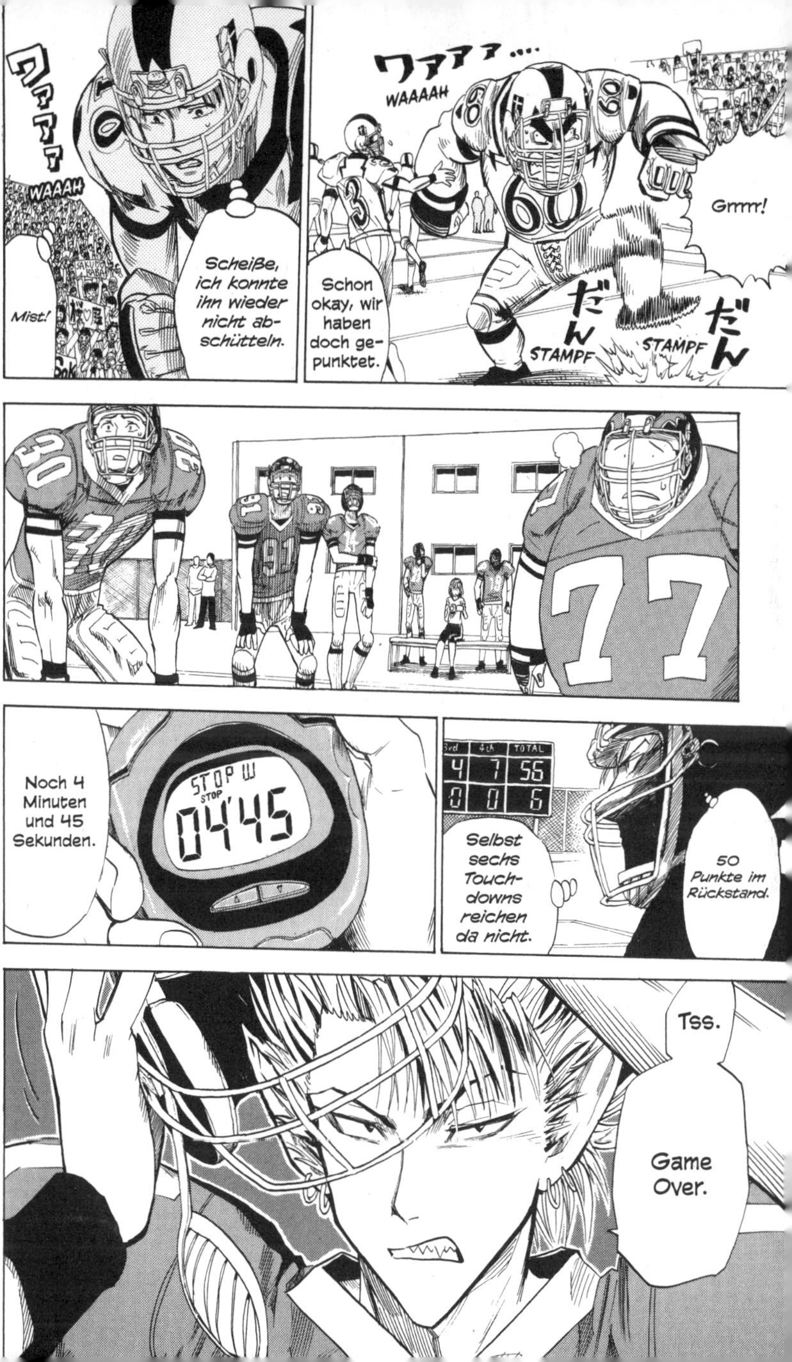
ワァアァ….
WAAAAH
Grrrr!
だん
STAMPF
だん
STAMPF
Schon okay, wir haben doch gepunktet.
ワァアァ
WAAAH
Scheiße, ich konnte ihn wieder nicht abschütteln.
Mist!
50 Punkte im Rückstand.
Selbst sechs Touchdowns reichen da nicht.
3rd 4th TOTAL
4 7 56
0 0 6
STOP W
STOP
04'45
Noch 4 Minuten und 45 Sekunden.
Tss.
Game Over.

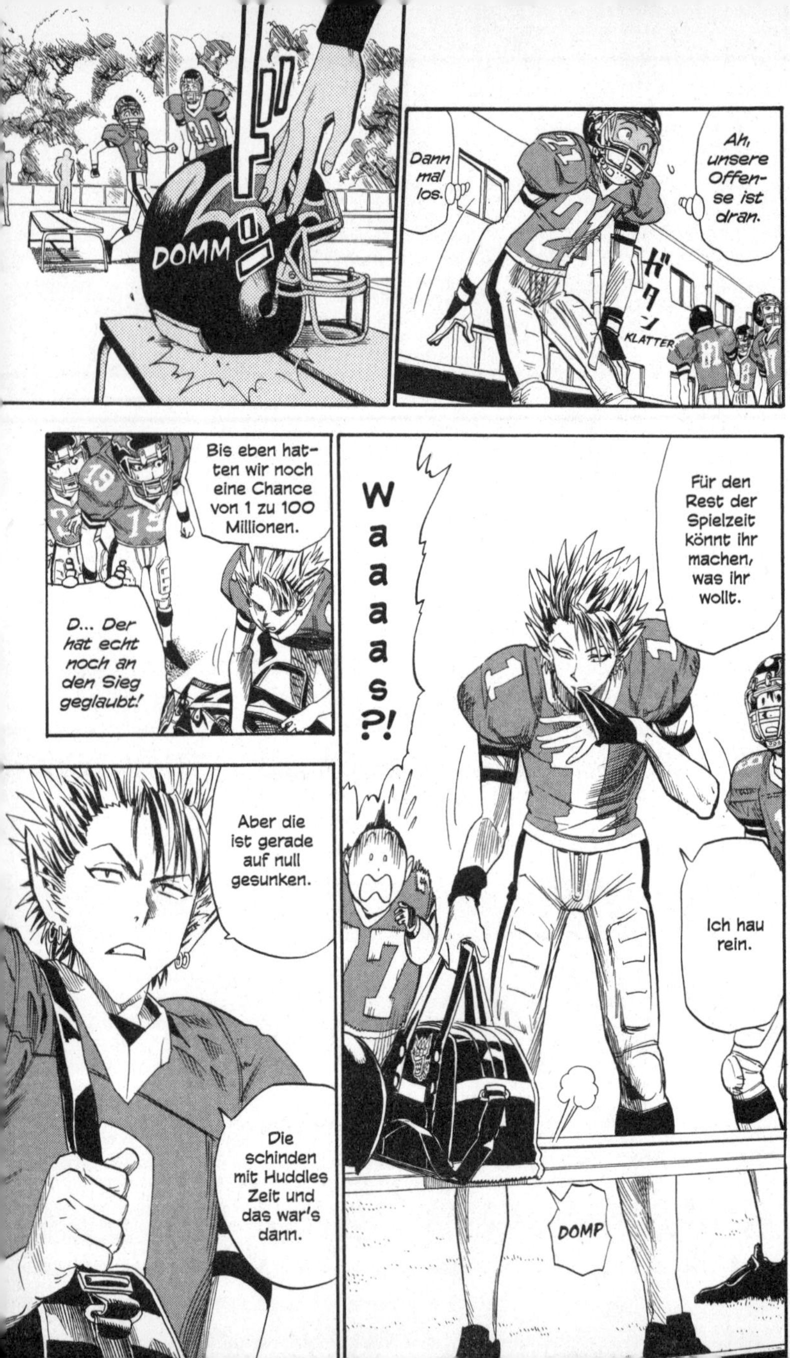
Ah, unsere Offense ist dran.
Dann mal los.
ガタン
KLATTER
DOMM
Für den Rest der Spielzeit könnt ihr machen, was ihr wollt.
Waaaaas?!
Ich hau rein.
DOMP
Bis eben hatten wir noch eine Chance von 1 zu 100 Millionen.
D... Der hat echt noch an den Sieg geglaubt!
Aber die ist gerade auf null gesunken.
Die schinden mit Huddles Zeit und das war's dann.

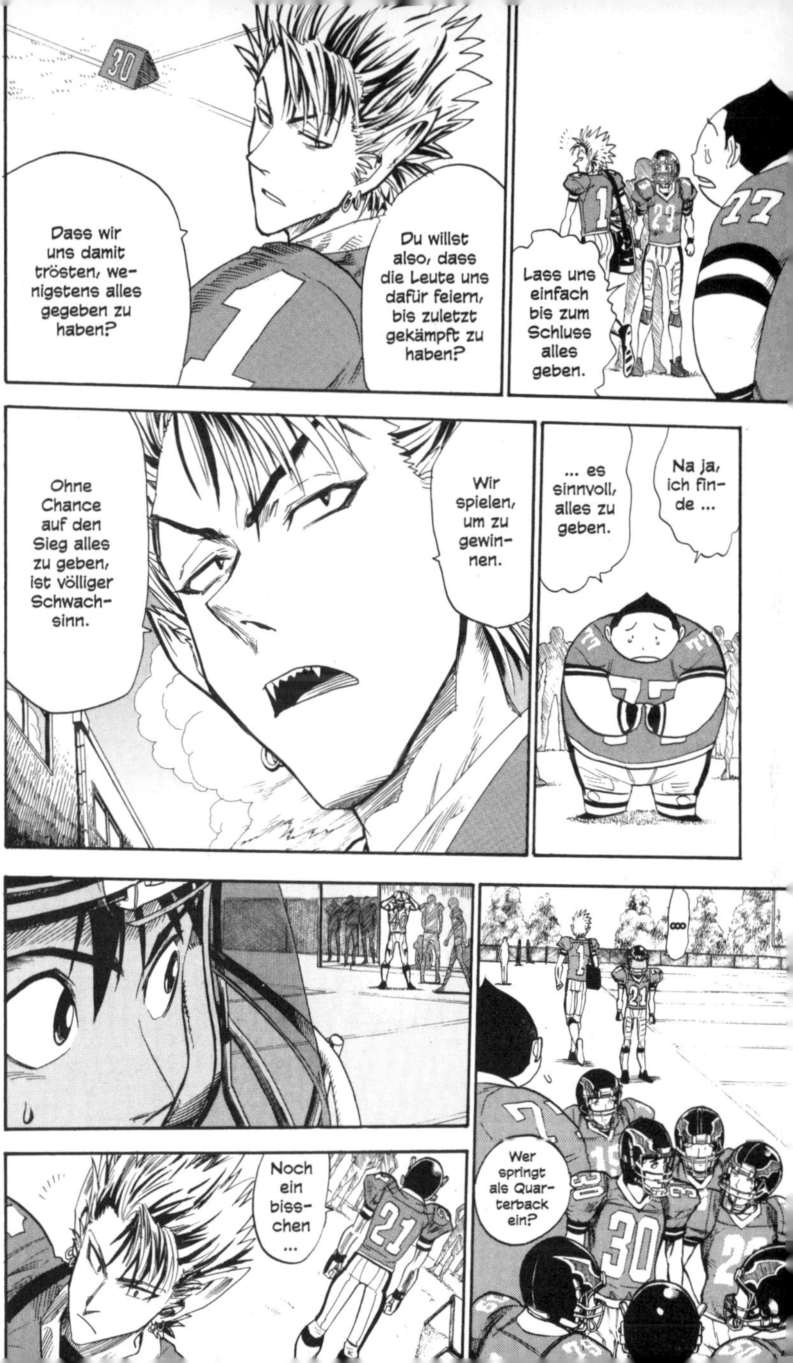
Lass uns einfach bis zum Schluss alles geben.
Du willst also, dass die Leute uns dafür feiern, bis zuletzt gekämpft zu haben?
Dass wir uns damit trösten, wenigstens alles gegeben zu haben?
Na ja, ich finde ...
... es sinnvoll, alles zu geben.
Wir spielen, um zu gewinnen.
Ohne Chance auf den Sieg alles zu geben, ist völliger Schwachsinn.
...
Wer springt als Quarterback ein?
Noch ein bisschen ...

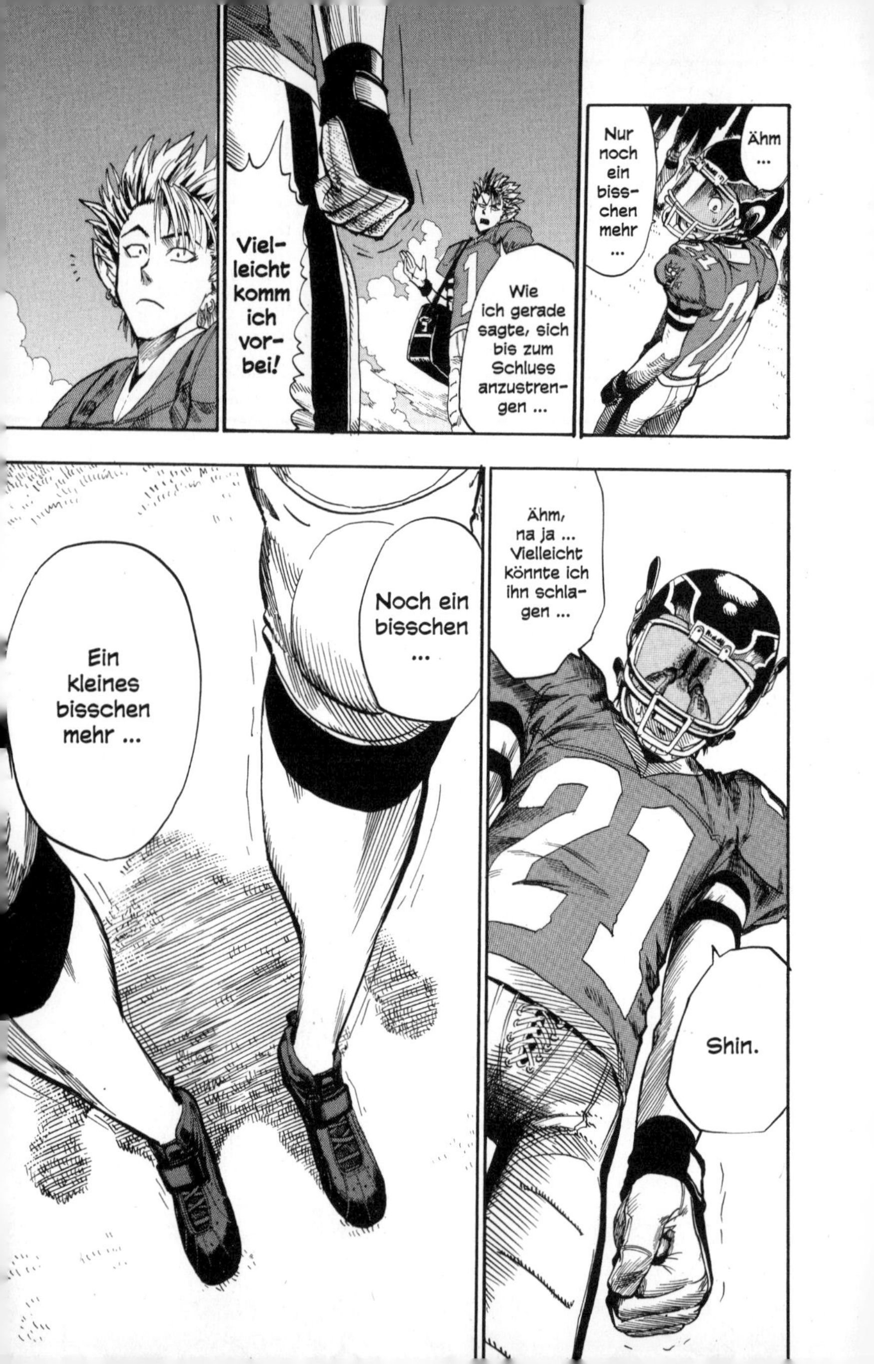
Ähm ...
Nur noch ein biss-chen mehr ...
Wie ich gerade sagte, sich bis zum Schluss anzustren-gen ...
Viel-leicht komm ich vor-bei!
Ähm, na ja ... Vielleicht könnte ich ihn schla-gen ...
Shin.
Noch ein bisschen ...
Ein kleines bisschen mehr ...

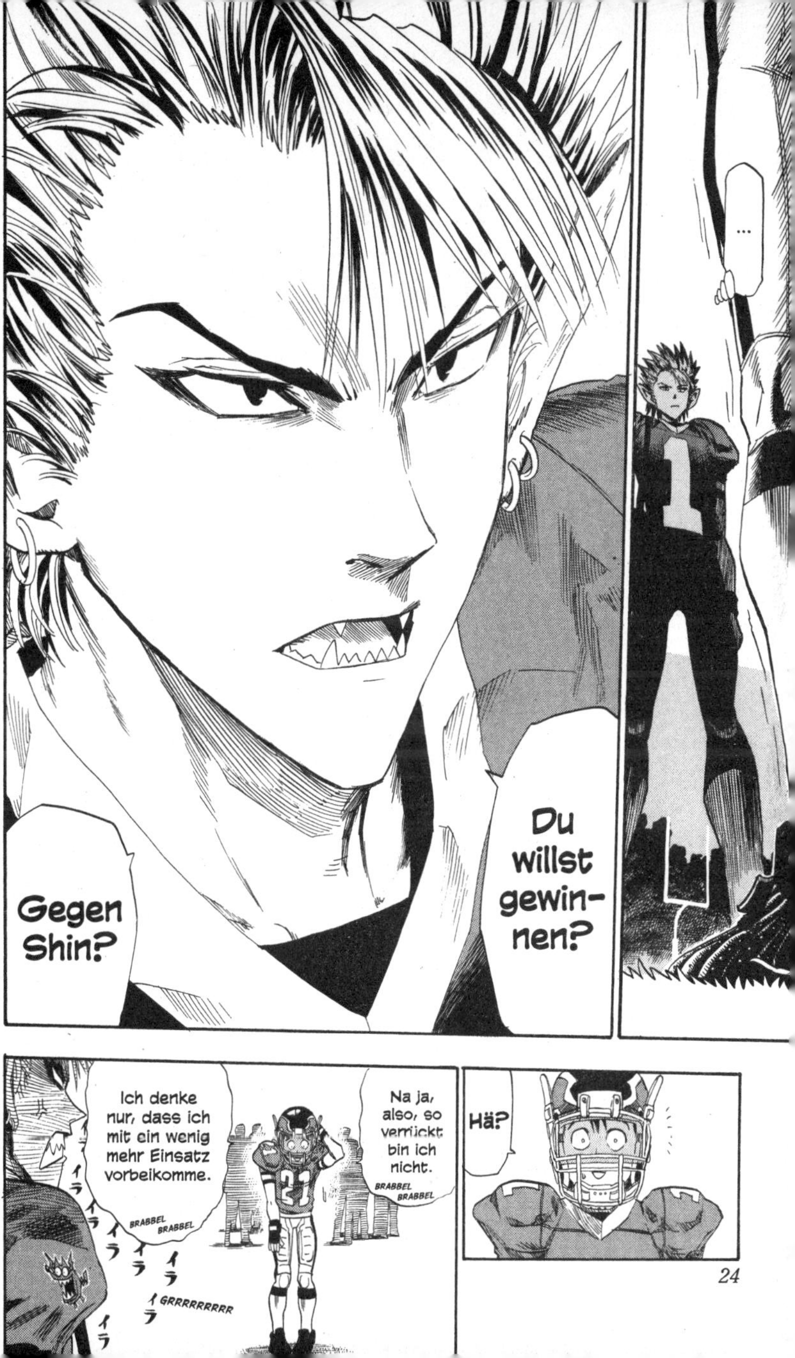
...
Du willst gewin-nen?
Gegen Shin?
Hä?
Na ja, also, so verrückt bin ich nicht.
BRABBEL BRABBEL
Ich denke nur, dass ich mit ein wenig mehr Einsatz vorbeikomme.
BRABBEL BRABBEL
イラ イラ イラ イラ イラ イラ イラ
GRRRRRRRRR

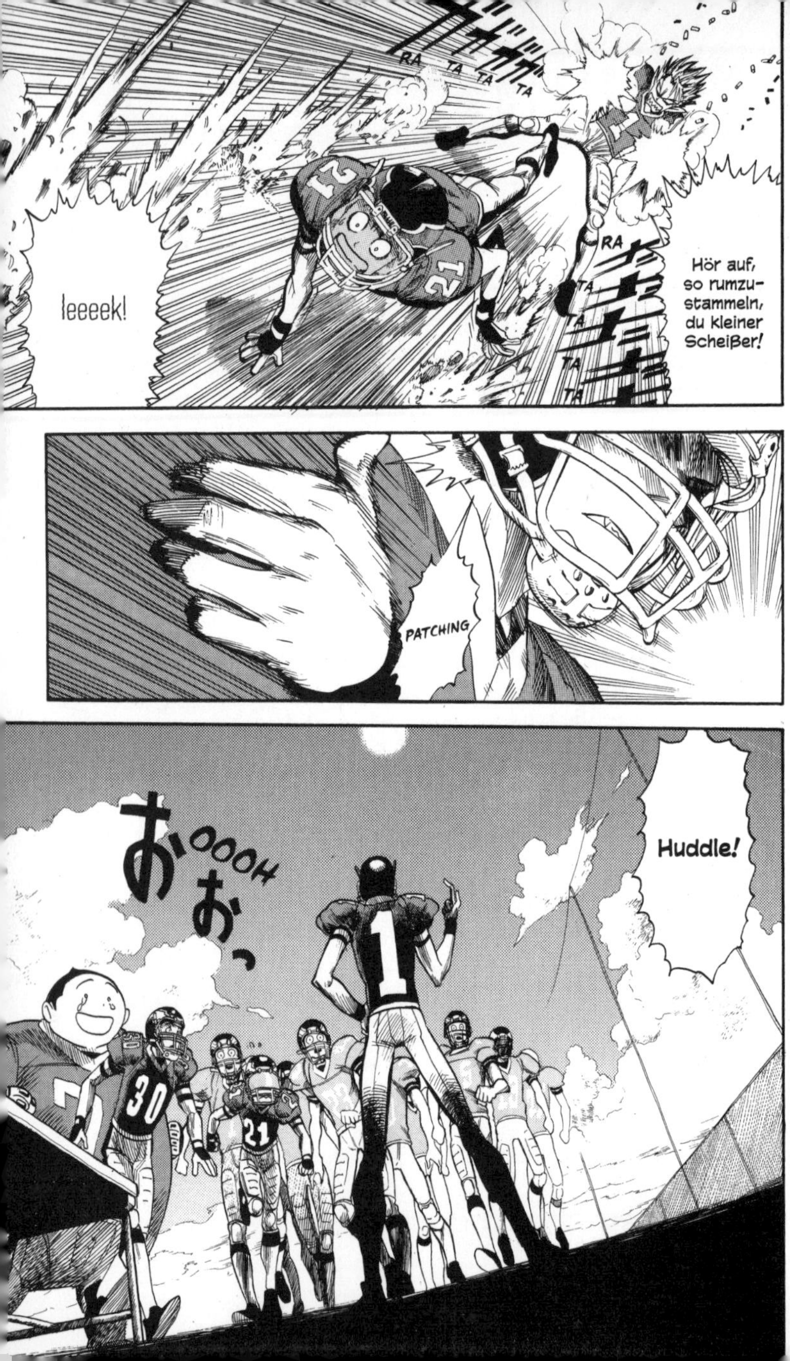
RA
TA
TA
TA
RA
TA
TA
TA
TA
Hör auf, so rumzu-stammeln, du kleiner Scheißer!
Ieeeek!
PATCHING
Huddle!
OOOOH

EDO-TV
KANAL 8.2

SPORTS GOGO!

STARTING LINE-UP

Noch fünf Minuten zu spielen. Sieht ganz nach einem Sieg für Sakurabas Team aus!

Dann stelle ich jetzt mal die Spieler der beiden Teams vor.

So spät?!

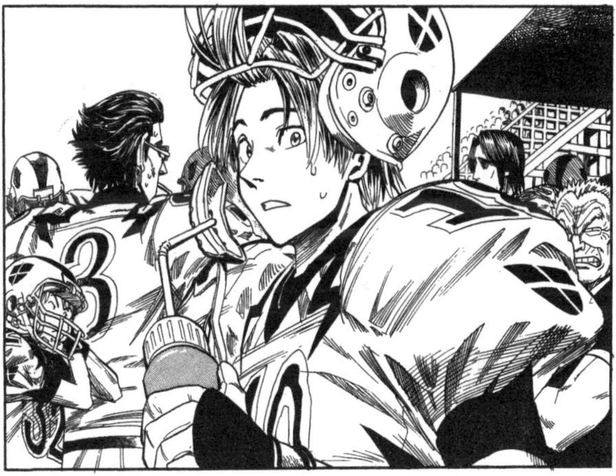

Zuerst der Star, Sakuraba! Er ist der Wahnsinn! Solange er dabei ist, gewinnen sie mit Sicherheit!

Das war's mit der Spielerpräsentation.

So schnell?!

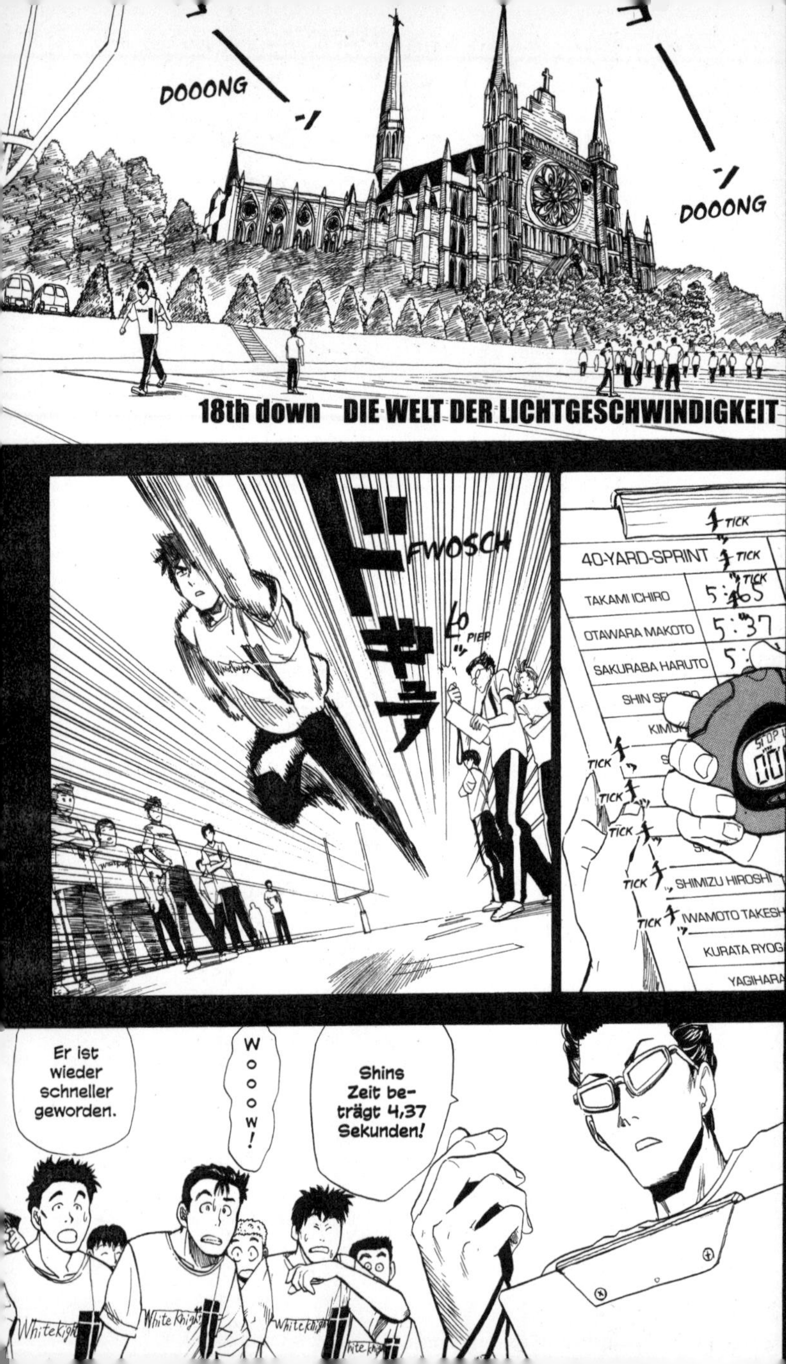
DOOONG
DOOONG
18th down DIE WELT DER LICHTGESCHWINDIGKEIT
TICK
40-YARD-SPRINT
TICK
TICK
TAKAMI ICHIRO
OTAWARA MAKOTO
5:37
SAKURABA HARUTO
TICK
TICK
TICK
TICK
SHIMIZU HIROSHI
TICK
IWAMOTO TAKESHI
KURATA RYOG
YAGIHARA
FWOSCH
PIEP
Shins Zeit beträgt 4,37 Sekunden!
Wooow!
Er ist wieder schneller geworden.

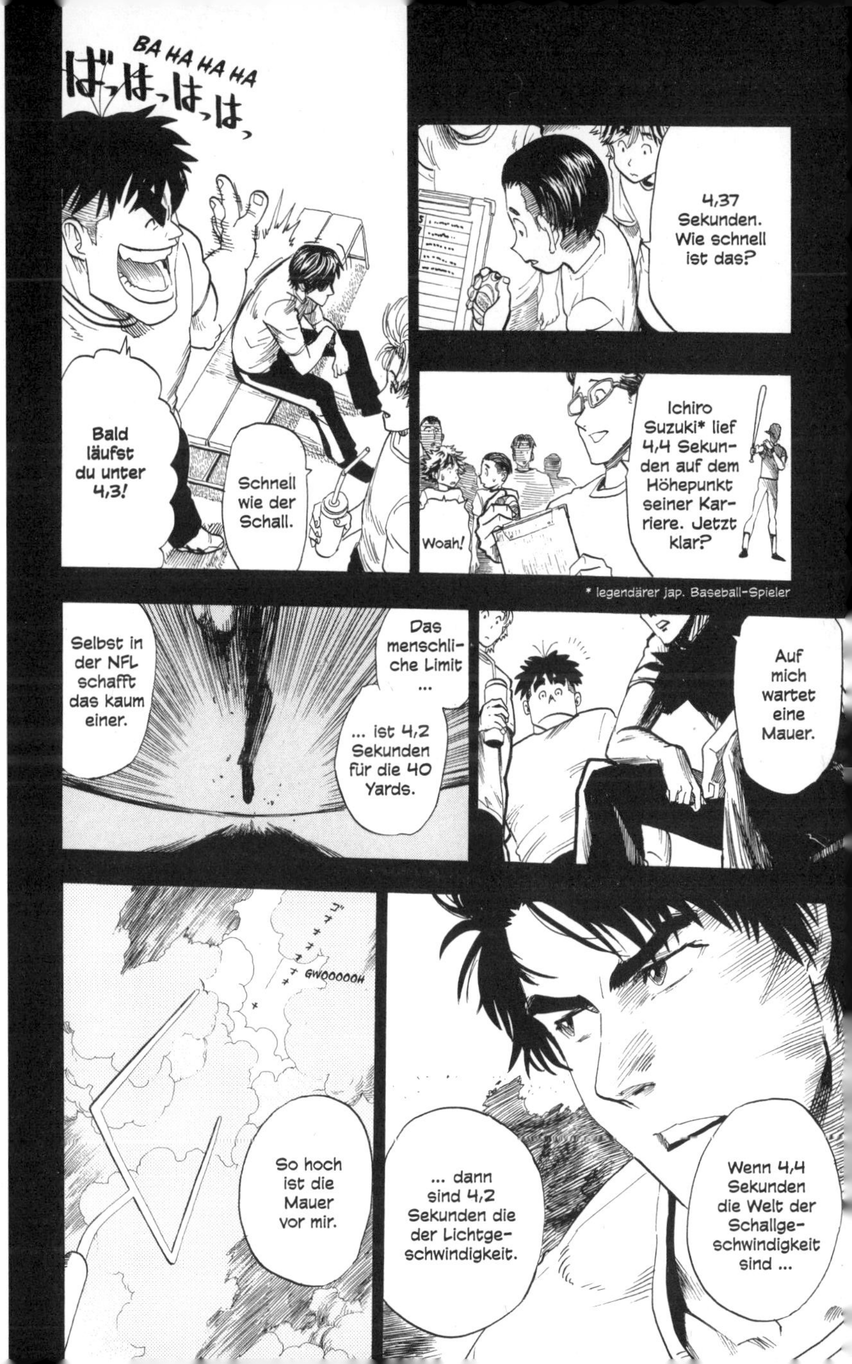
4,37 Sekunden. Wie schnell ist das?
BA HA HA HA
ばっはっはっ
Ichiro Suzuki* lief 4,4 Sekunden auf dem Höhepunkt seiner Karriere. Jetzt klar?
Woah!
Schnell wie der Schall.
Bald läufst du unter 4,3!
* legendärer jap. Baseball-Spieler
Auf mich wartet eine Mauer.
Das menschliche Limit ...
... ist 4,2 Sekunden für die 40 Yards.
Selbst in der NFL schafft das kaum einer.
Wenn 4,4 Sekunden die Welt der Schallgeschwindigkeit sind ...
... dann sind 4,2 Sekunden die der Lichtgeschwindigkeit.
So hoch ist die Mauer vor mir.
GWOOOOOH

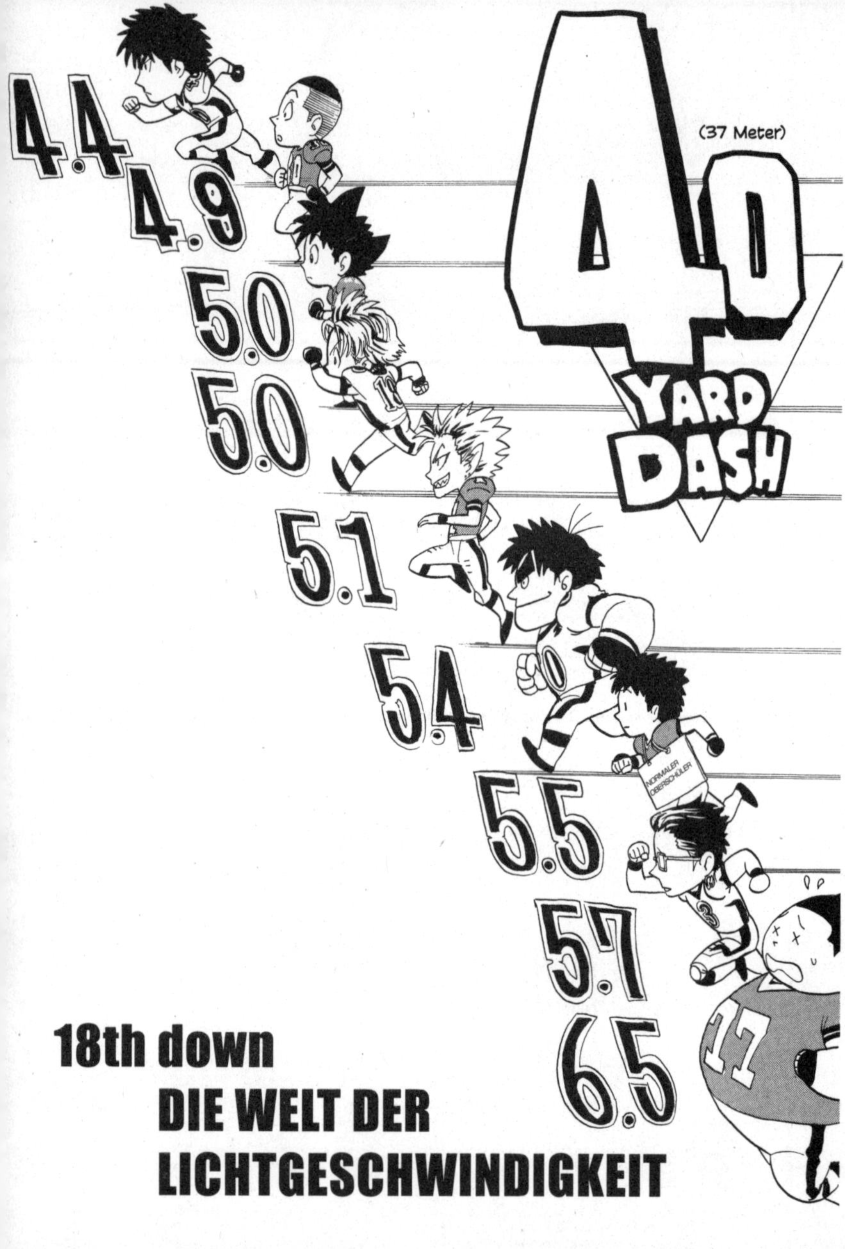

18th down
DIE WELT DER LICHTGESCHWINDIGKEIT

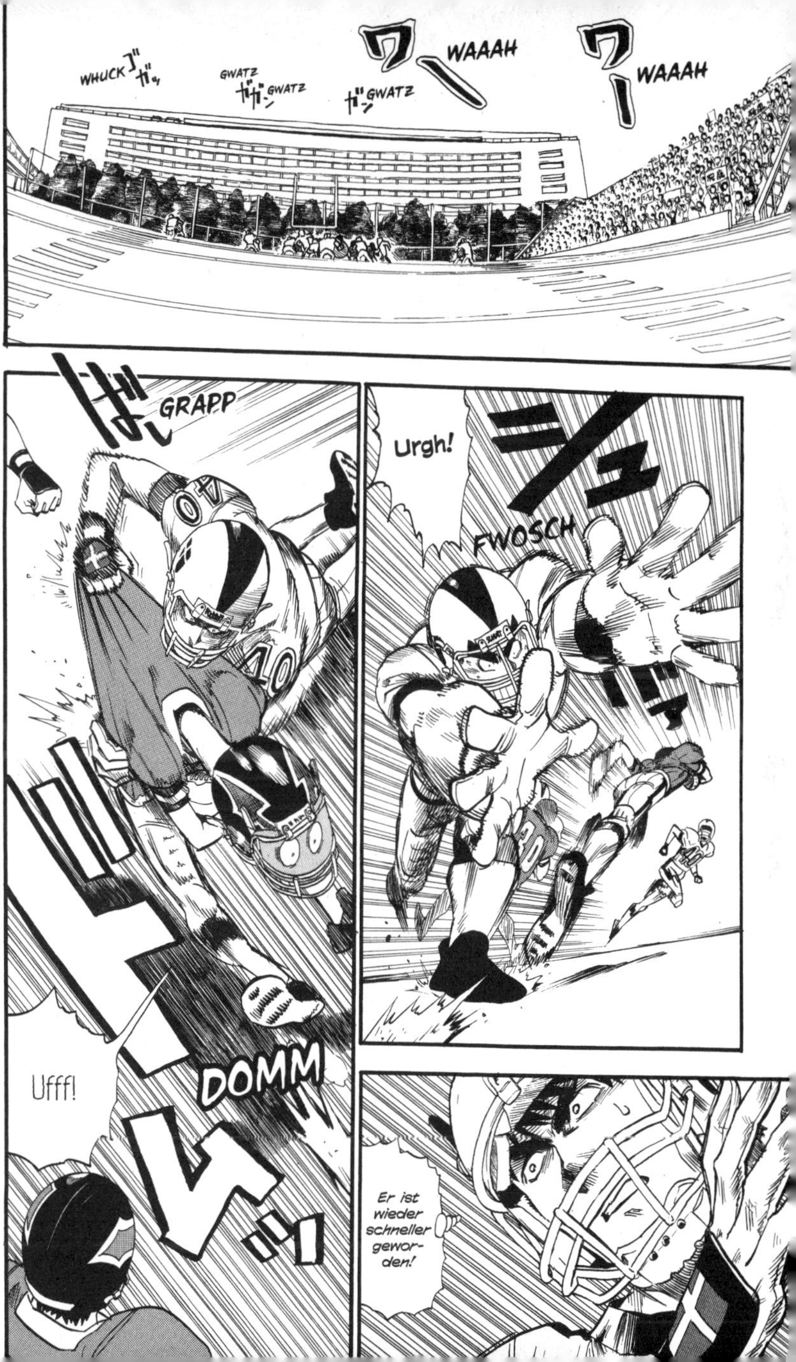
WAAAH
WAAAH
GWATZ
GWATZ
GWATZ
WHUCK
FWOSCH
Urgh!
GRAPP
Er ist wieder schneller gewor-den!
DOMM
Ufff!

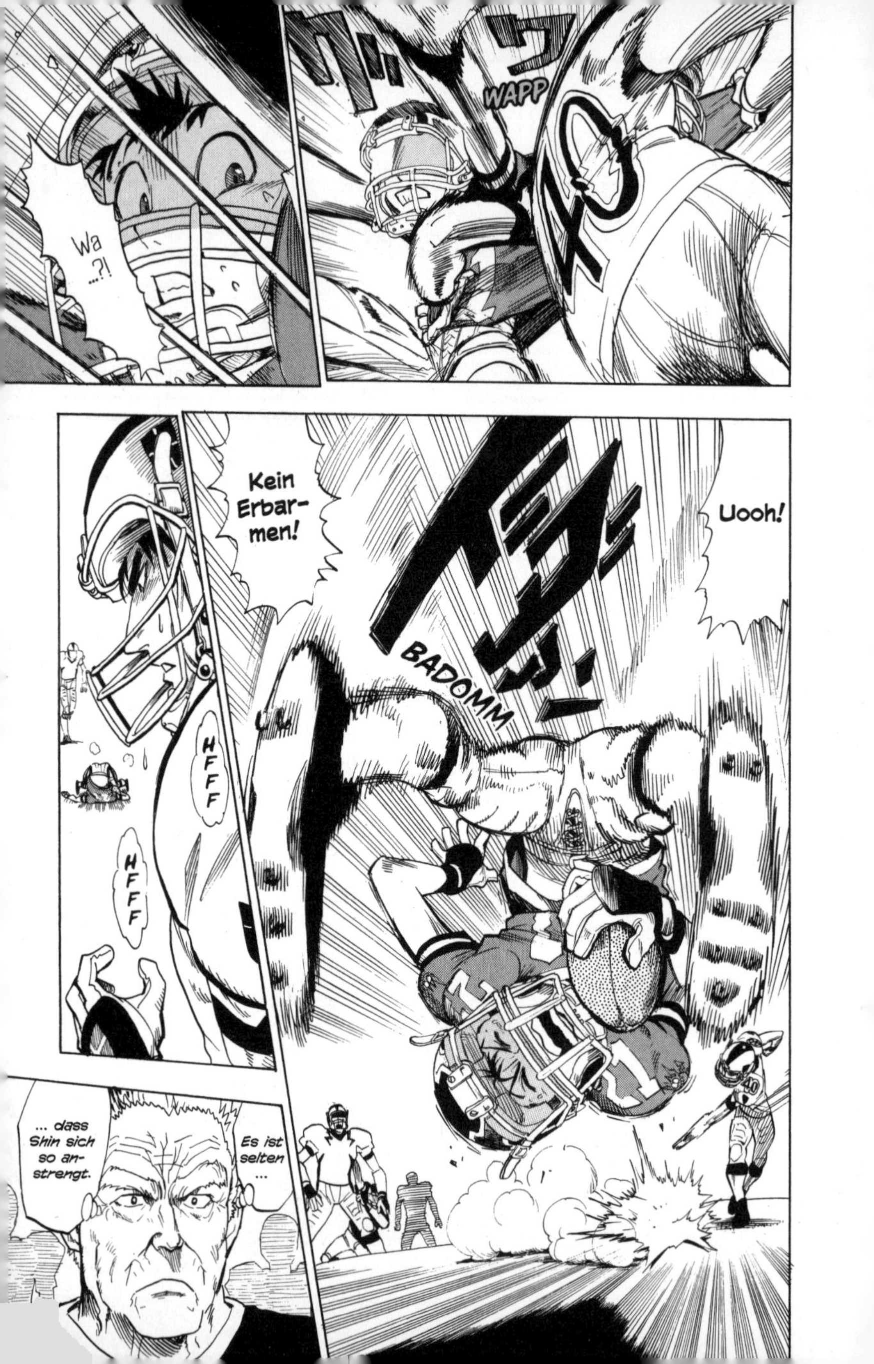
WAPP
Wa ...?!
Uooh!
BADOMM
Kein Erbarmen!
HFFF
HFFF
Es ist selten ...
... dass Shin sich so anstrengt.

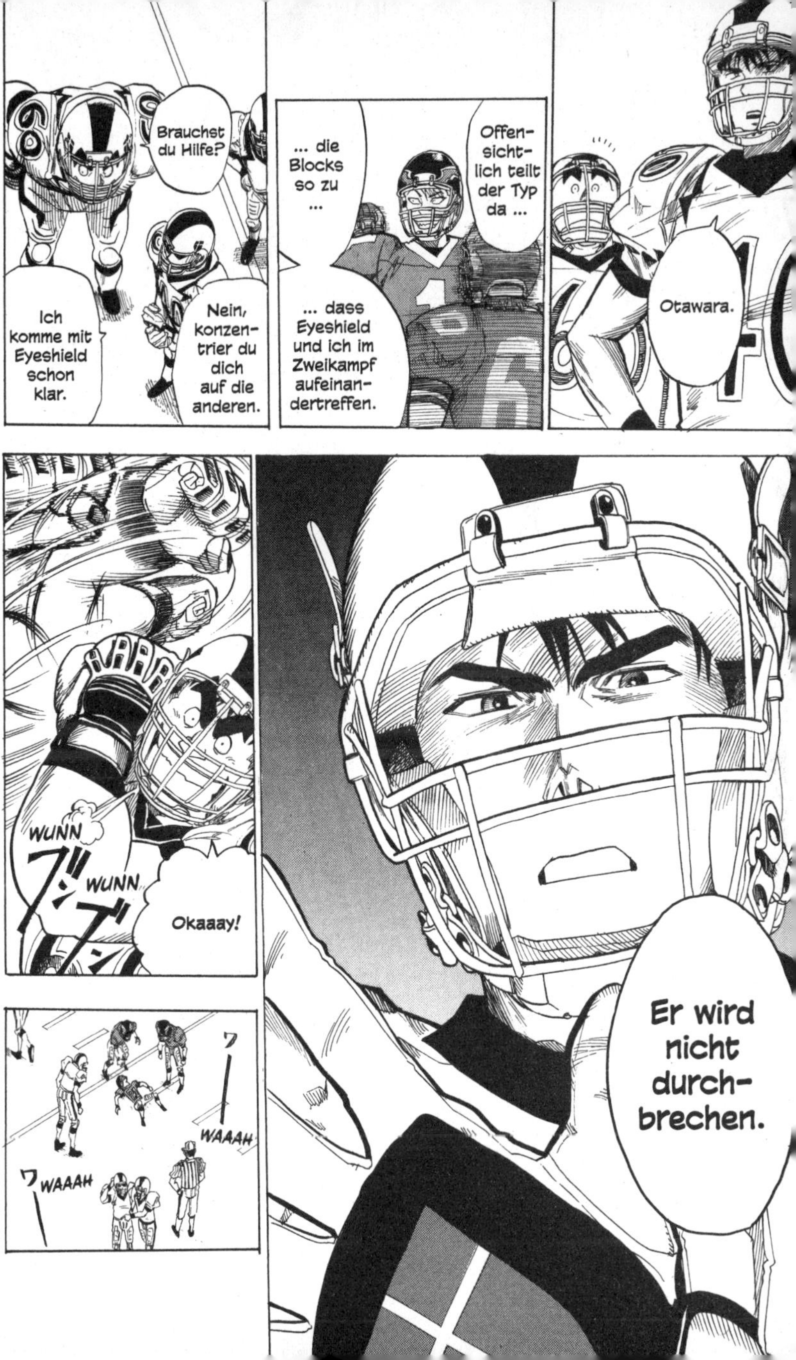
Otawara.
Offen-sicht-lich teilt der Typ da ...
... die Blocks so zu ...
... dass Eyeshield und ich im Zweikampf aufeinan-dertreffen.
Brauchst du Hilfe?
Nein, konzen-trier du dich auf die anderen.
Ich komme mit Eyeshield schon klar.
Er wird nicht durch-brechen.
WUNN
WUNN
Okaaay!
WAAAH
WAAAH

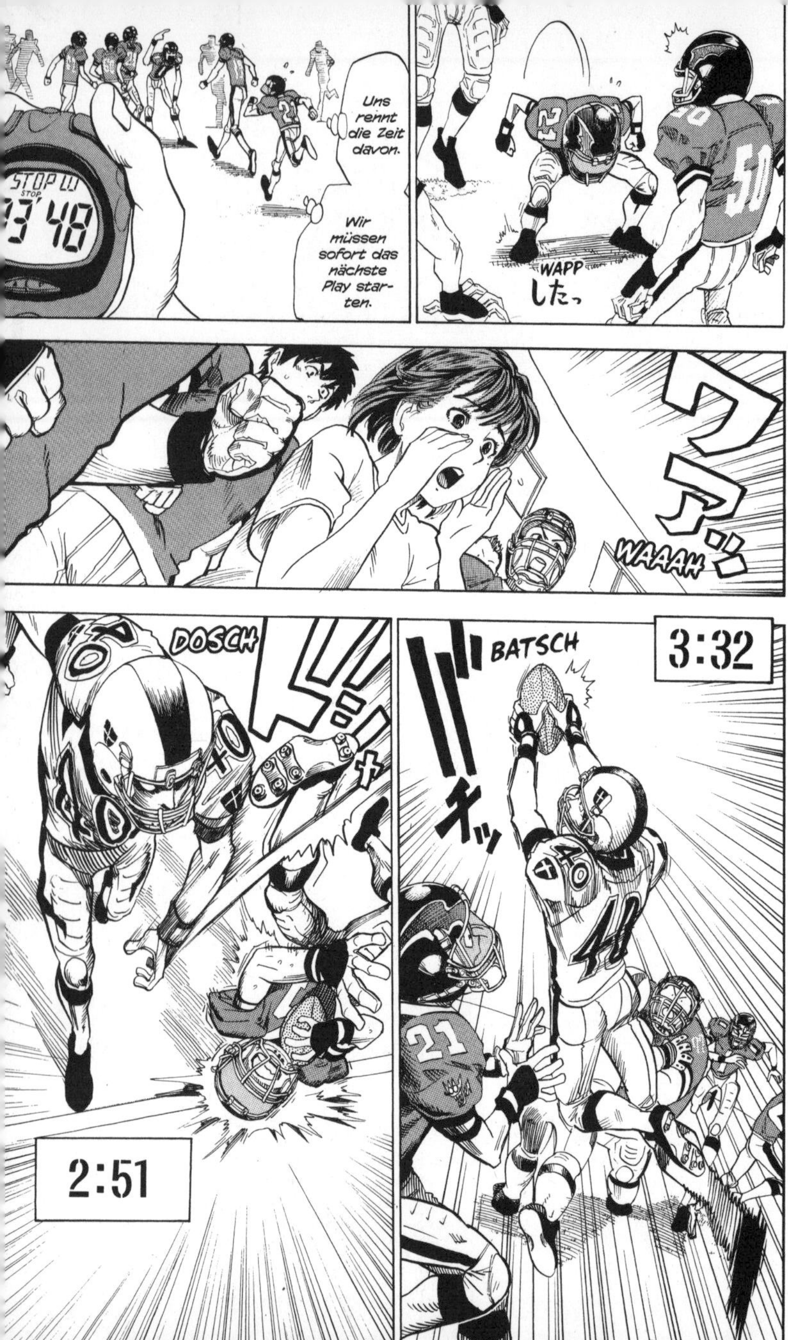

WAPP
したっ
STOP W
STOP
3'48
Uns rennt die Zeit davon.
Wir müssen sofort das nächste Play starten.
ワァ
WAAAH
3:32
BATSCH
チッ
DOSCH
2:51

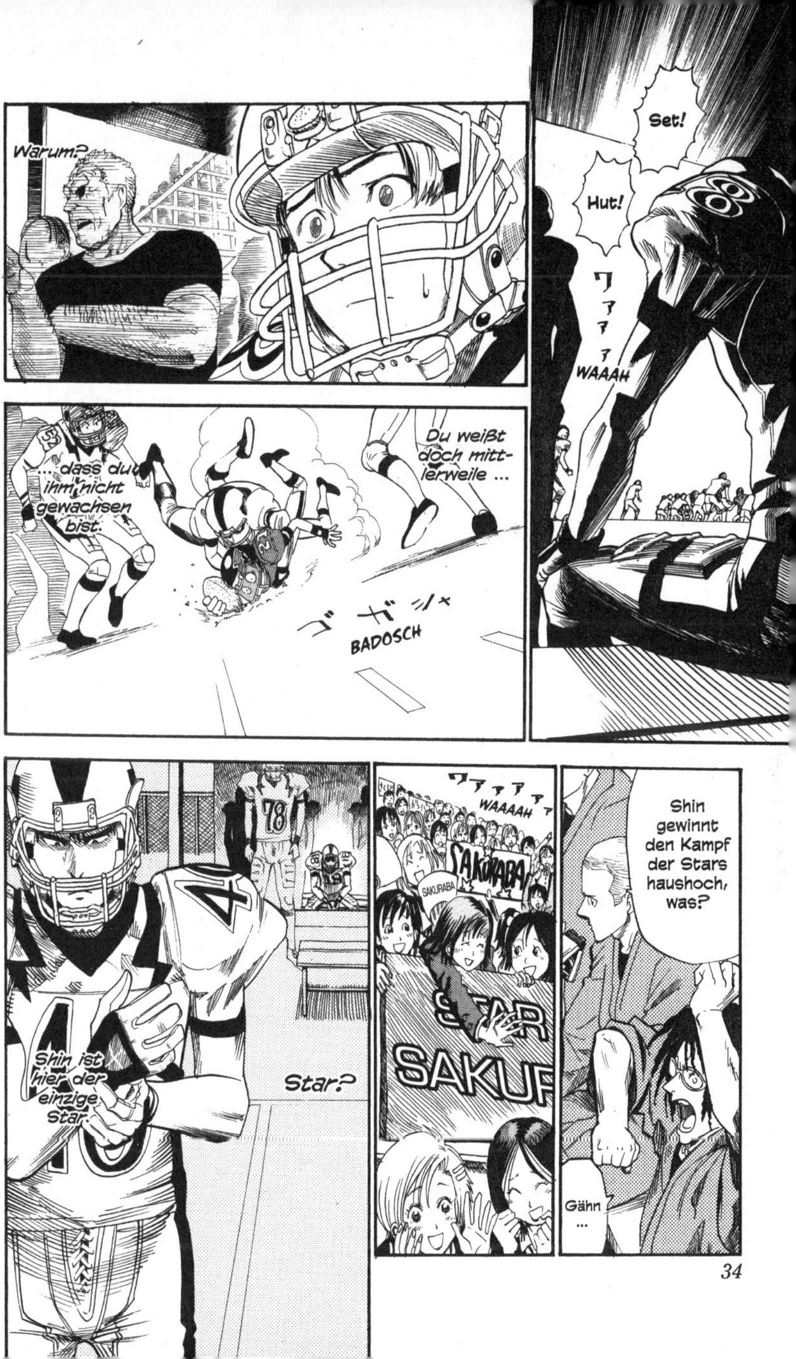

Set!
Hut!
ワァァァ
WAAAH
Warum?
Du weißt doch mittlerweile ...
... dass du ihm nicht gewachsen bist.
ゴガシャ
BADOSCH
Shin gewinnt den Kampf der Stars haushoch, was?
Gähn ...
ワァァァァァ
WAAAAH
SAKURABA
SAKURABA
STAR
SAKUR
Star?
Shin ist hier der einzige Star.

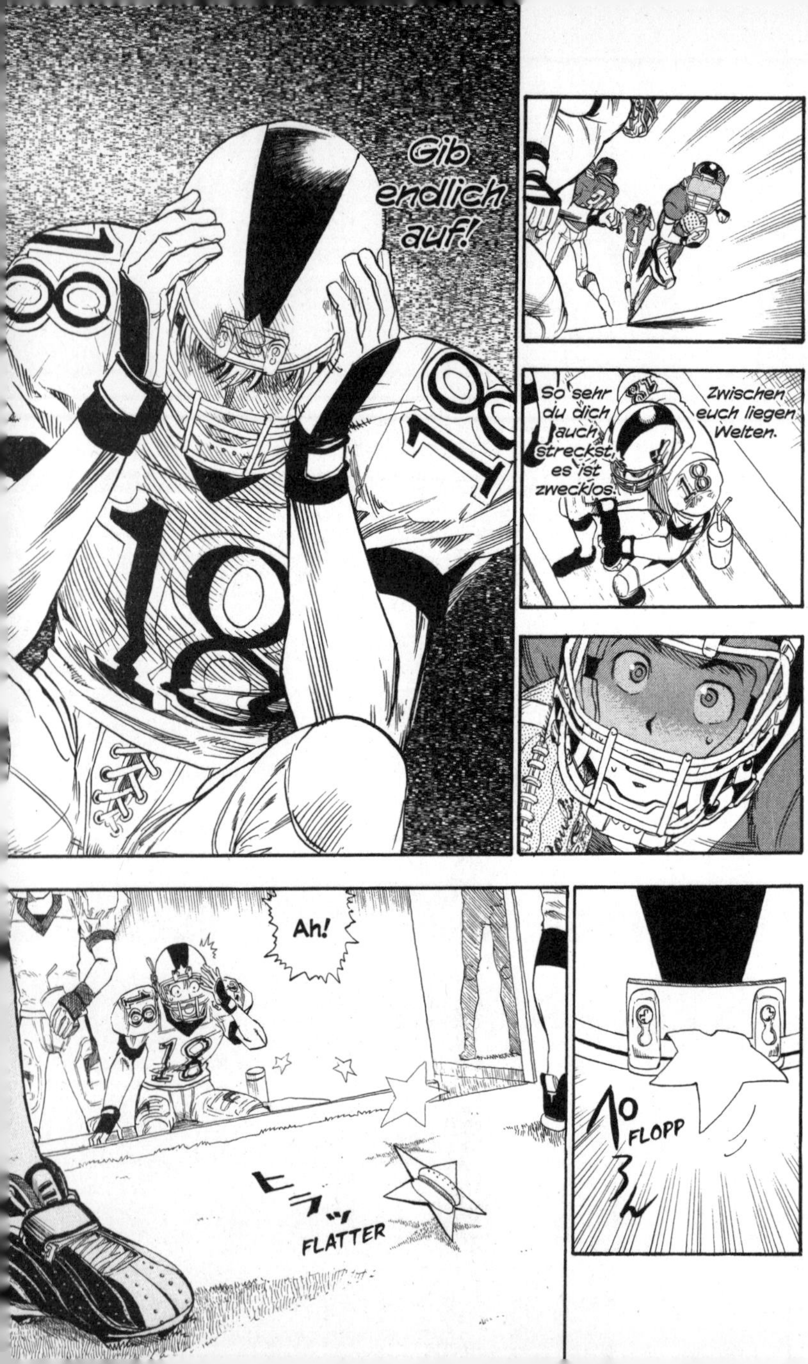

Gib endlich auf!
Zwischen euch liegen Welten.
So sehr du dich auch streckst, es ist zwecklos.
Ah!
FLOPP
FLATTER

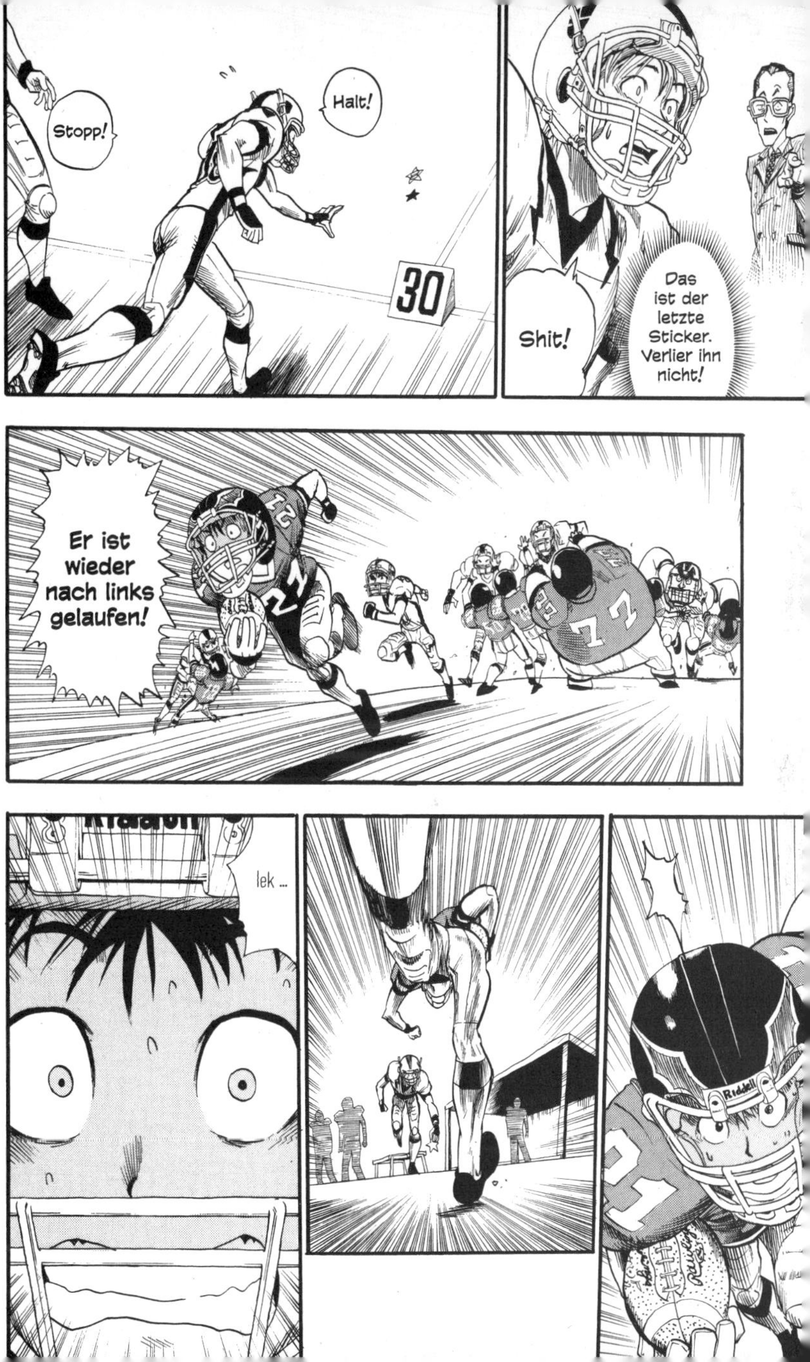
Das ist der letzte Sticker. Verlier ihn nicht!
Shit!
Halt!
Stopp!
Er ist wieder nach links gelaufen!
Iek ...

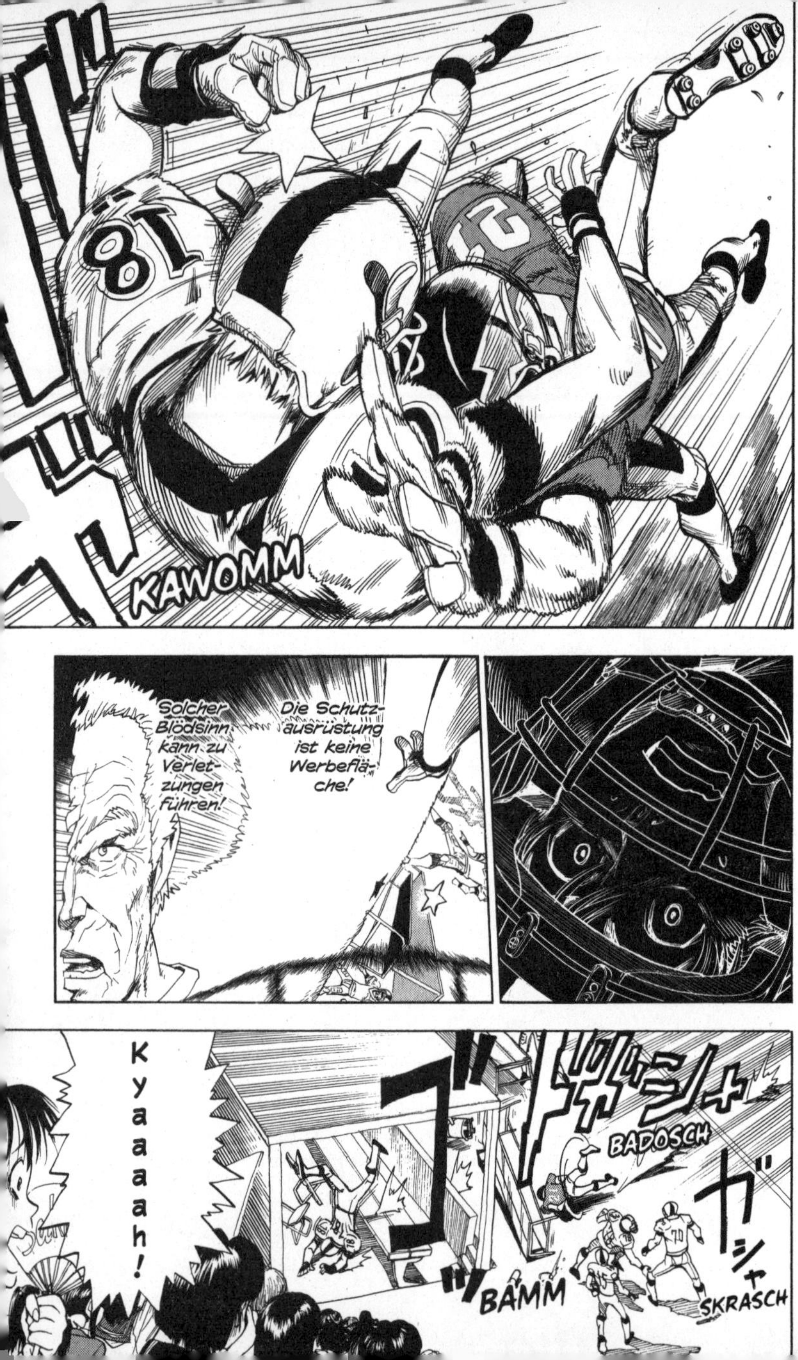
KAWOMM
Die Schutzausrüstung ist keine Werbefläche!
Solcher Blödsinn kann zu Verletzungen führen!
BADOSCH
SKRASCH
BAMM
Kyaaaaah!

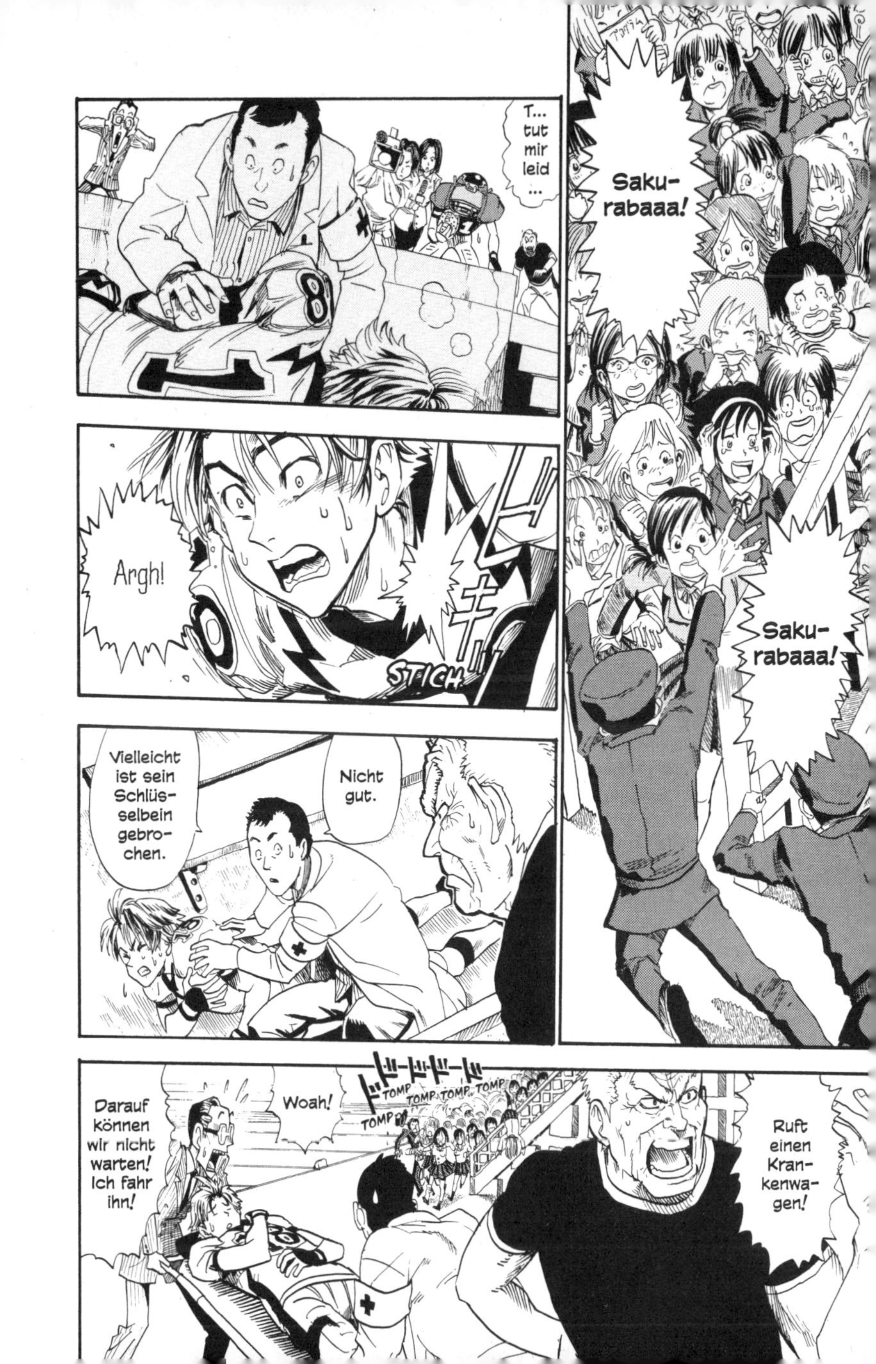
Sakurabaaa!
T... tut mir leid ...
Argh!
STICH
Sakurabaaa!
Nicht gut.
Vielleicht ist sein Schlüsselbein gebrochen.
Ruft einen Krankenwagen!
TOMP TOMP TOMP TOMP TOMP
Woah!
Darauf können wir nicht warten! Ich fahr ihn!

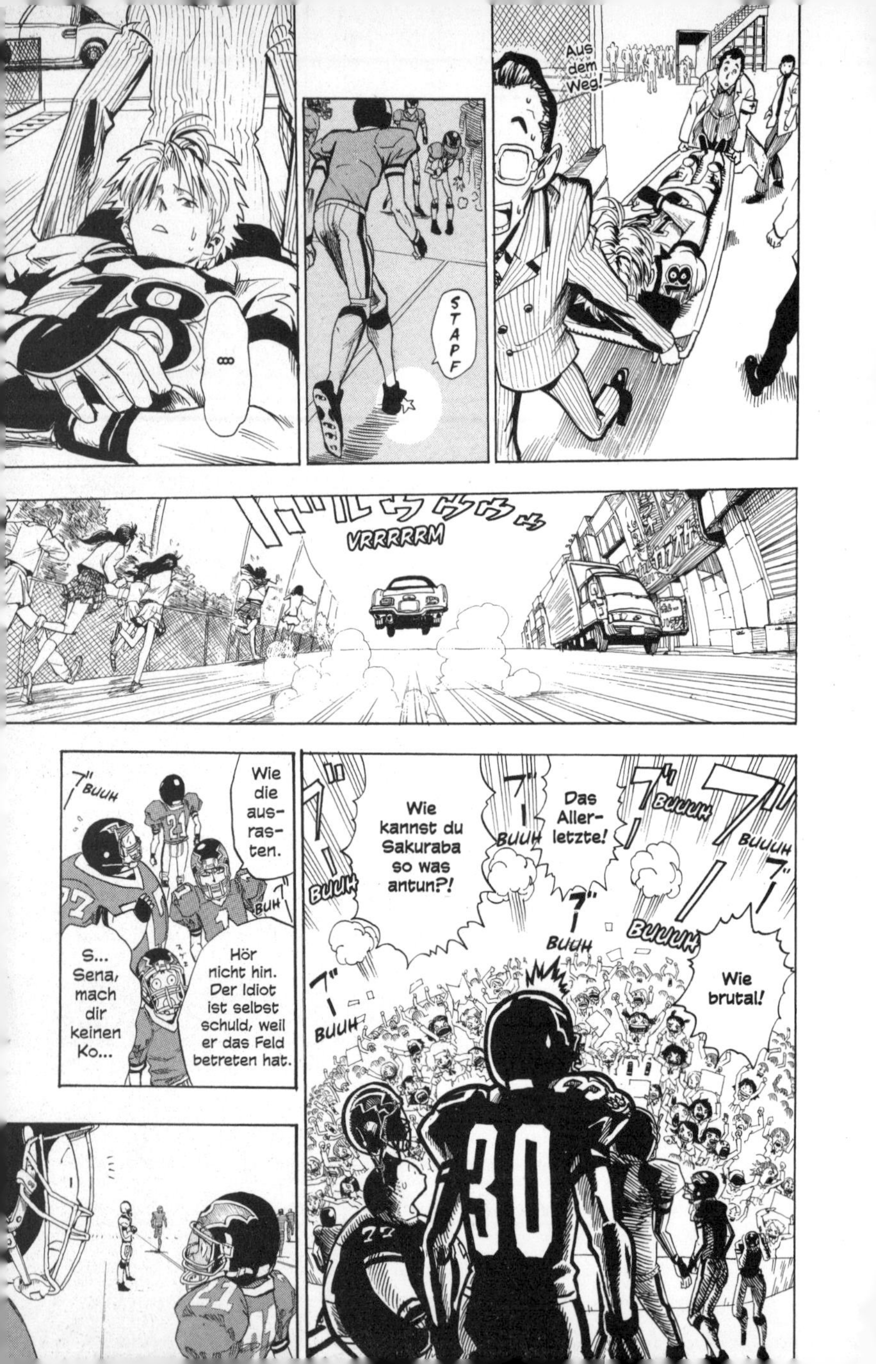

Aus dem Weg!
STAPF
...
VRRRRRM
Wie die ausrasten.
BUUH
BUH
Hör nicht hin. Der Idiot ist selbst schuld, weil er das Feld betreten hat.
S... Sena, mach dir keinen Ko...
Das Allerletzte!
BUUUH
BUUUH
Wie kannst du Sakuraba so was antun?!
BUUH
BUUH
BUUUH
BUUH
Wie brutal!
BUUH

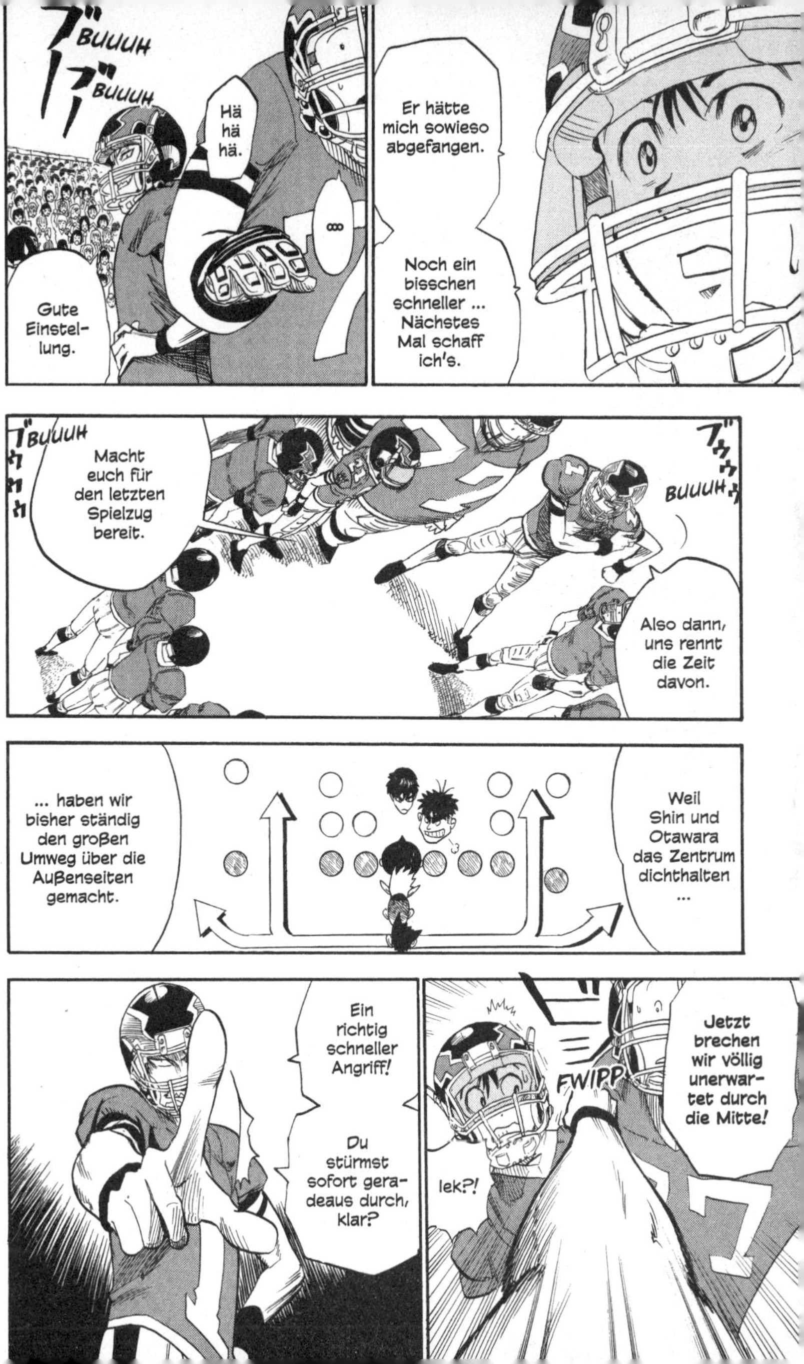
Er hätte mich sowieso abgefangen.
Noch ein bisschen schneller ... Nächstes Mal schaff ich's.
BUUUH
BUUUH
Hä hä hä.
...
Gute Einstel-lung.
BUUUH
Also dann, uns rennt die Zeit davon.
BUUUH
Macht euch für den letzten Spielzug bereit.
Weil Shin und Otawara das Zentrum dichthalten ...
... haben wir bisher ständig den großen Umweg über die Außenseiten gemacht.
Jetzt brechen wir völlig unerwar-tet durch die Mitte!
FWIPP
Iek?!
Ein richtig schneller Angriff!
Du stürmst sofort gera-deaus durch, klar?

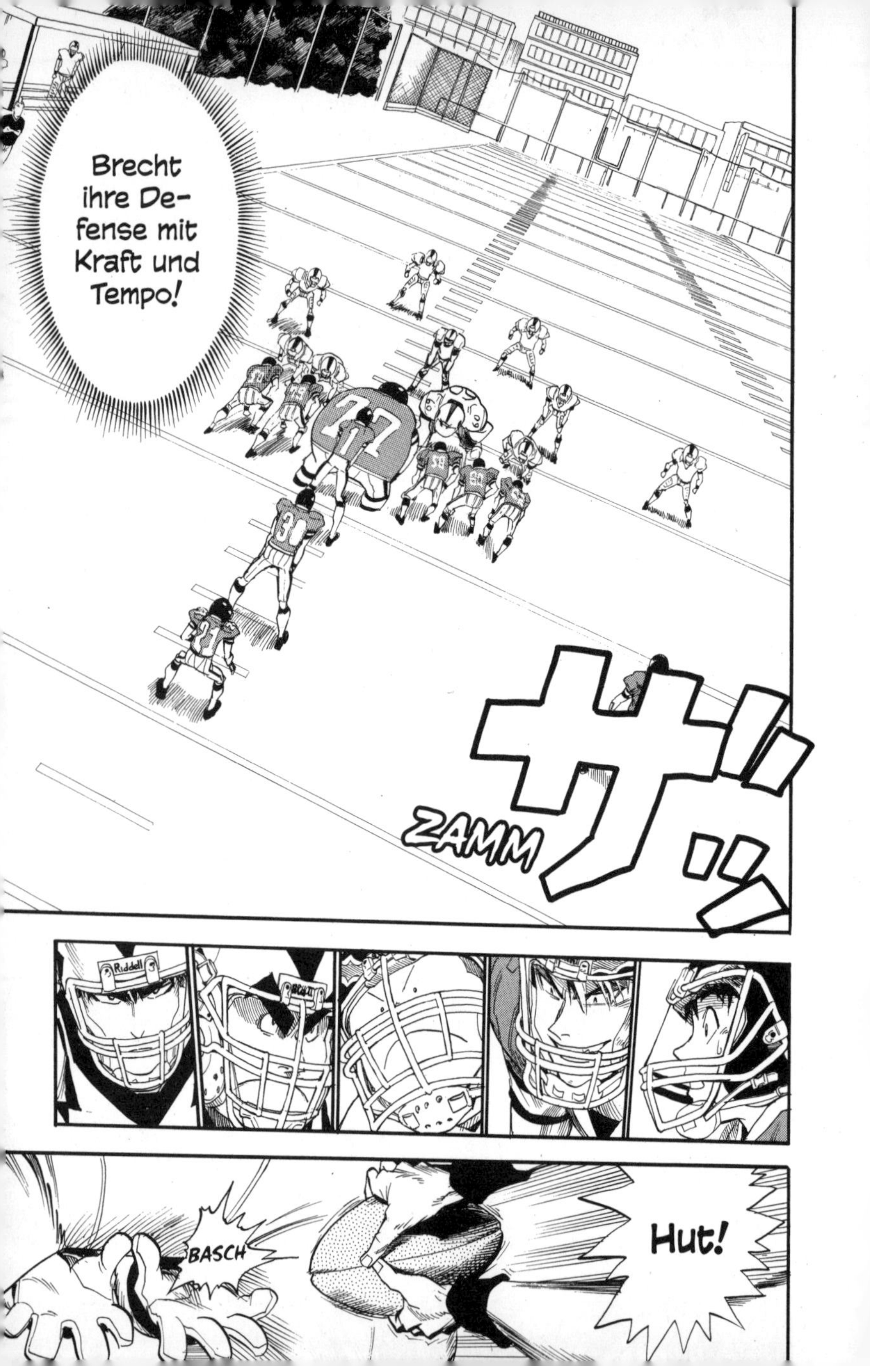
Brecht ihre Defense mit Kraft und Tempo!
ZAMM
ザッ
Riddell
Hut!
BASCH

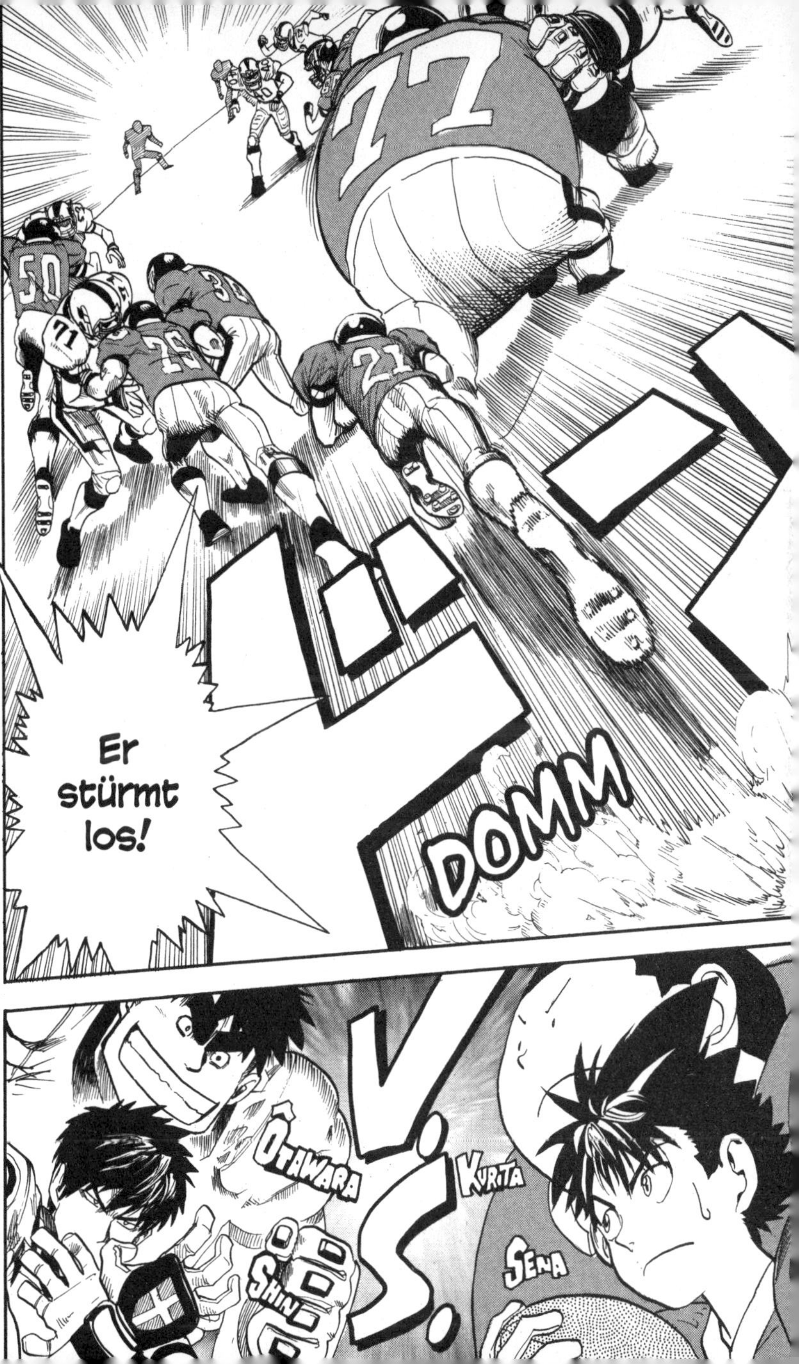

DOMM
Er stürmt los!
Ôtawara
Kurita
Shin
Sena

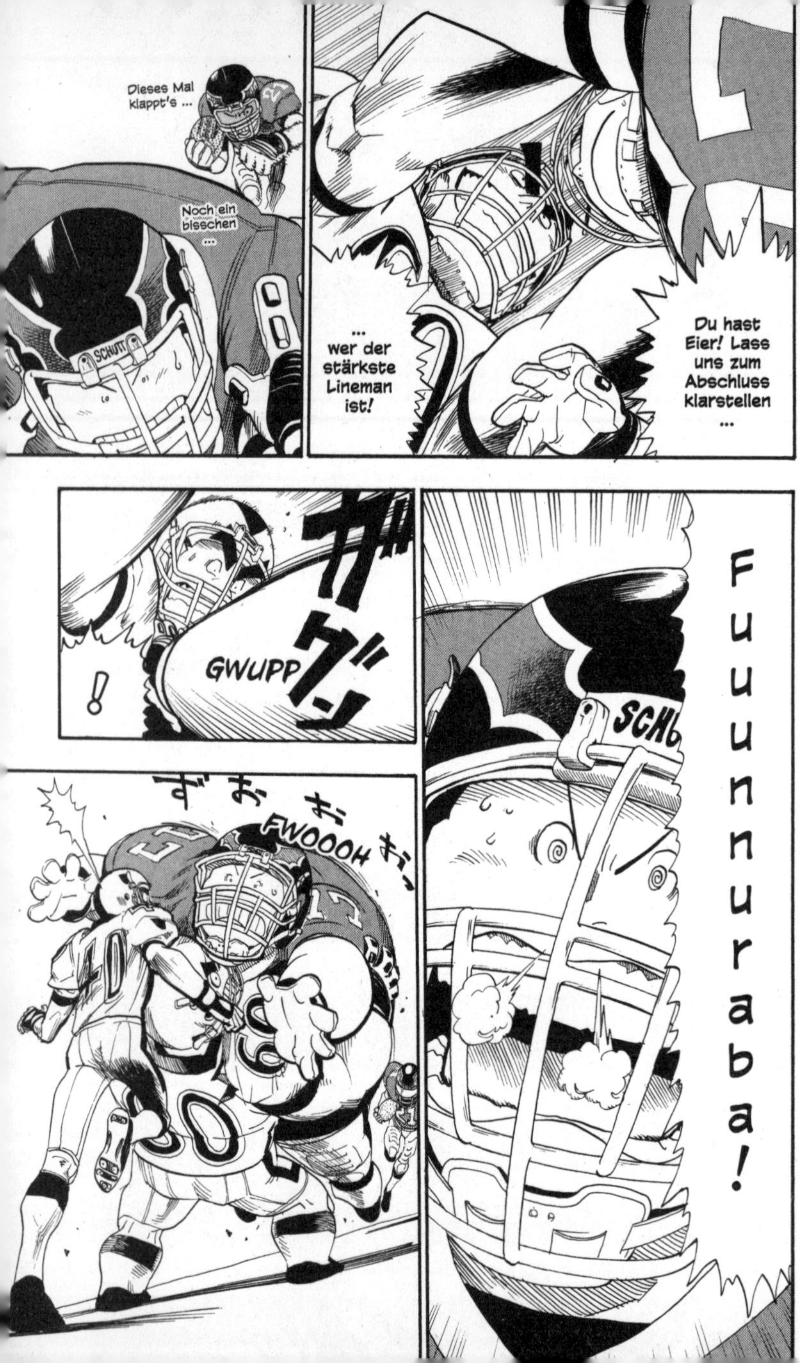
Dieses Mal klappt's ...
Noch ein bisschen ...
Du hast Eier! Lass uns zum Abschluss klarstellen ...
... wer der stärkste Lineman ist!
GWUPP
!
Fuuunnuraba!
FWOOOH

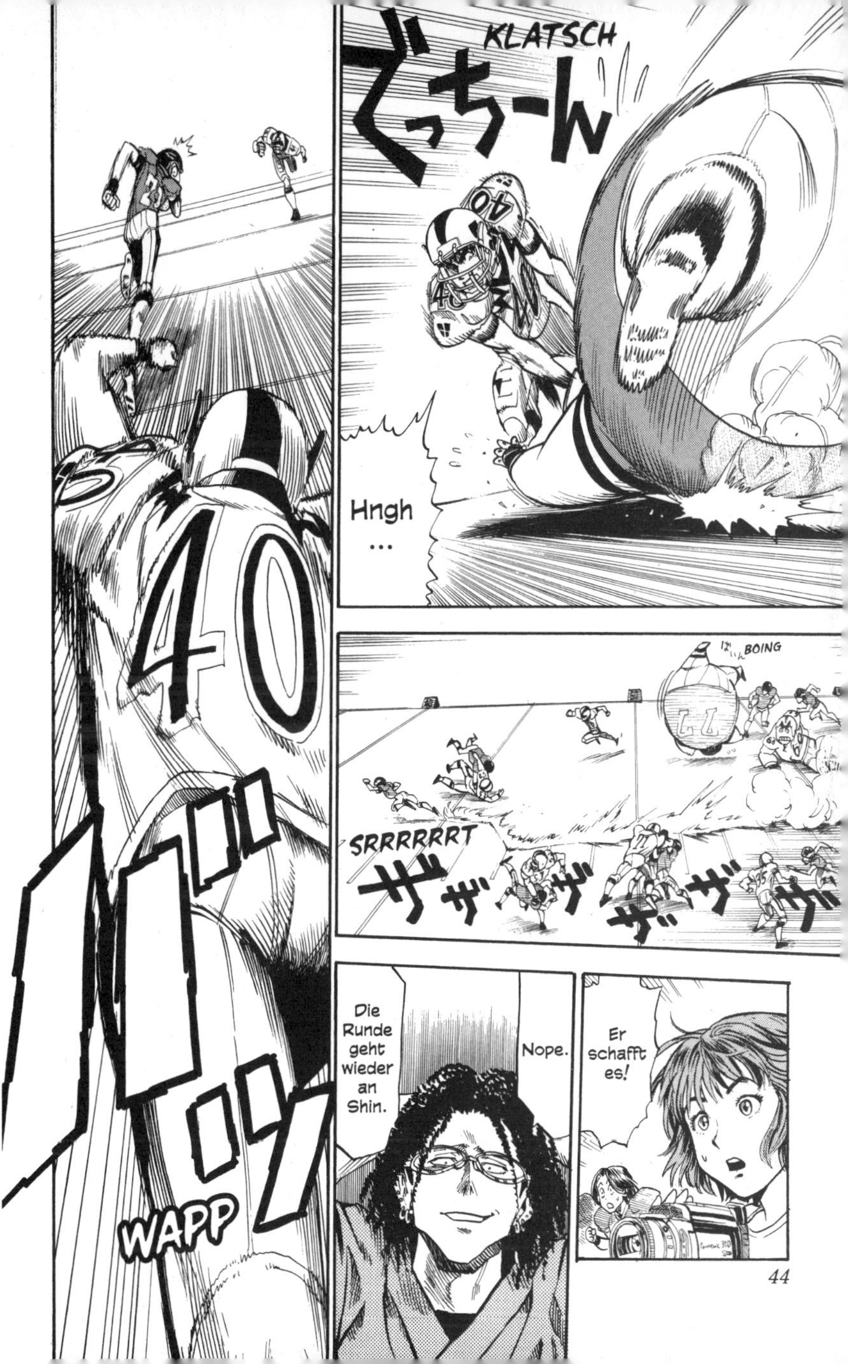
KLATSCH
ぐっちーん
Hngh ...
BOING
SRRRRRRT
Er schafft es!
Nope.
Die Runde geht wieder an Shin.
WAPP

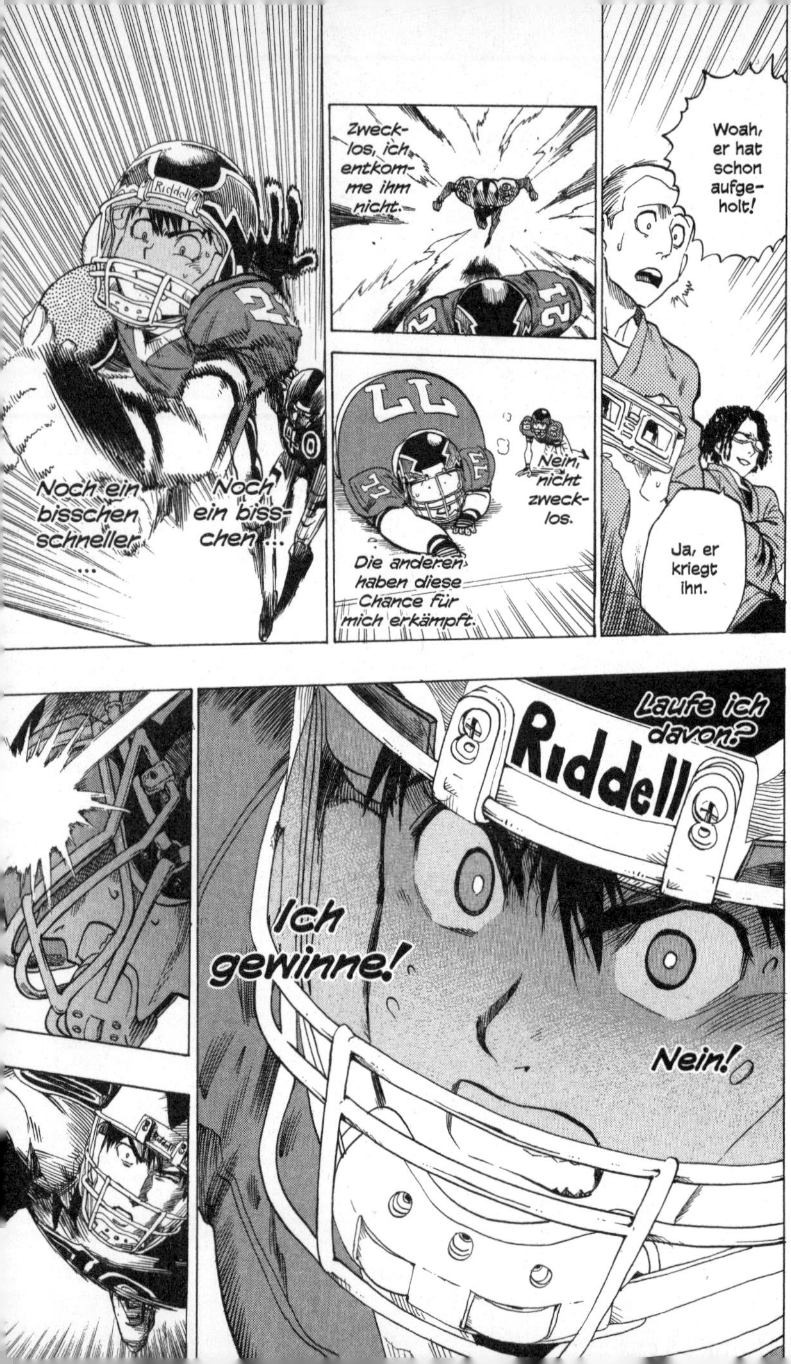
Woah, er hat schon aufgeholt!
Ja, er kriegt ihn.
Zweck-los, ich entkomme ihm nicht.
Nein, nicht zweck-los.
Die anderen haben diese Chance für mich erkämpft.
Noch ein bisschen ...
Noch ein bisschen schneller ...
Riddell
Laufe ich davon?
Nein!
Ich gewinne!

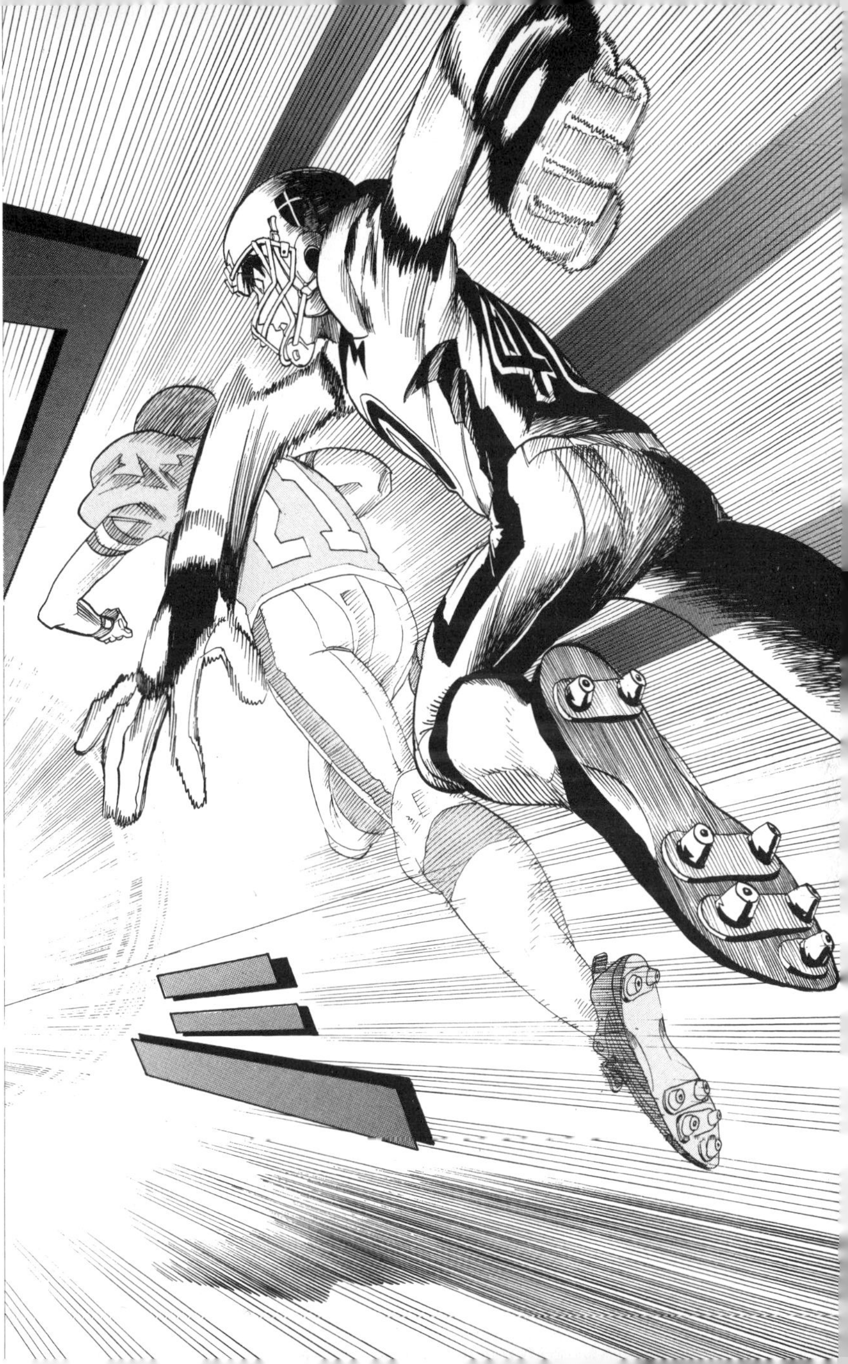

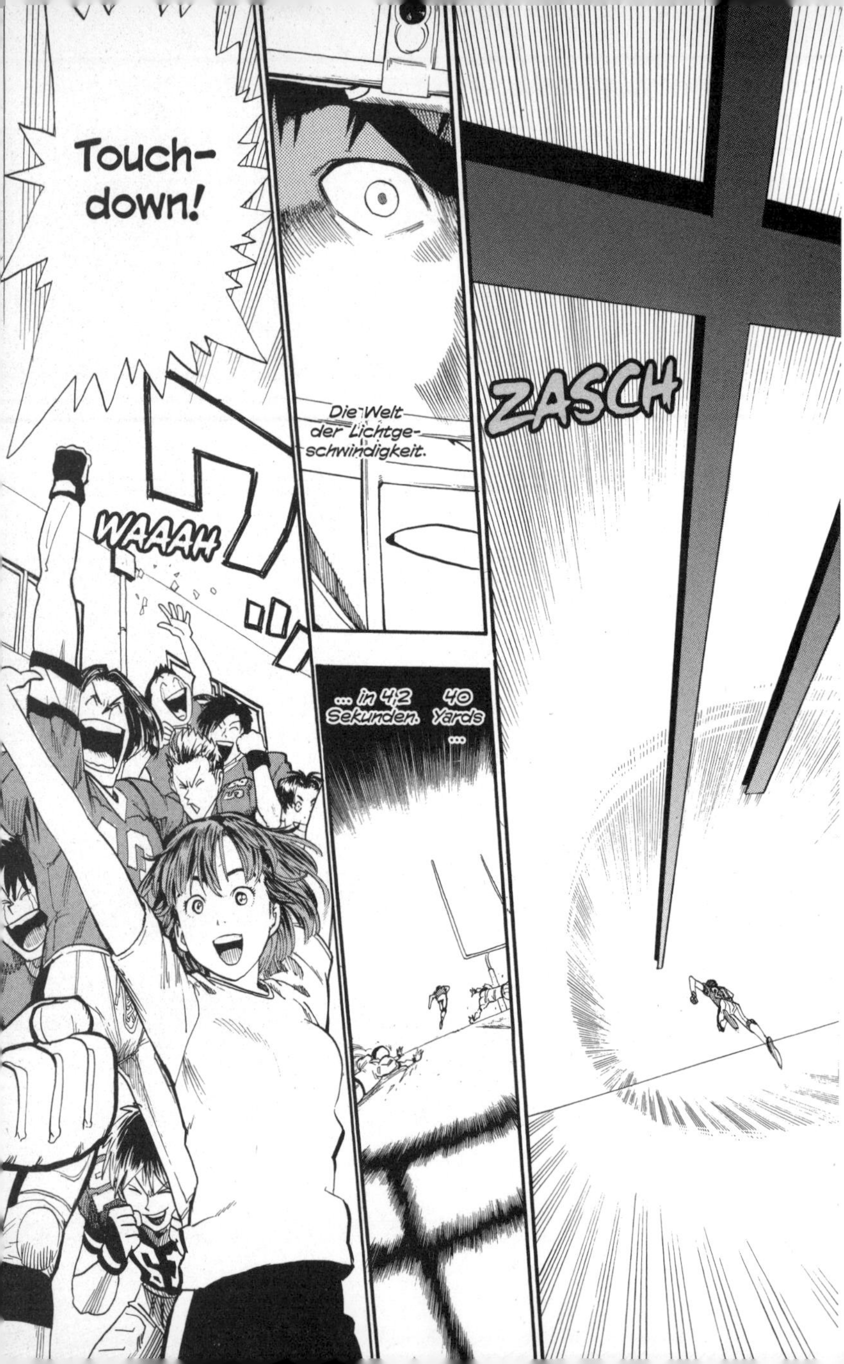
ZASCH
Die Welt der Lichtgeschwindigkeit.
40 Yards ...
... in 4,2 Sekunden.
Touchdown!
WAAAH

EDO-TV
KANAL 8.2

SPORTS GOGO!

DIE GEBURT EINES MYSTERIÖSEN HELDEN!

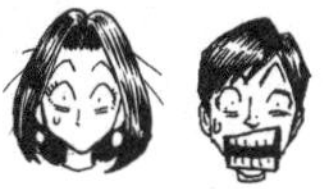

...!!

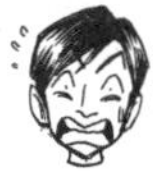

Wow, das war unglaublich! Nicht gerade der richtige Zeitpunkt, um Sakurabas Taxi zu filmen!

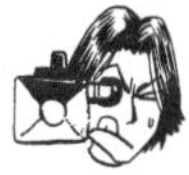

Ich hab mit der Kamera vorsichtshalber umgeschwenkt … Ist alles im Bild!

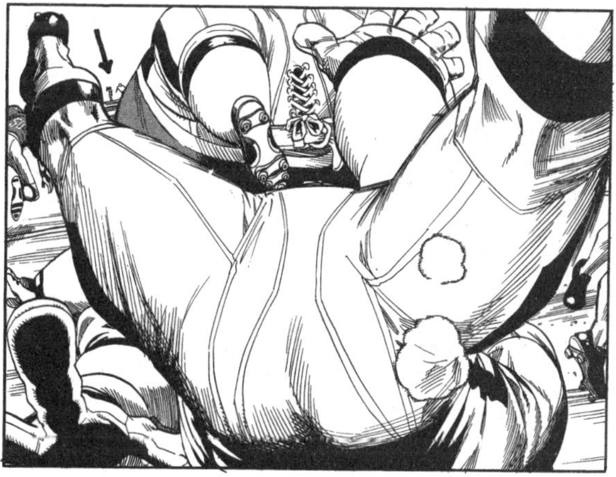

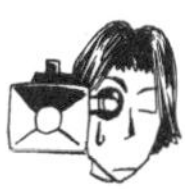

Mehr oder weniger …

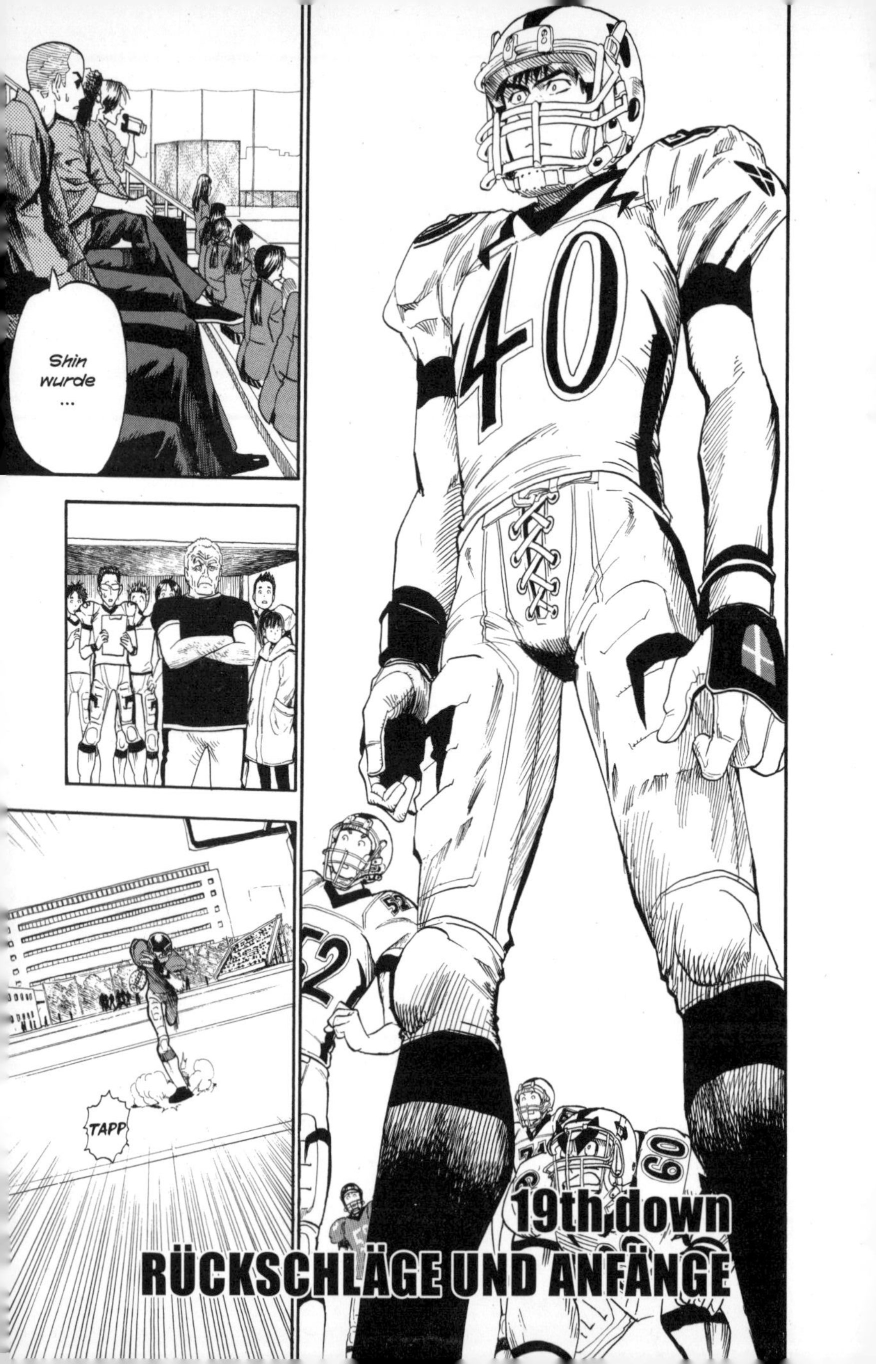
19th down
RÜCKSCHLÄGE UND ANFÄNGE
Shin wurde …
TAPP

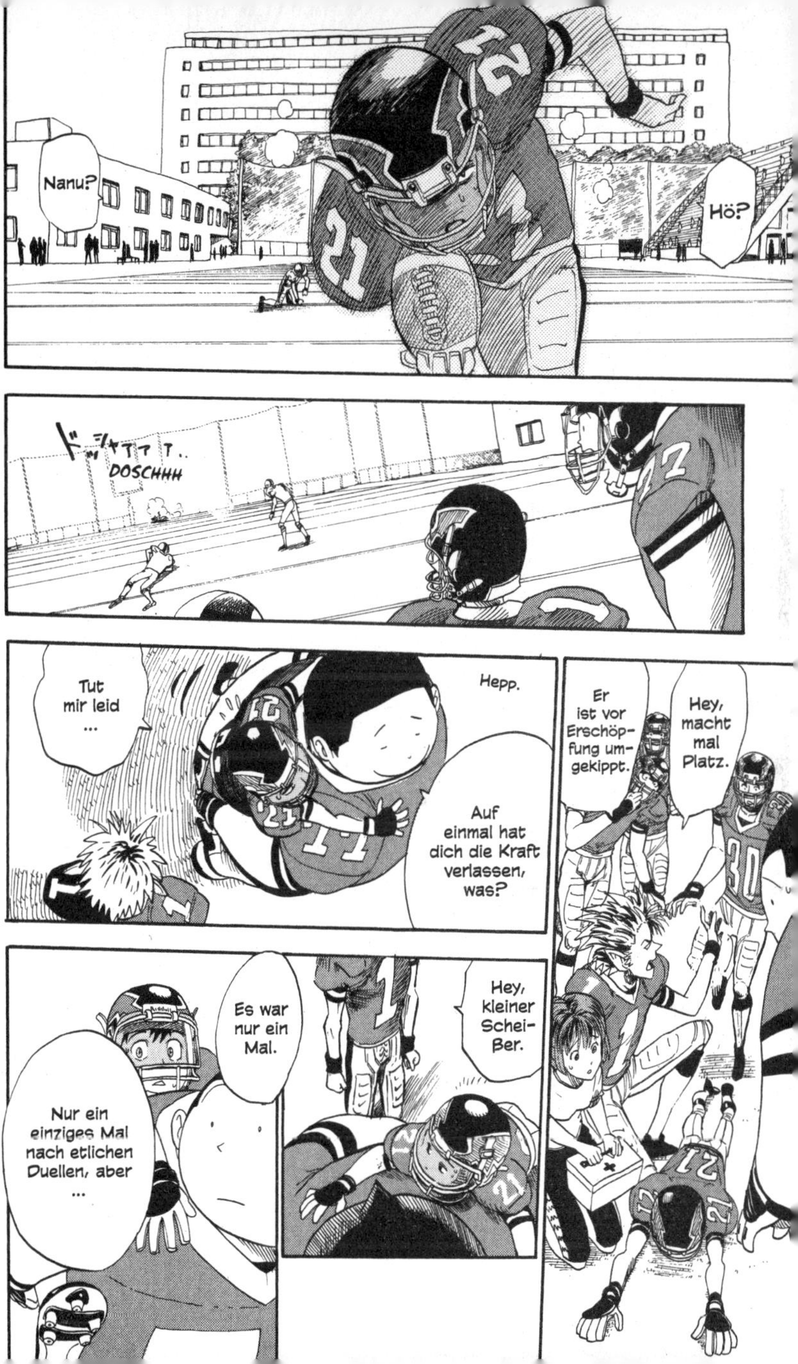
Hö?
Nanu?
DOSCHHH
Hey, macht mal Platz.
Er ist vor Erschöpfung umgekippt.
Hepp.
Auf einmal hat dich die Kraft verlassen, was?
Tut mir leid ...
Hey, kleiner Scheißer.
Es war nur ein Mal.
Nur ein einziges Mal nach etlichen Duellen, aber ...

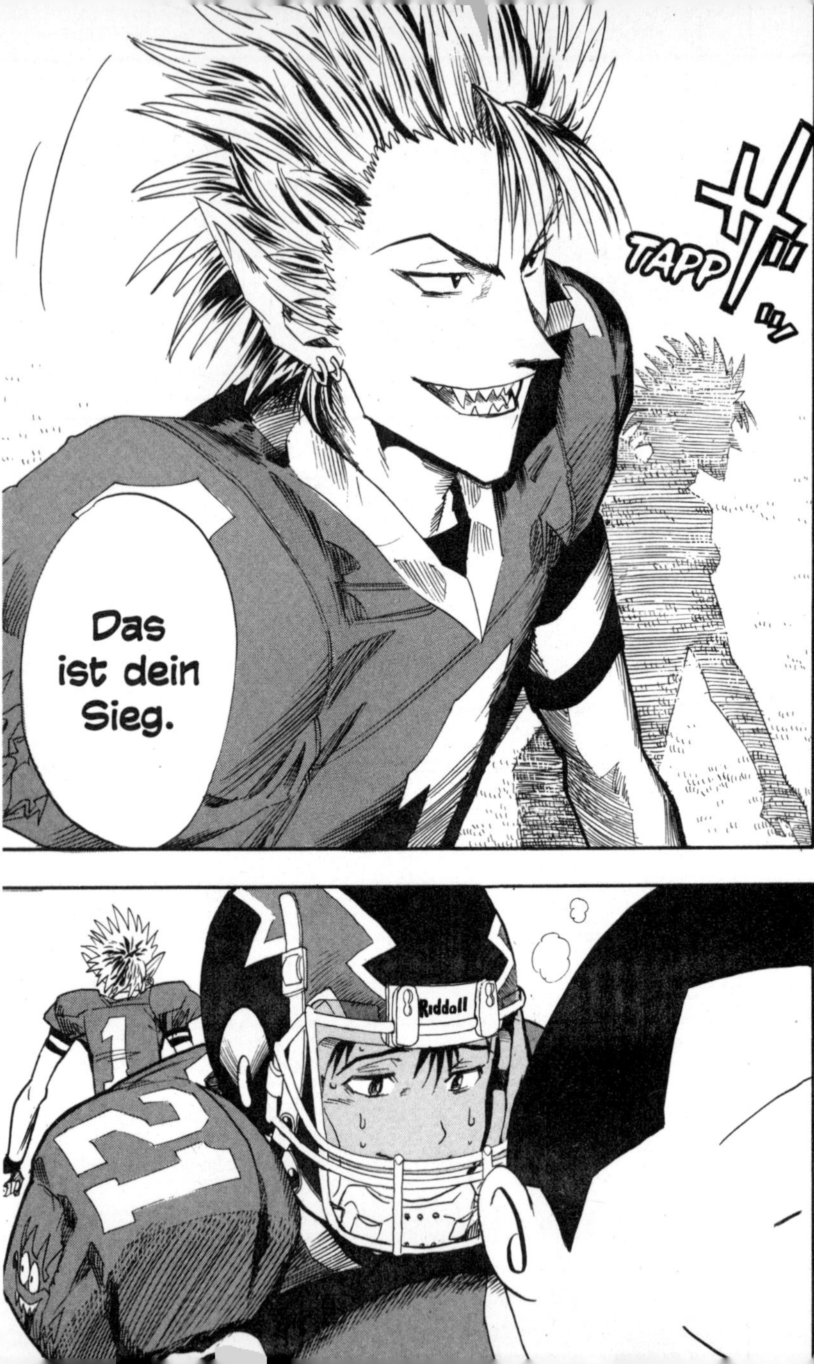
TAPP
Das ist dein Sieg.
Riddoll

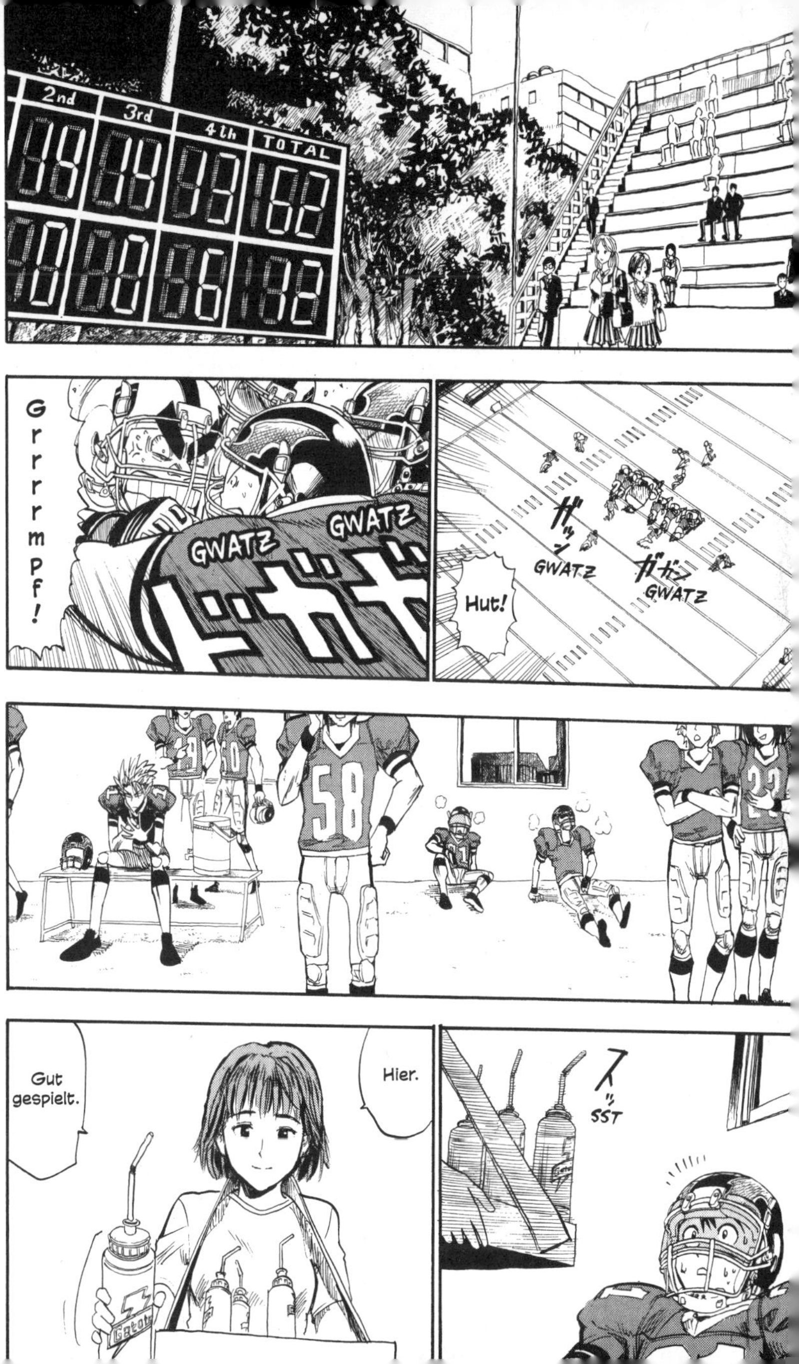
2nd
3rd
4th
TOTAL
Grrrrrmpf!
GWATZ
GWATZ
Hut!
GWATZ
GWATZ
58
Gut gespielt.
Hier.
SST

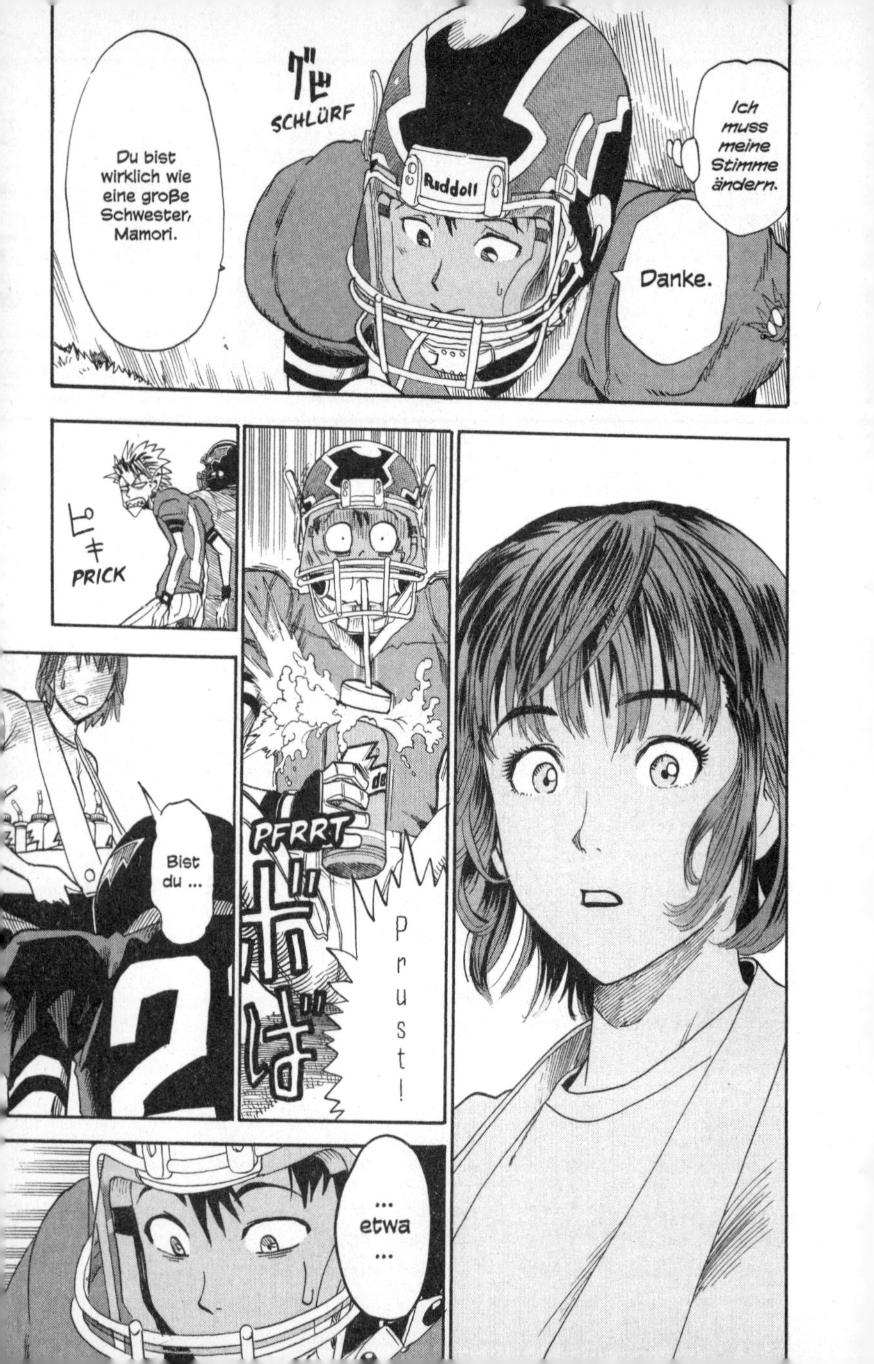
Ich muss meine Stimme ändern.
Danke.
グビ
SCHLÜRF
Du bist wirklich wie eine große Schwester, Mamori.
Ruddoll
ピキ
PRICK
PFRRT
ホば
Prust!
Bist du ...
... etwa ...

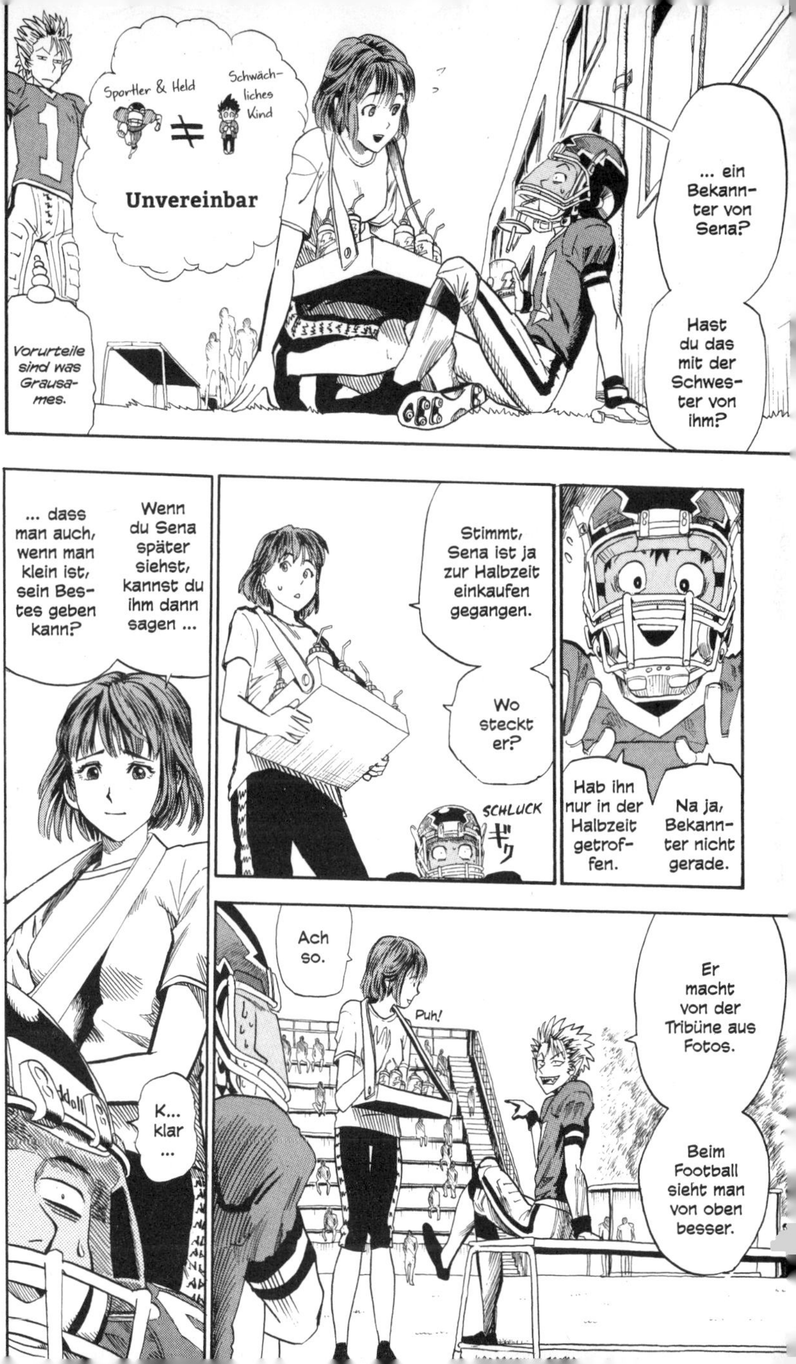
... ein Bekannter von Sena?
Hast du das mit der Schwester von ihm?
Sportler & Held
Schwächliches Kind
Unvereinbar
Vorurteile sind was Grausames.
Na ja, Bekannter nicht gerade.
Hab ihn nur in der Halbzeit getroffen.
Stimmt, Sena ist ja zur Halbzeit einkaufen gegangen.
Wo steckt er?
SCHLUCK
ギク
Er macht von der Tribüne aus Fotos.
Beim Football sieht man von oben besser.
Ach so.
Puh!
Wenn du Sena später siehst, kannst du ihm dann sagen ...
... dass man auch, wenn man klein ist, sein Bestes geben kann?
K... klar ...

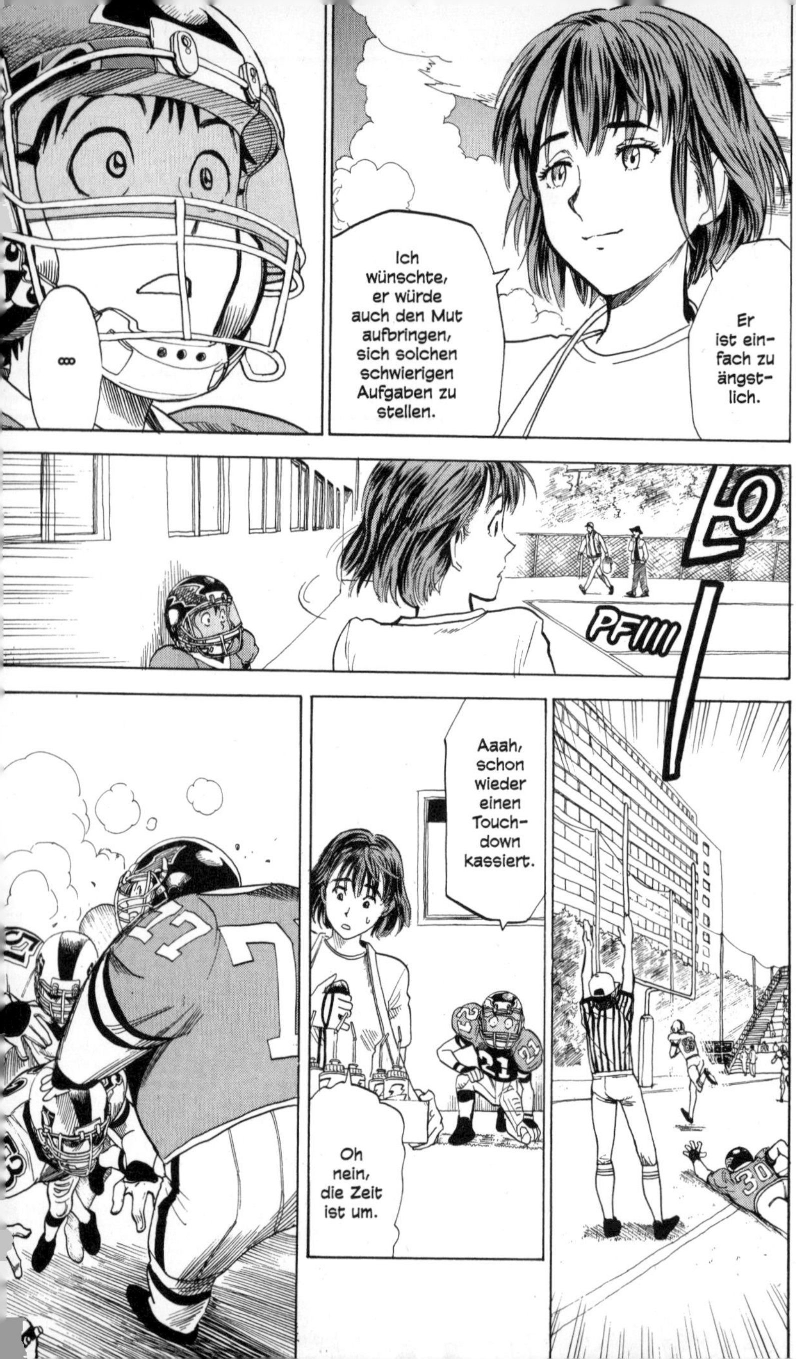
Er ist einfach zu ängstlich.
Ich wünschte, er würde auch den Mut aufbringen, sich solchen schwierigen Aufgaben zu stellen.
...
PFIIII
Aaah, schon wieder einen Touchdown kassiert.
Oh nein, die Zeit ist um.

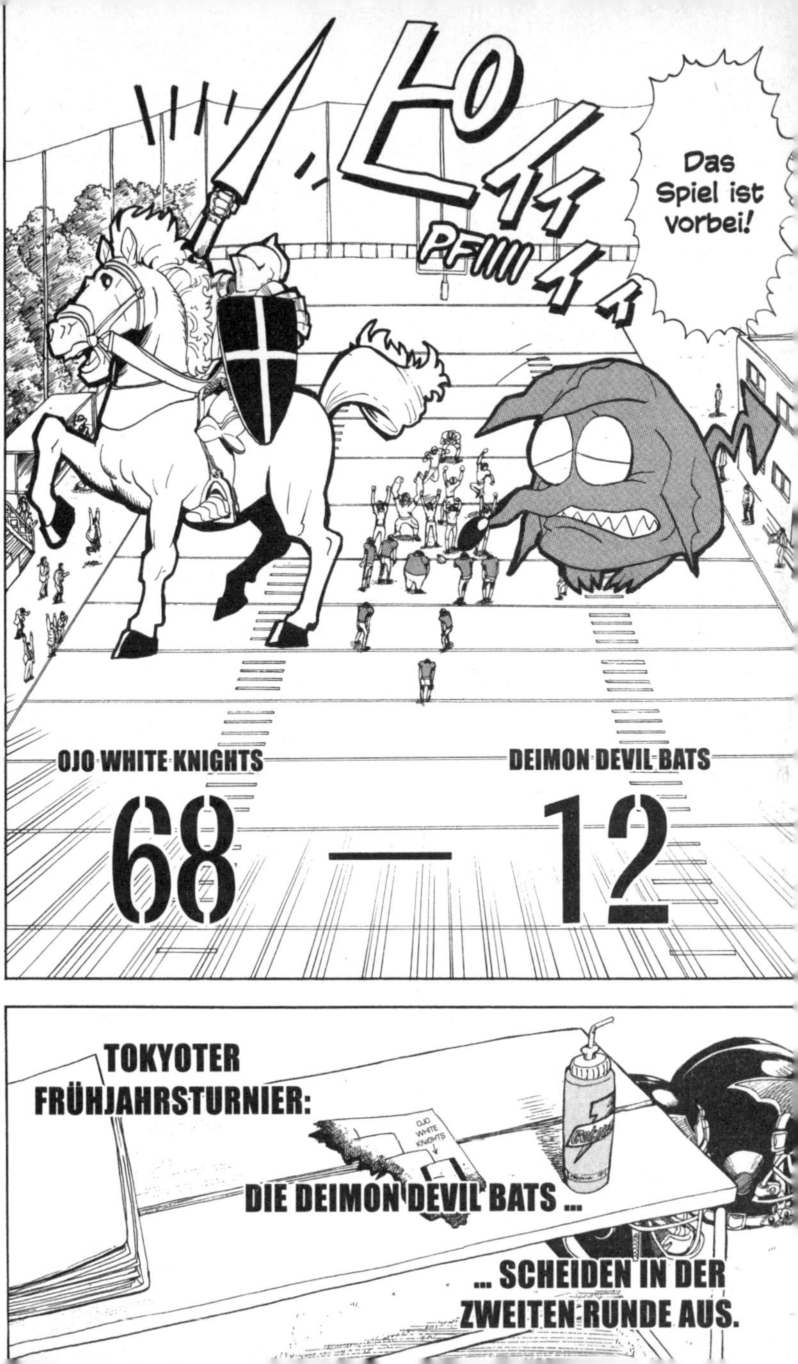

PFIIII
Das Spiel ist vorbei!
OJO WHITE KNIGHTS
DEIMON DEVIL BATS
68 — 12
TOKYOTER FRÜHJAHRSTURNIER:
OJO WHITE KNIGHTS
DIE DEIMON DEVIL BATS ...
... SCHEIDEN IN DER ZWEITEN RUNDE AUS.

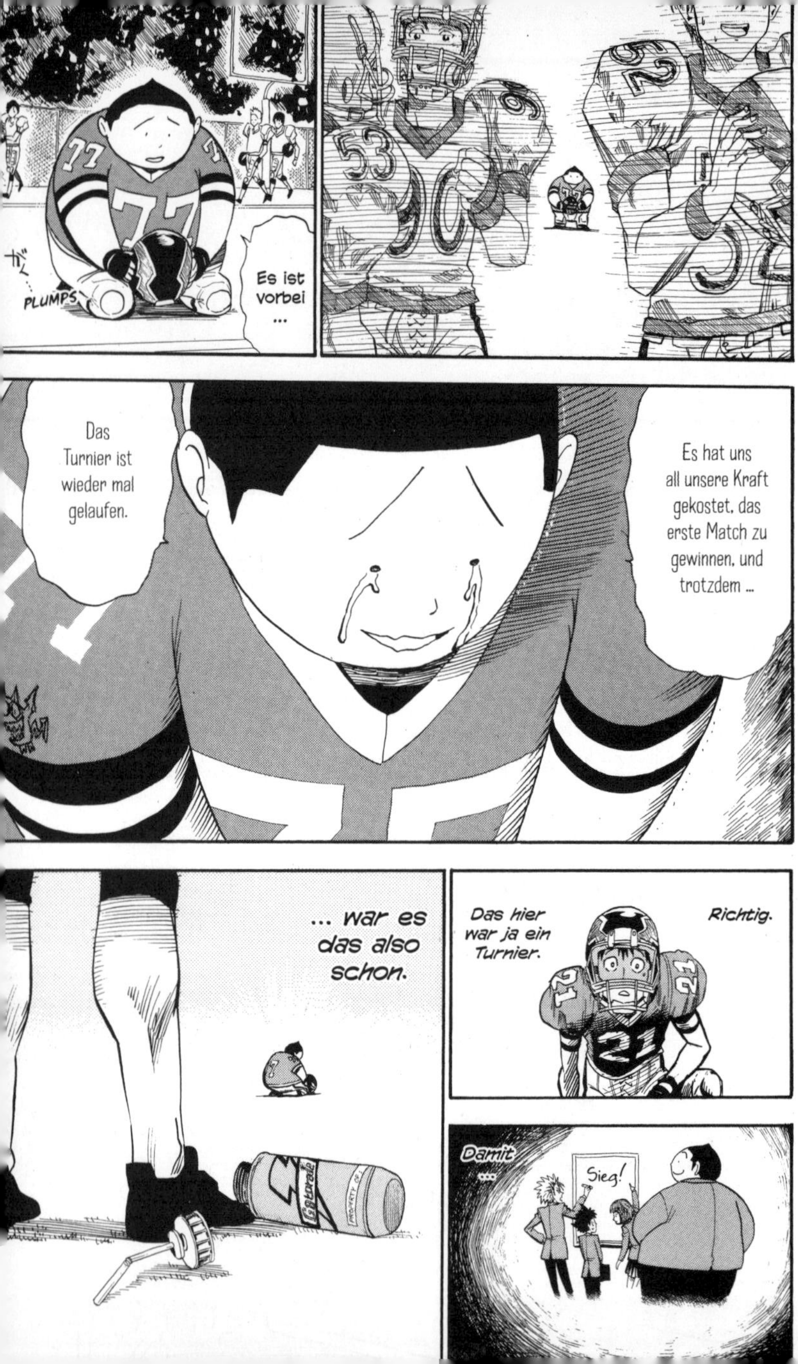
Es ist vorbei ...
がく…
PLUMPS
Es hat uns all unsere Kraft gekostet, das erste Match zu gewinnen, und trotzdem ...
Das Turnier ist wieder mal gelaufen.
Richtig.
Das hier war ja ein Turnier.
Damit ...
Sieg!
... war es das also schon.

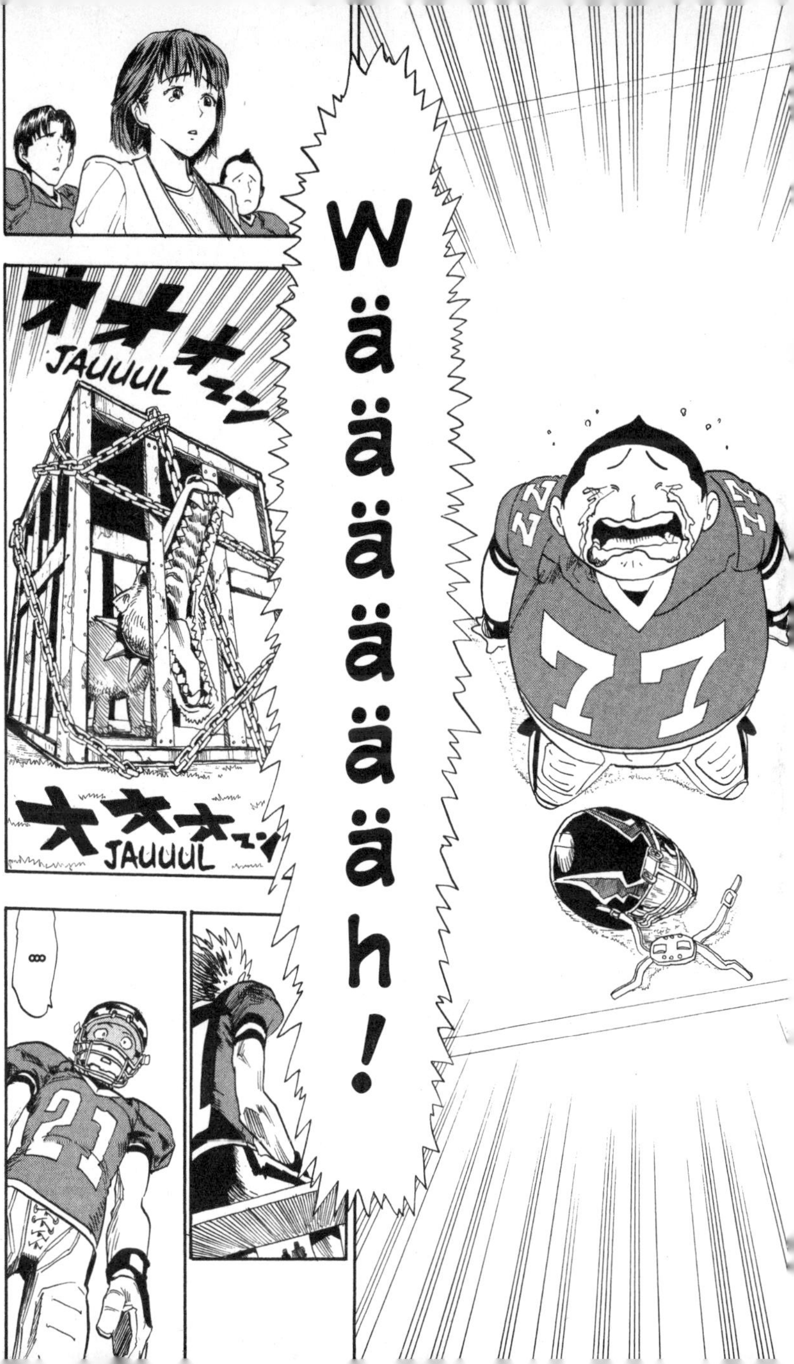
Wääääääh!
JAUUUL
JAUUUL
...

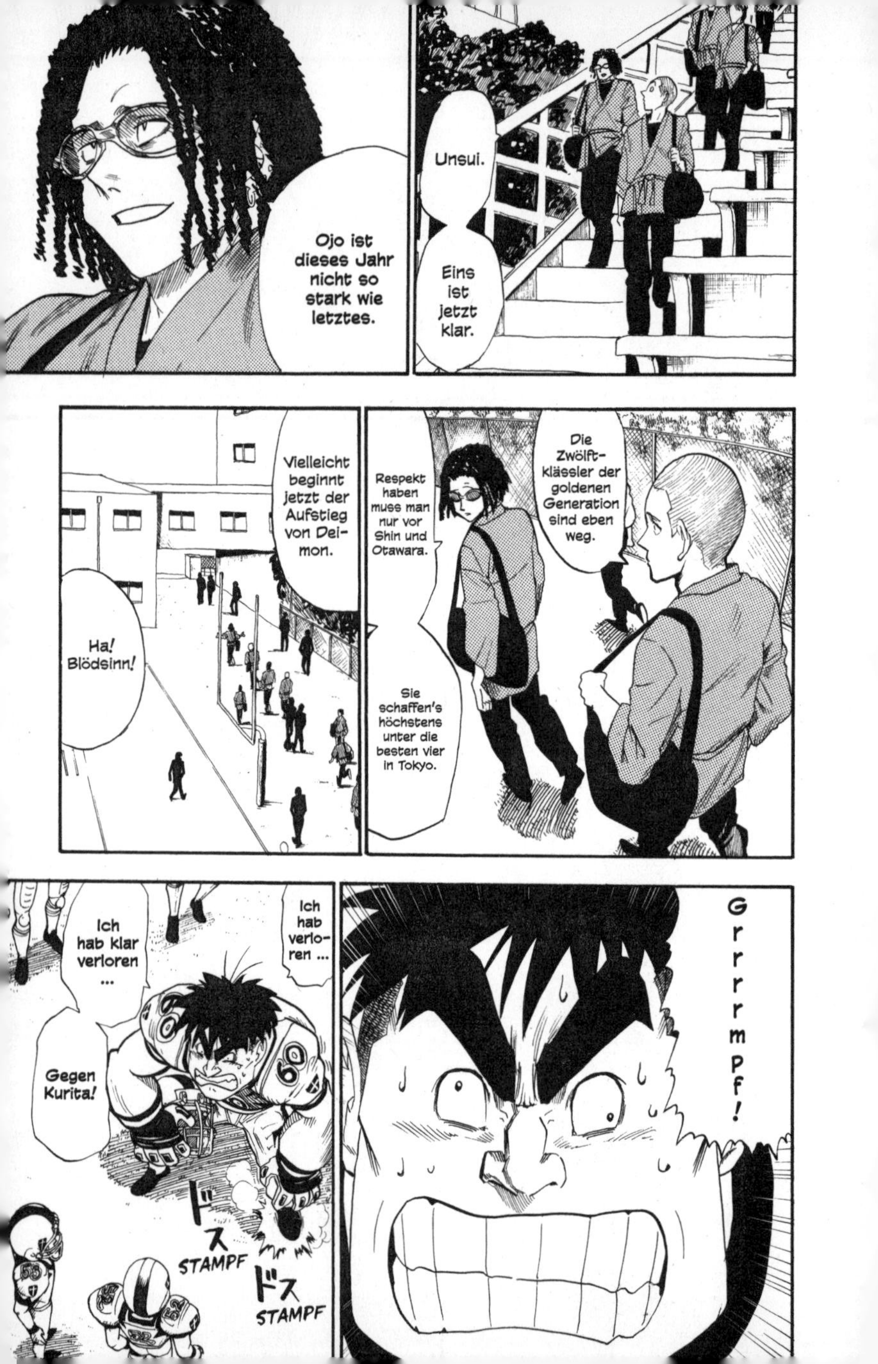
Unsui.
Eins ist jetzt klar.
Ojo ist dieses Jahr nicht so stark wie letztes.
Die Zwölftklässler der goldenen Generation sind eben weg.
Respekt haben muss man nur vor Shin und Otawara.
Sie schaffen's höchstens unter die besten vier in Tokyo.
Vielleicht beginnt jetzt der Aufstieg von Deimon.
Ha! Blödsinn!
Grrrrmpf!
Ich hab verloren ...
Ich hab klar verloren ...
Gegen Kurita!
ドス
STAMPF
ドス
STAMPF

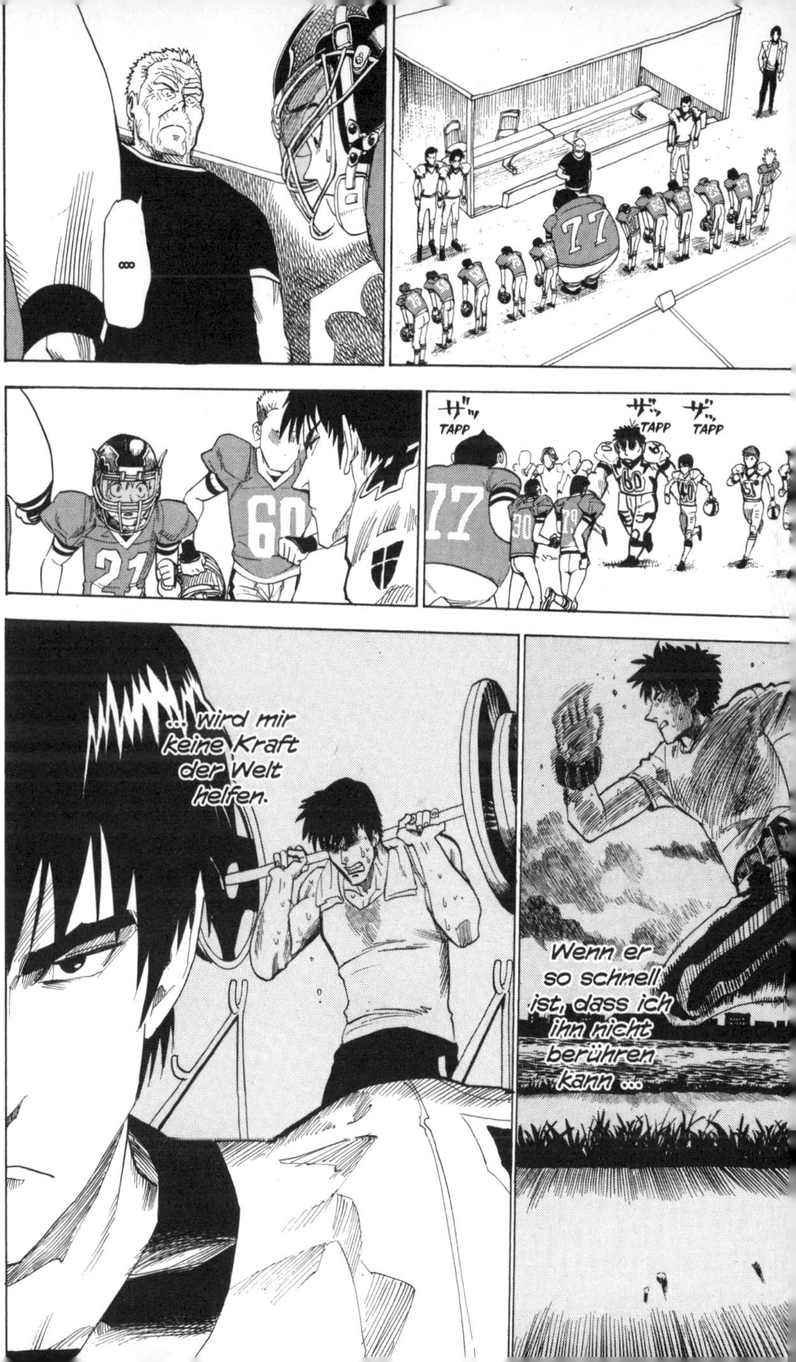

…
ザッ
TAPP
ザッ
TAPP
ザッ
TAPP
Wenn er so schnell ist, dass ich ihn nicht berühren kann …
… wird mir keine Kraft der Welt helfen.

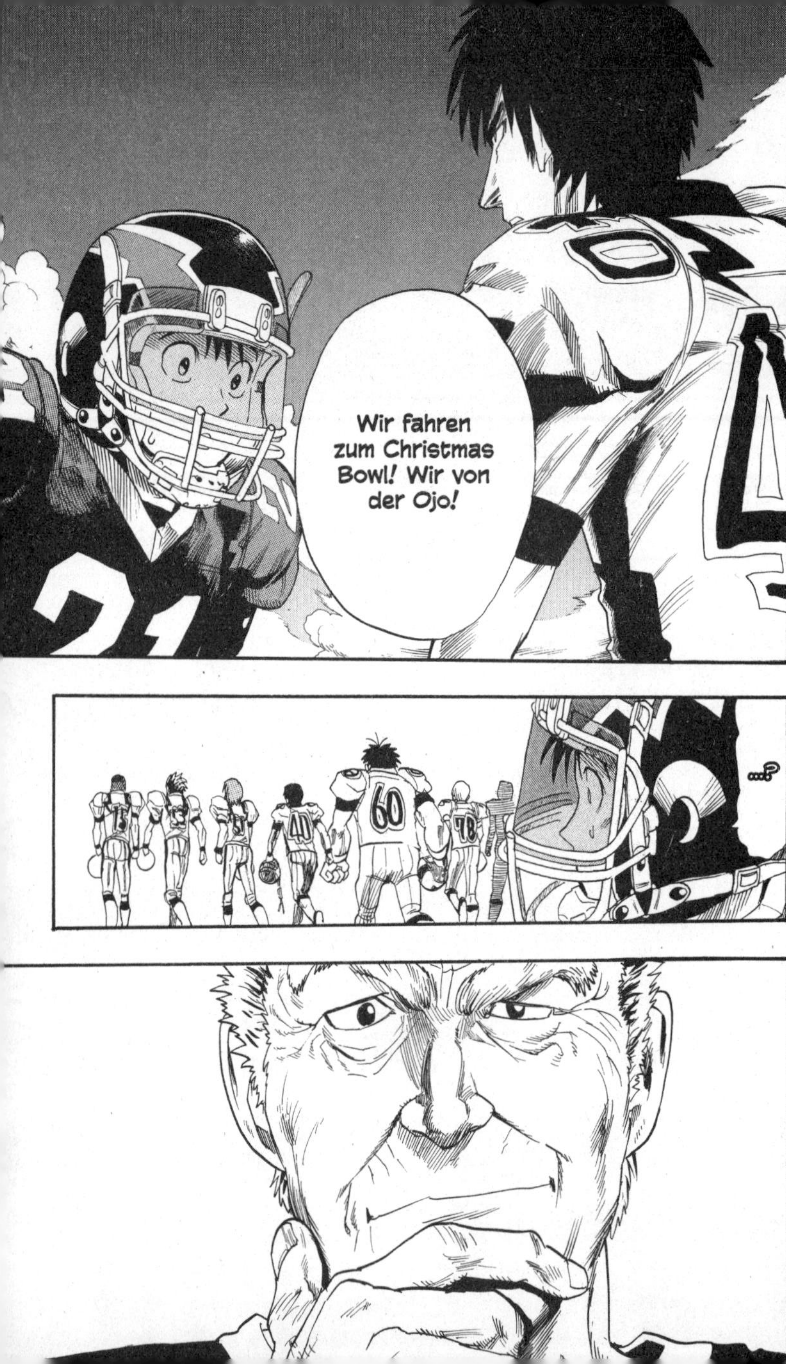
Wir fahren zum Christmas Bowl! Wir von der Ojo!
...?

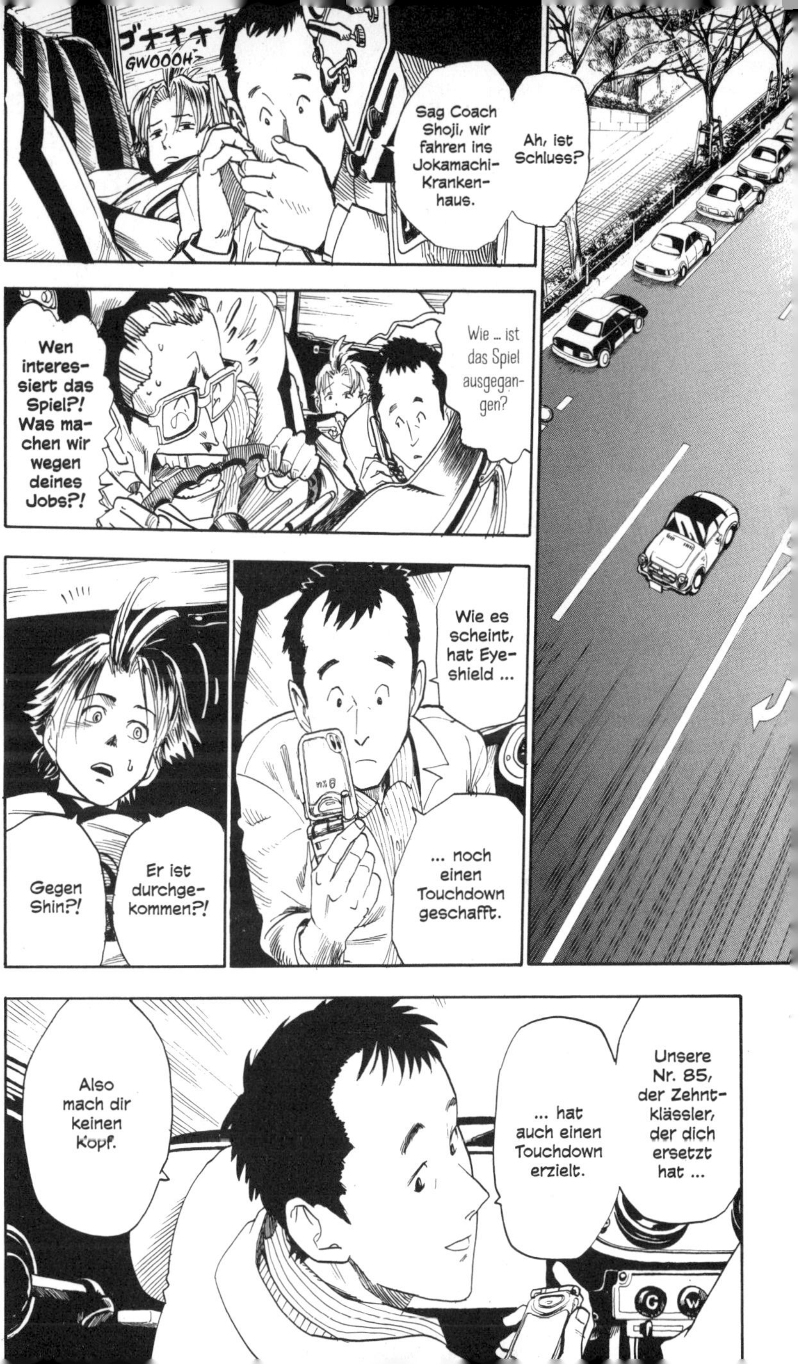

ゴオオオオ
GWOOOH
Ah, ist Schluss?
Sag Coach Shoji, wir fahren ins Jokamachi-Krankenhaus.
Wie ... ist das Spiel ausgegangen?
Wen interessiert das Spiel?! Was machen wir wegen deines Jobs?!
Wie es scheint, hat Eyeshield ...
... noch einen Touchdown geschafft.
Er ist durchgekommen?!
Gegen Shin?!
Unsere Nr. 85, der Zehntklässler, der dich ersetzt hat ...
... hat auch einen Touchdown erzielt.
Also mach dir keinen Kopf.

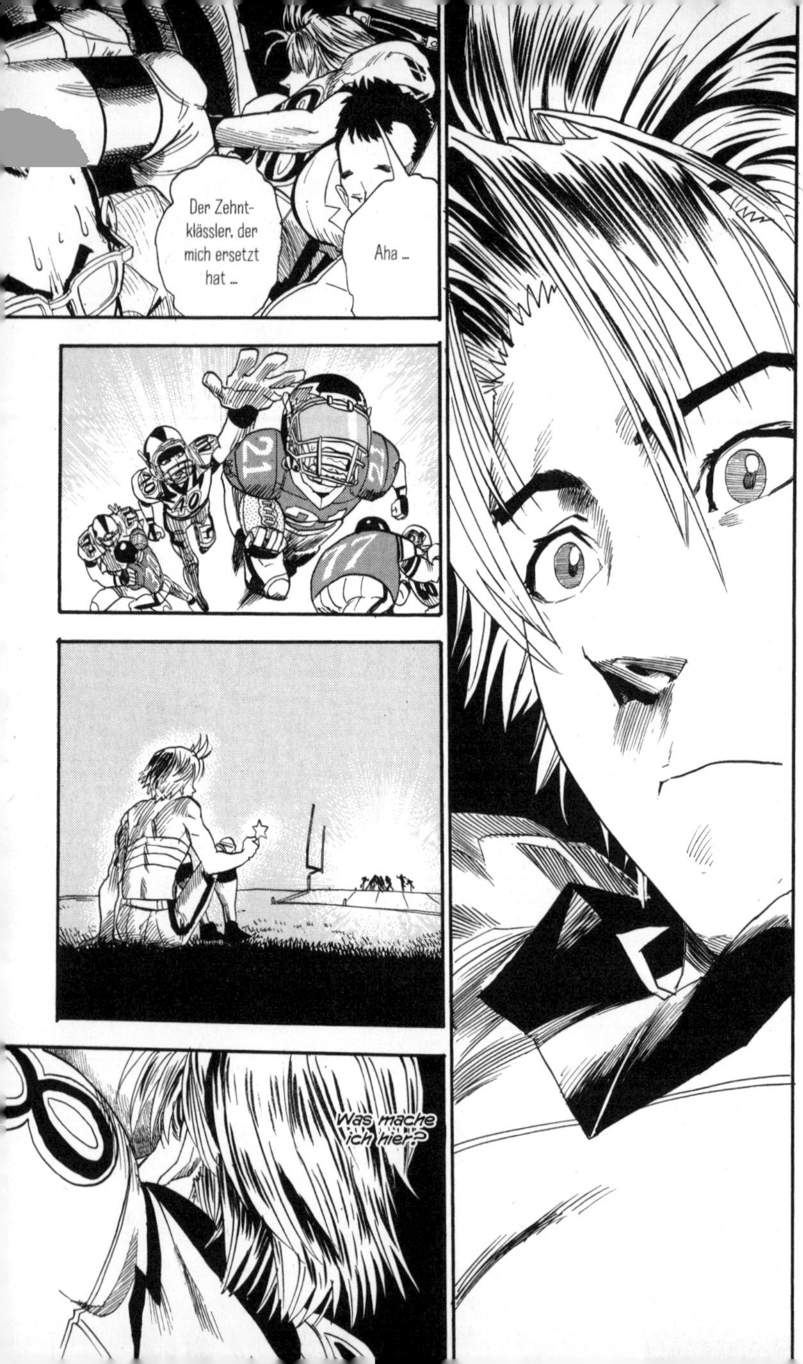
Aha ...
Der Zehnt-klässler, der mich ersetzt hat ...
Was mache ich hier?

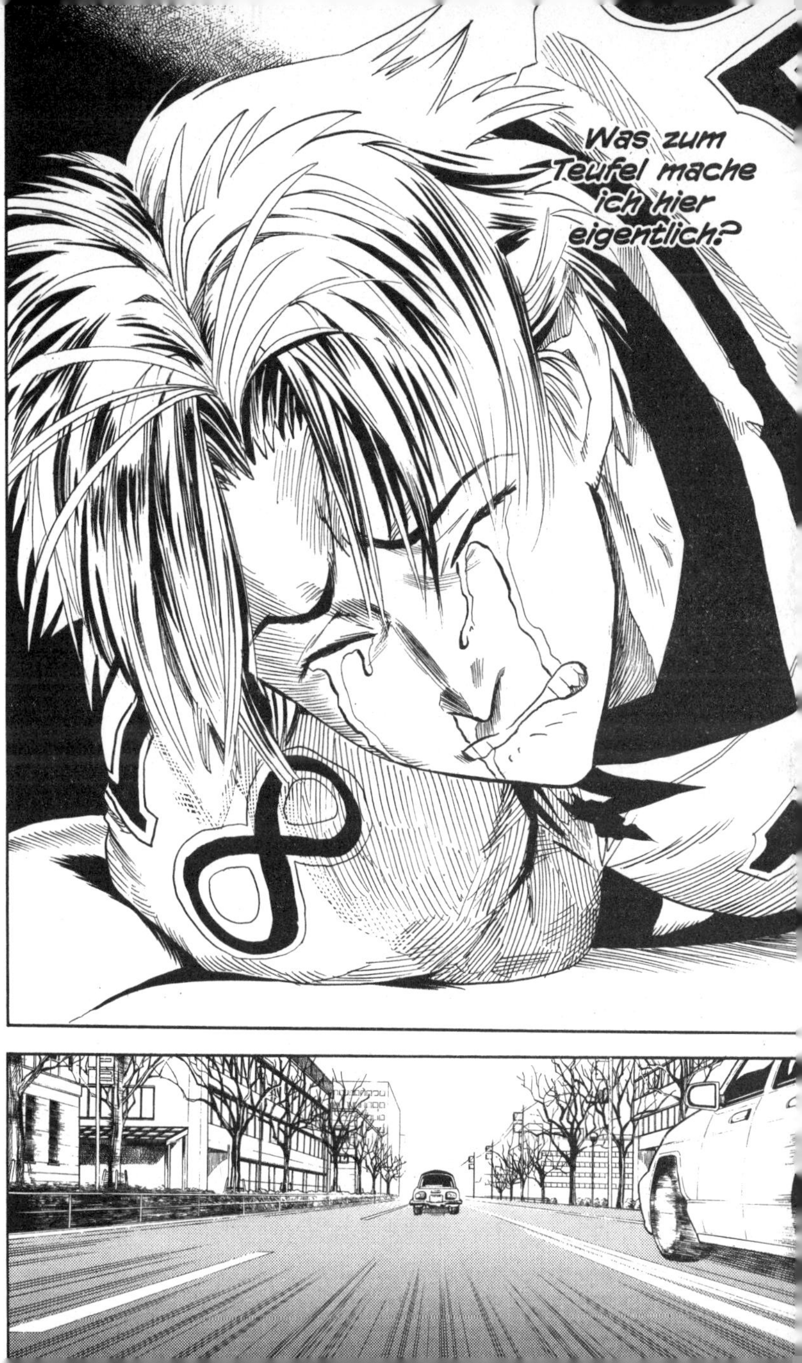
Was zum Teufel mache ich hier eigentlich?

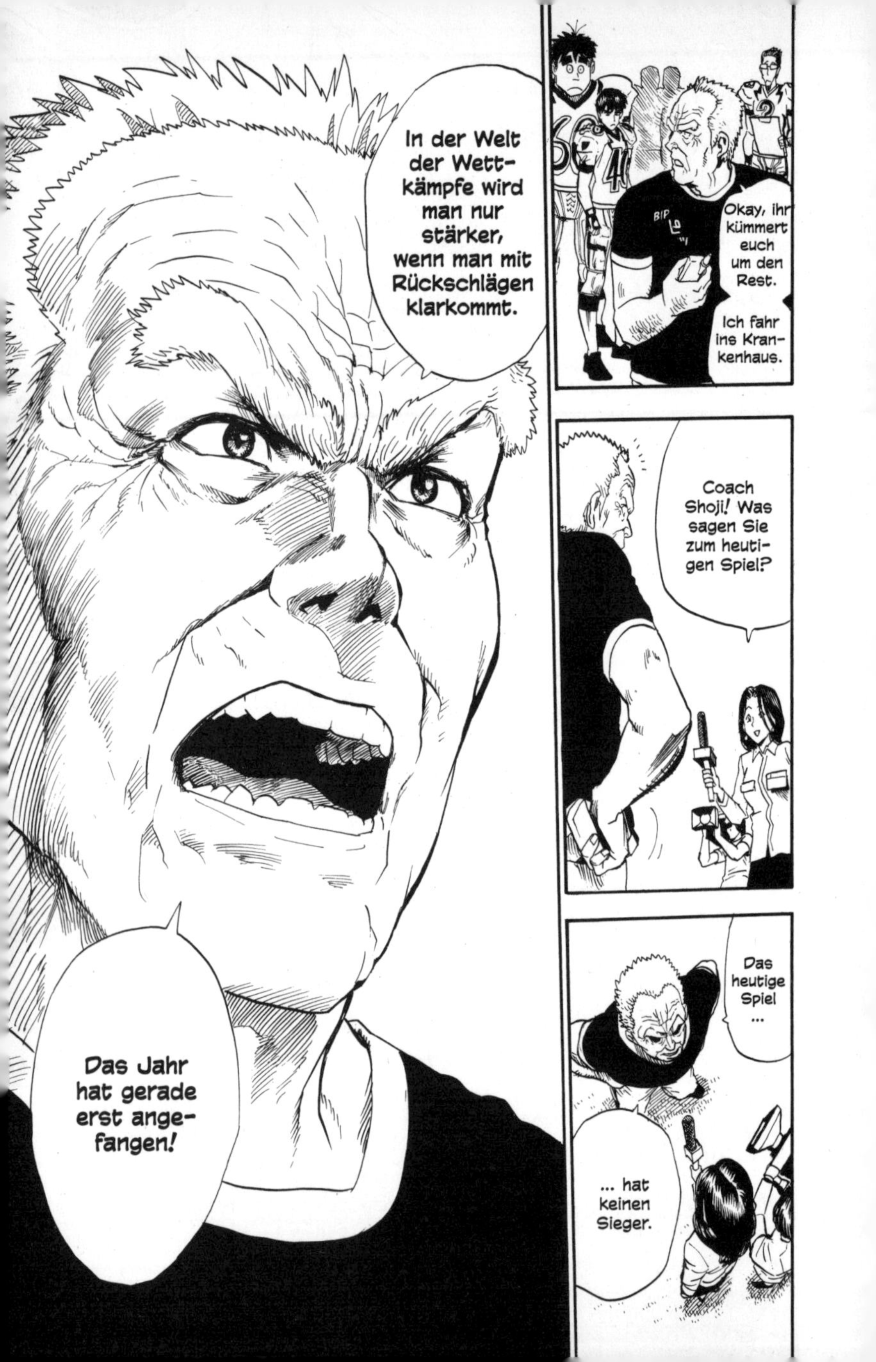

Okay, ihr kümmert euch um den Rest.
Ich fahr ins Krankenhaus.
Coach Shoji! Was sagen Sie zum heutigen Spiel?
Das heutige Spiel ...
... hat keinen Sieger.
In der Welt der Wettkämpfe wird man nur stärker, wenn man mit Rückschlägen klarkommt.
Das Jahr hat gerade erst angefangen!

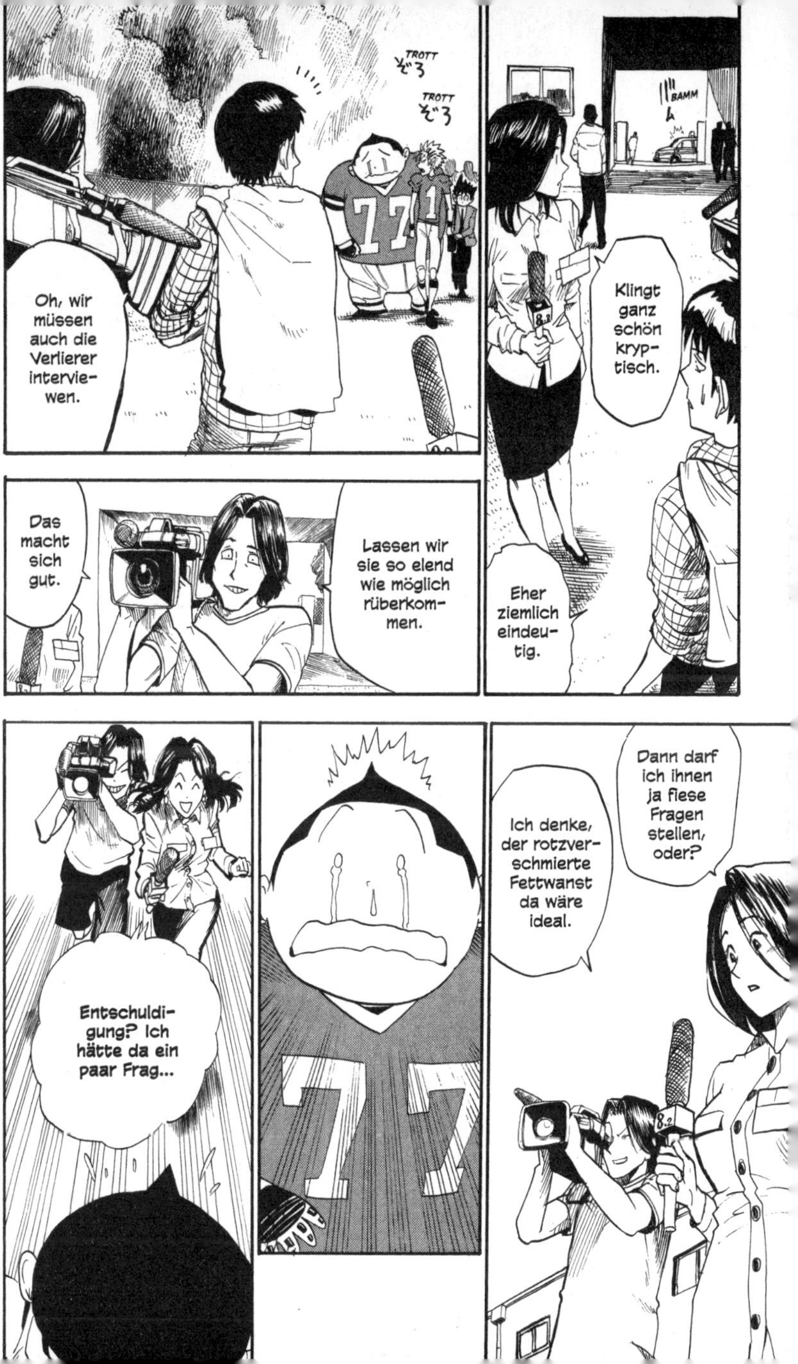
BAMM
Klingt ganz schön kryp-tisch.
Eher ziemlich eindeu-tig.
TROTT
TROTT
Oh, wir müssen auch die Verlierer intervie-wen.
Lassen wir sie so elend wie möglich rüberkom-men.
Das macht sich gut.
Dann darf ich ihnen ja fiese Fragen stellen, oder?
Ich denke, der rotzver-schmierte Fettwanst da wäre ideal.
Entschuldi-gung? Ich hätte da ein paar Frag...

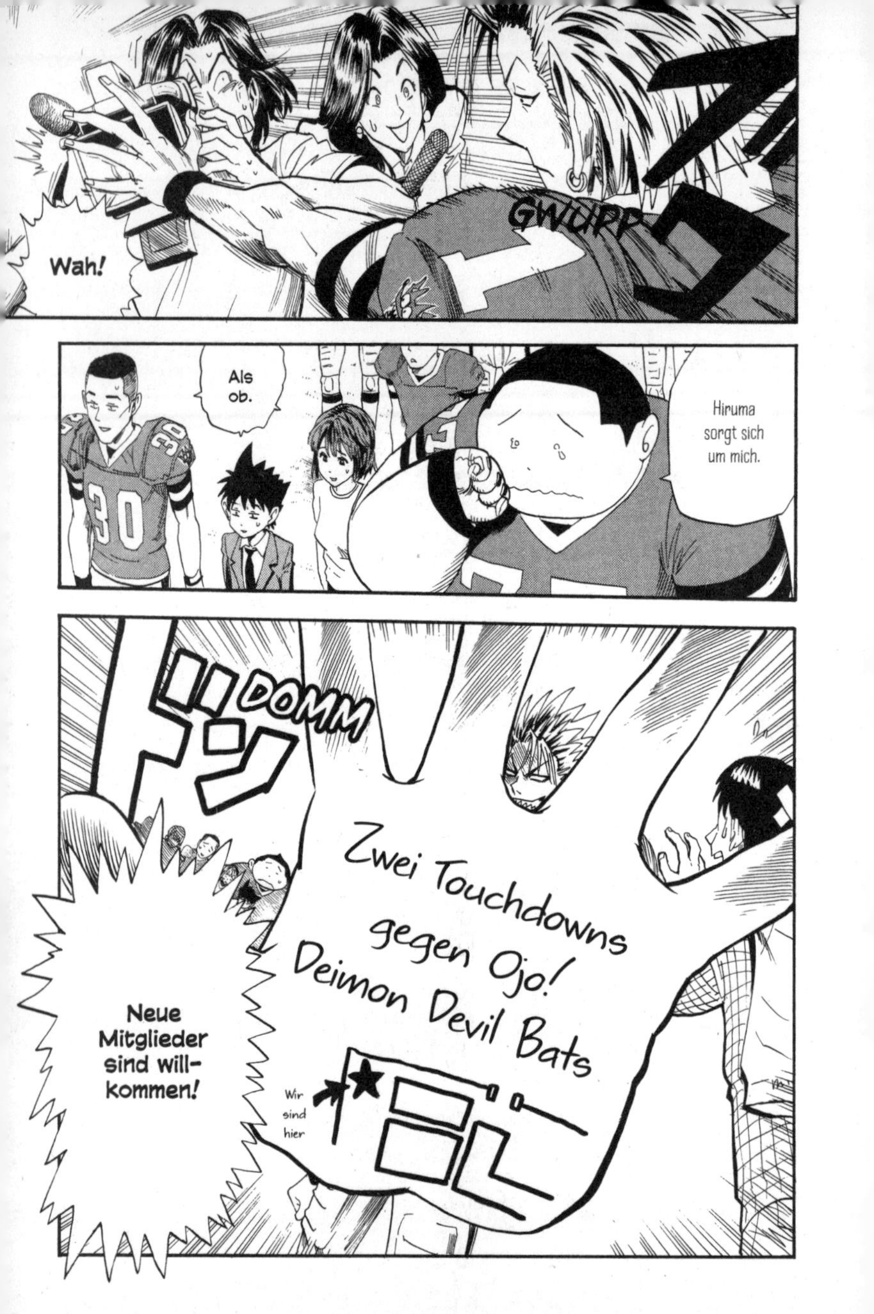

GWUPP
Wah!
Hiruma sorgt sich um mich.
Als ob.
DOMM
Zwei Touchdowns gegen Ojo! Deimon Devil Bats
Wir sind hier
Neue Mitglieder sind willkommen!

EDO-TV
KANAL 8.2

SPORTS GOGO!

WIE IST SAKURABAS ZUSTAND?!

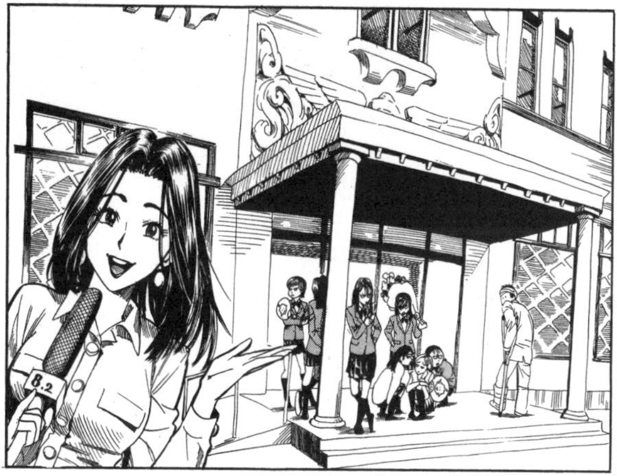

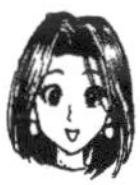

Wir sind hier am

Pieeep-Krankenhaus, wo Sakuraba behandelt wird!

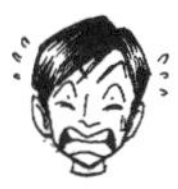

Sag das nicht so einfach!
Sonst kommen die Fans in Scha…
Da sind schon welche!

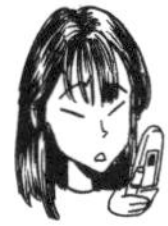

Ich wüsste gern, auf welchem Zimmer er ist.

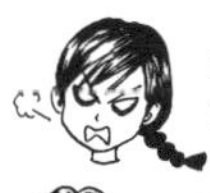

Wir legen uns hier auf die Lauer und wenn Fernsehleute kommen, quetschen wir sie aus!

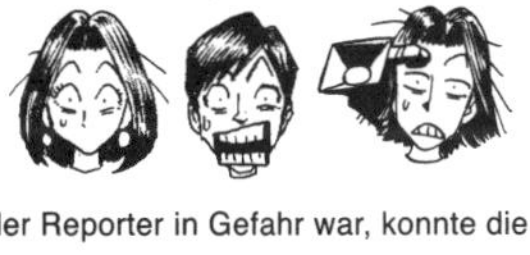

!

* Da das Leben der Reporter in Gefahr war, konnte die Berichterstattung nicht fortgeführt werden.

20th down

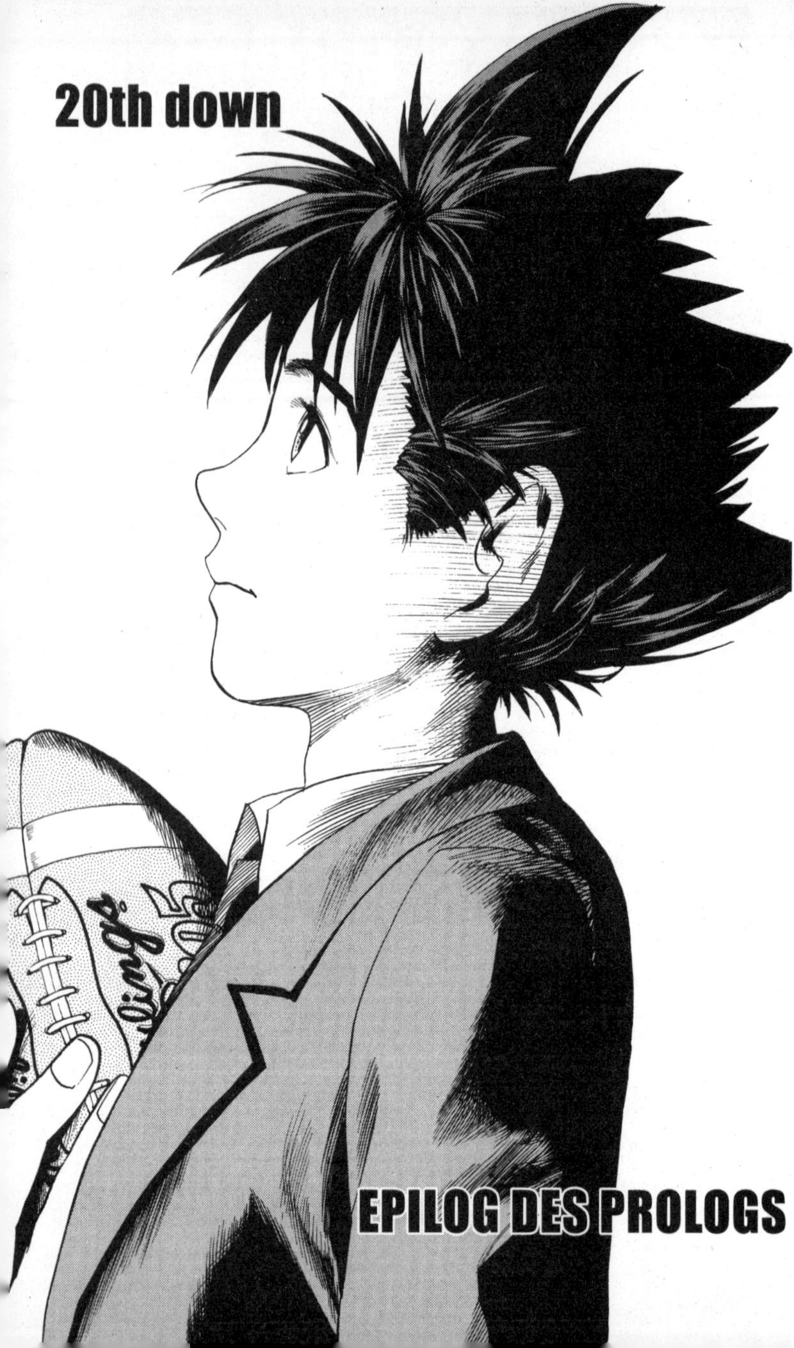

EPILOG DES PROLOGS

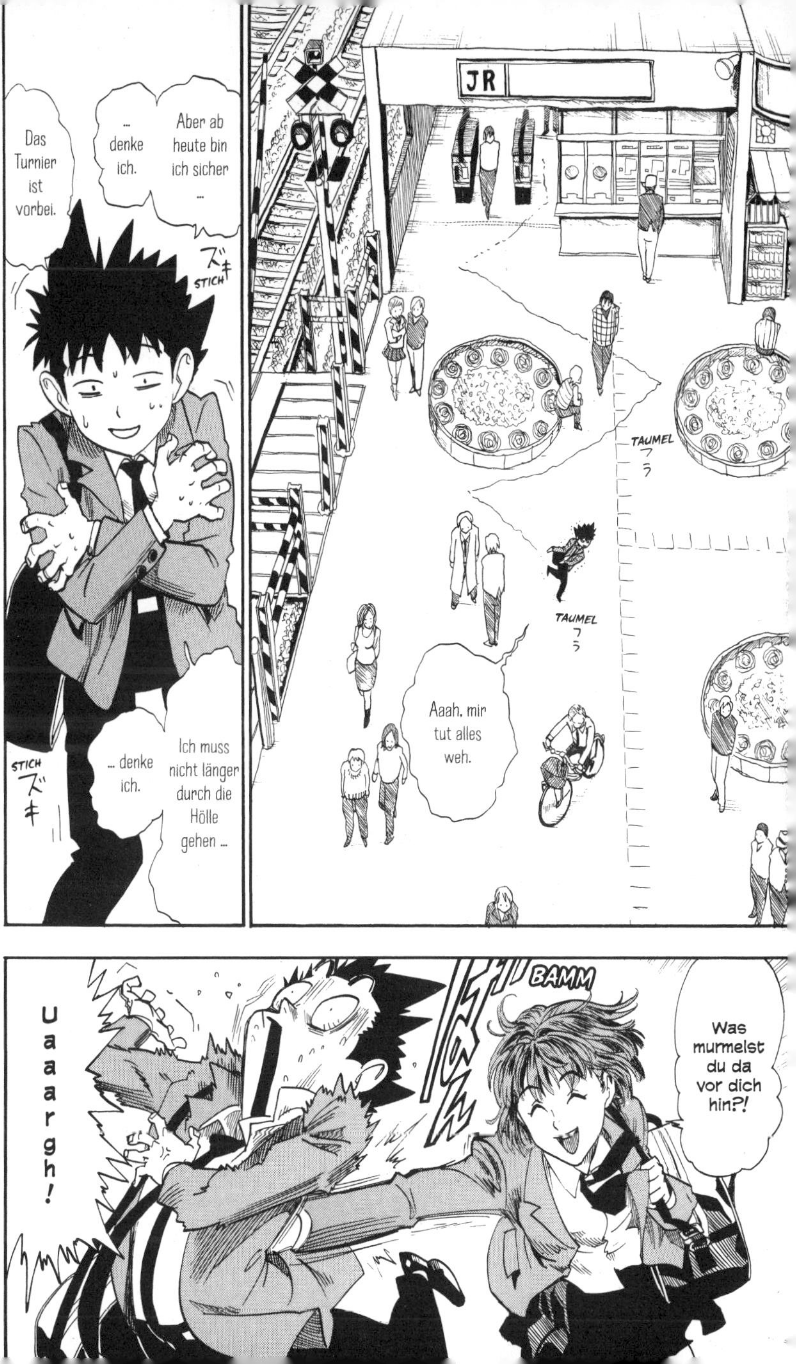
TAUMEL フラ
TAUMEL フラ
Aaah, mir tut alles weh.
Aber ab heute bin ich sicher ...
... denke ich.
Das Turnier ist vorbei.
STICH ズキ
Ich muss nicht länger durch die Hölle gehen ...
... denke ich.
STICH ズキ
Was murmelst du da vor dich hin?!
BAMM
Uaaaargh!

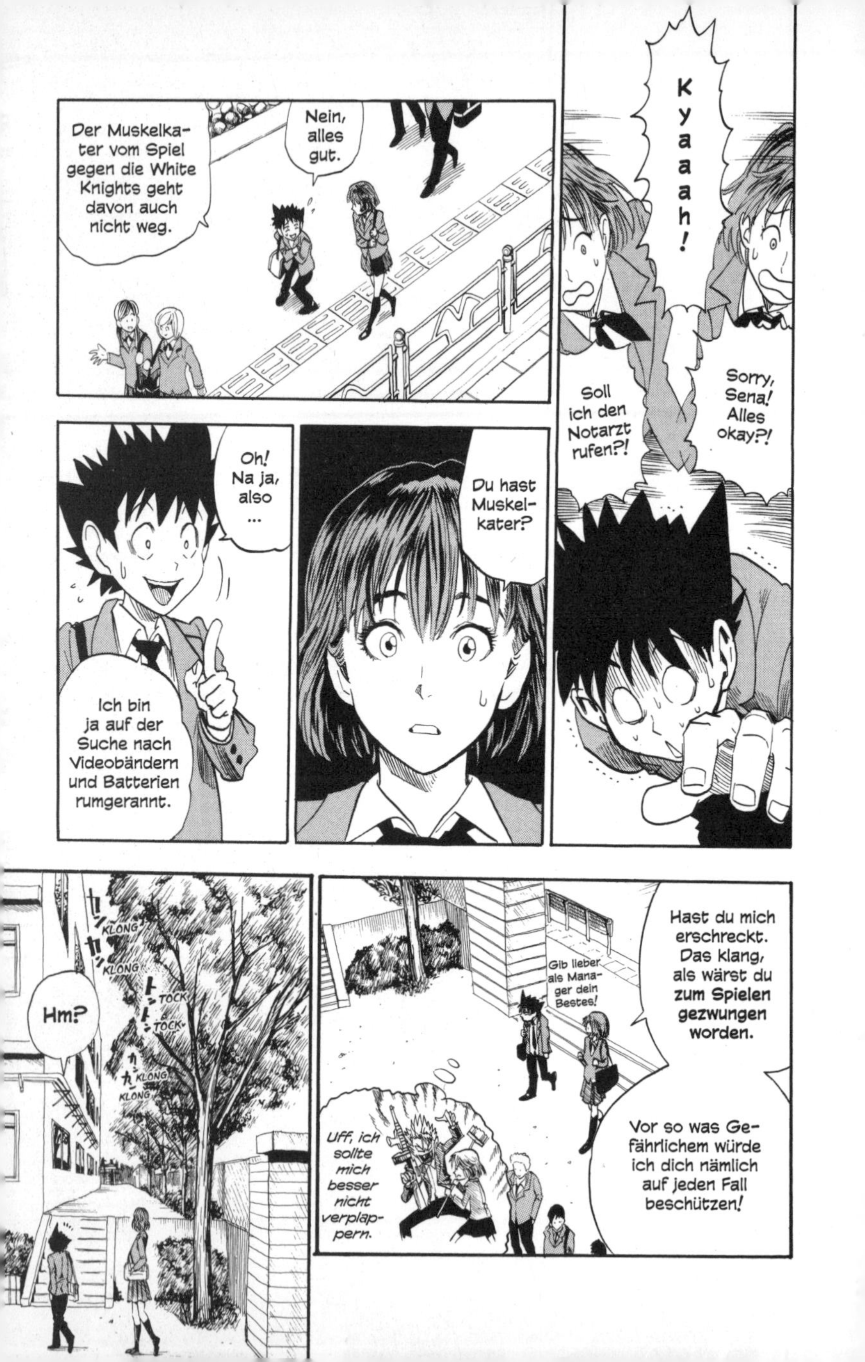
Kyaaah!
Sorry, Sena! Alles okay?!
Soll ich den Notarzt rufen?!
Nein, alles gut.
Der Muskelkater vom Spiel gegen die White Knights geht davon auch nicht weg.
Du hast Muskelkater?
Oh! Na ja, also ...
Ich bin ja auf der Suche nach Videobändern und Batterien rumgerannt.
Hast du mich erschreckt. Das klang, als wärst du zum Spielen gezwungen worden.
Gib lieber als Manager dein Bestes!
Vor so was Gefährlichem würde ich dich nämlich auf jeden Fall beschützen!
Uff, ich sollte mich besser nicht verplappern.
KLONG
KLONG
TOCK
TOCK
KLONG
KLONG
Hm?

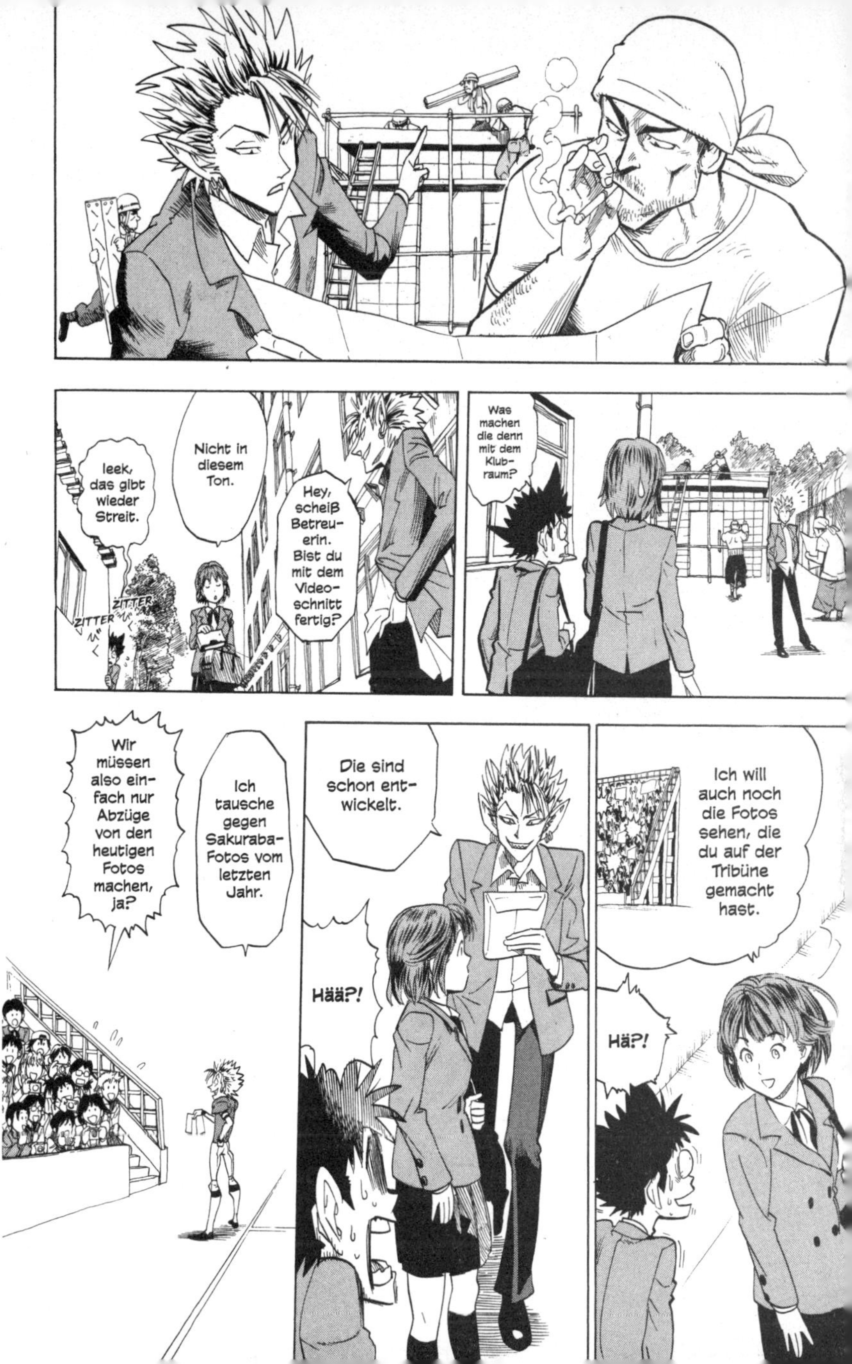
Was machen die denn mit dem Klubraum?
Hey, scheiß Betreuerin. Bist du mit dem Videoschnitt fertig?
Nicht in diesem Ton.
Ieek, das gibt wieder Streit.
ZITTER ZITTER
Ich will auch noch die Fotos sehen, die du auf der Tribüne gemacht hast.
Hä?!
Die sind schon entwickelt.
Hää?!
Ich tausche gegen Sakuraba-Fotos vom letzten Jahr.
Wir müssen also einfach nur Abzüge von den heutigen Fotos machen, ja?

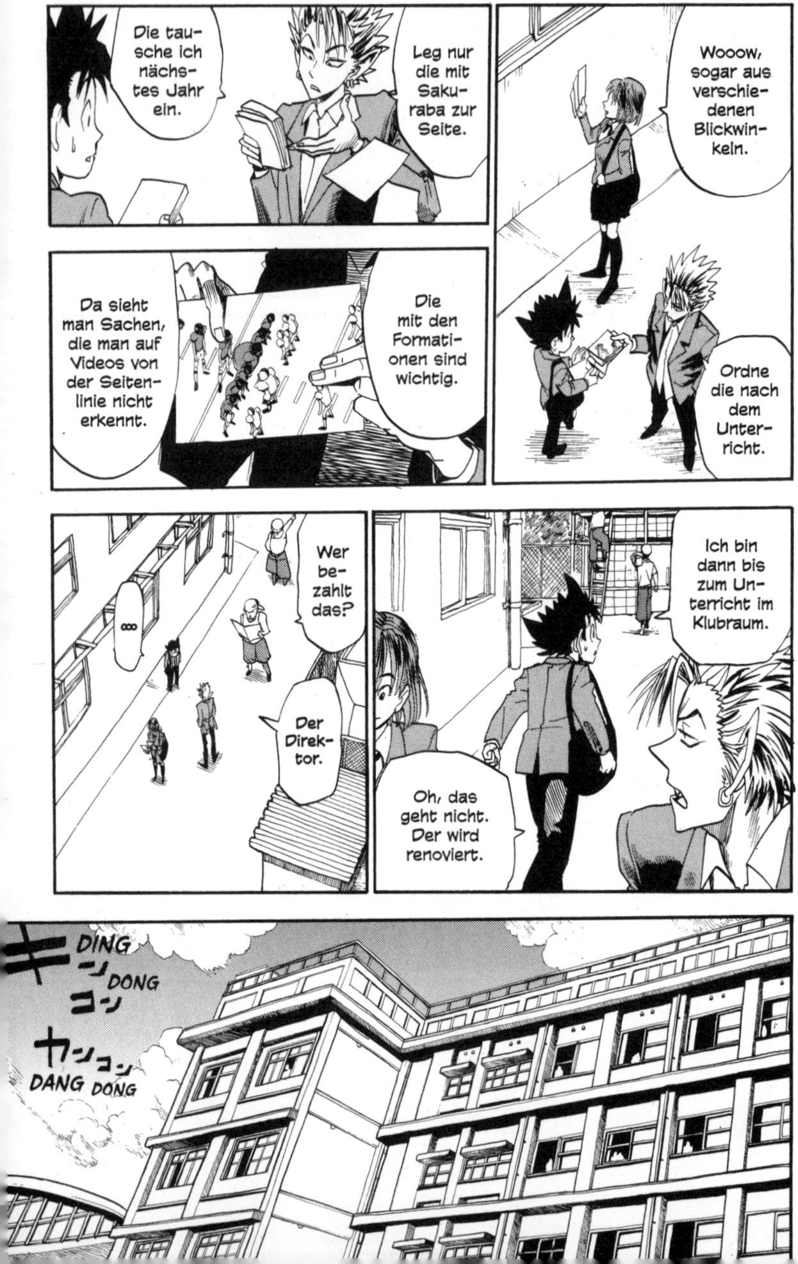
Wooow, sogar aus verschiedenen Blickwinkeln.
Ordne die nach dem Unterricht.
Leg nur die mit Sakuraba zur Seite.
Die tausche ich nächstes Jahr ein.
Die mit den Formationen sind wichtig.
Da sieht man Sachen, die man auf Videos von der Seitenlinie nicht erkennt.
Ich bin dann bis zum Unterricht im Klubraum.
Oh, das geht nicht. Der wird renoviert.
Wer bezahlt das?
Der Direktor.
...
DING DONG
DANG DONG

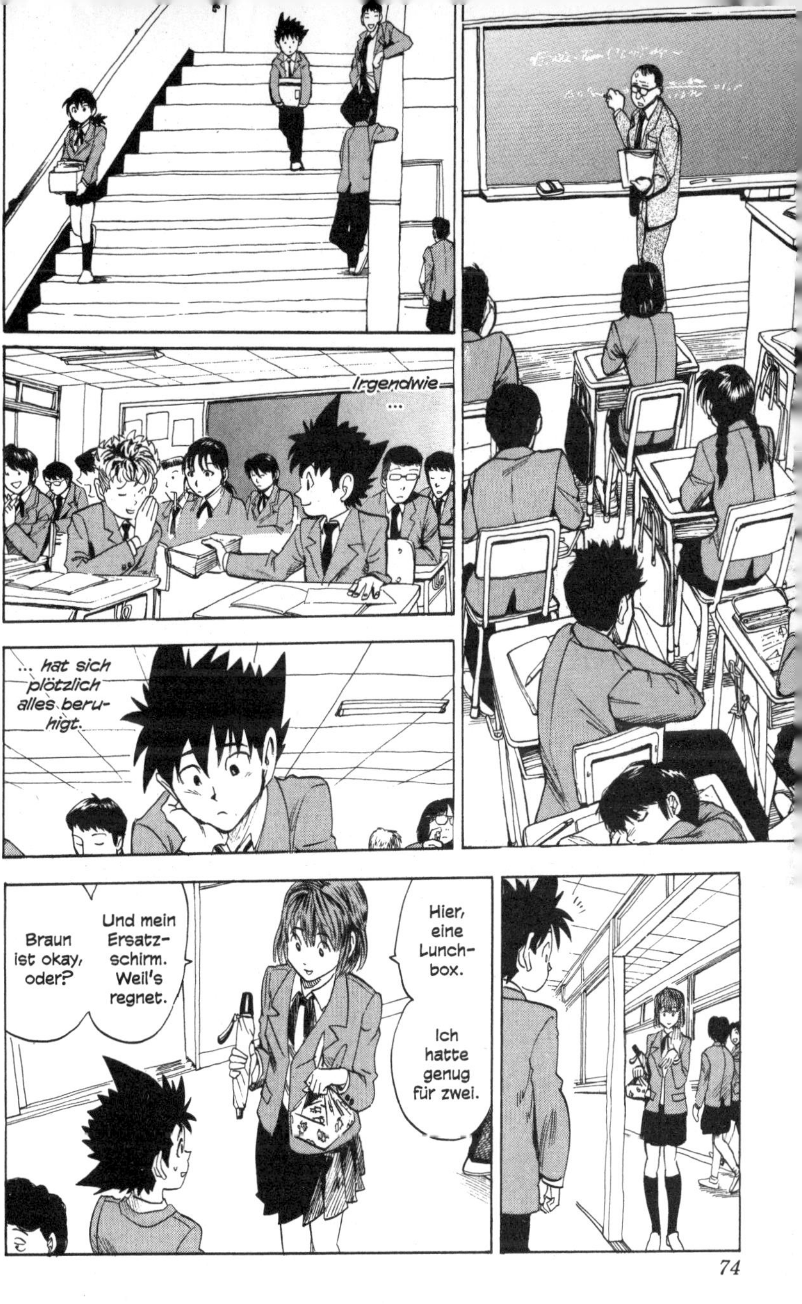
Irgendwie ...
... hat sich plötzlich alles beruhigt.
Hier, eine Lunchbox.
Ich hatte genug für zwei.
Und mein Ersatzschirm. Weil's regnet.
Braun ist okay, oder?

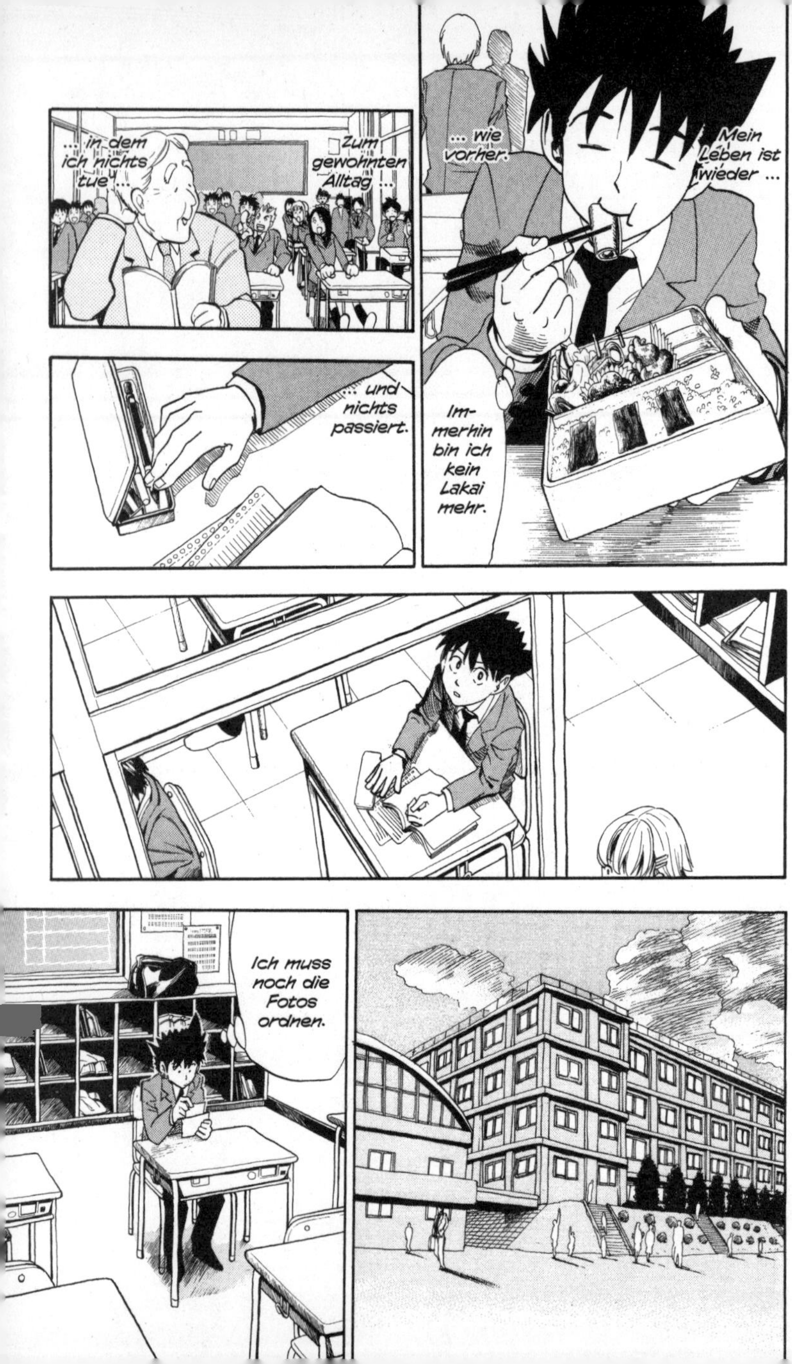
Mein Leben ist wieder ...
... wie vorher.
Zum gewohnten Alltag ...
... in dem ich nichts tue ...
Immerhin bin ich kein Lakai mehr.
... und nichts passiert.
Ich muss noch die Fotos ordnen.

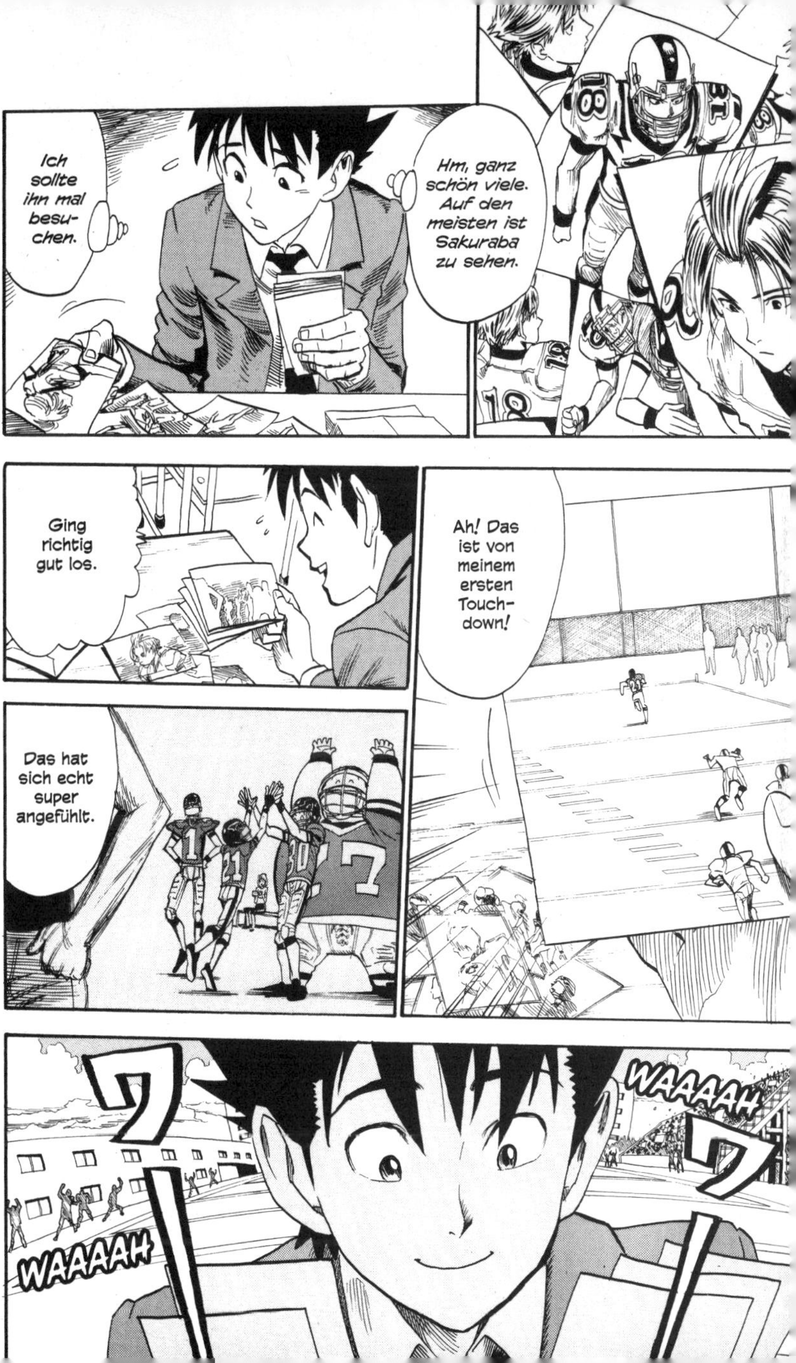
Hm, ganz schön viele. Auf den meisten ist Sakuraba zu sehen.
Ich sollte ihn mal besuchen.
Ah! Das ist von meinem ersten Touch-down!
Ging richtig gut los.
Das hat sich echt super angefühlt.
WAAAAH
WAAAAH

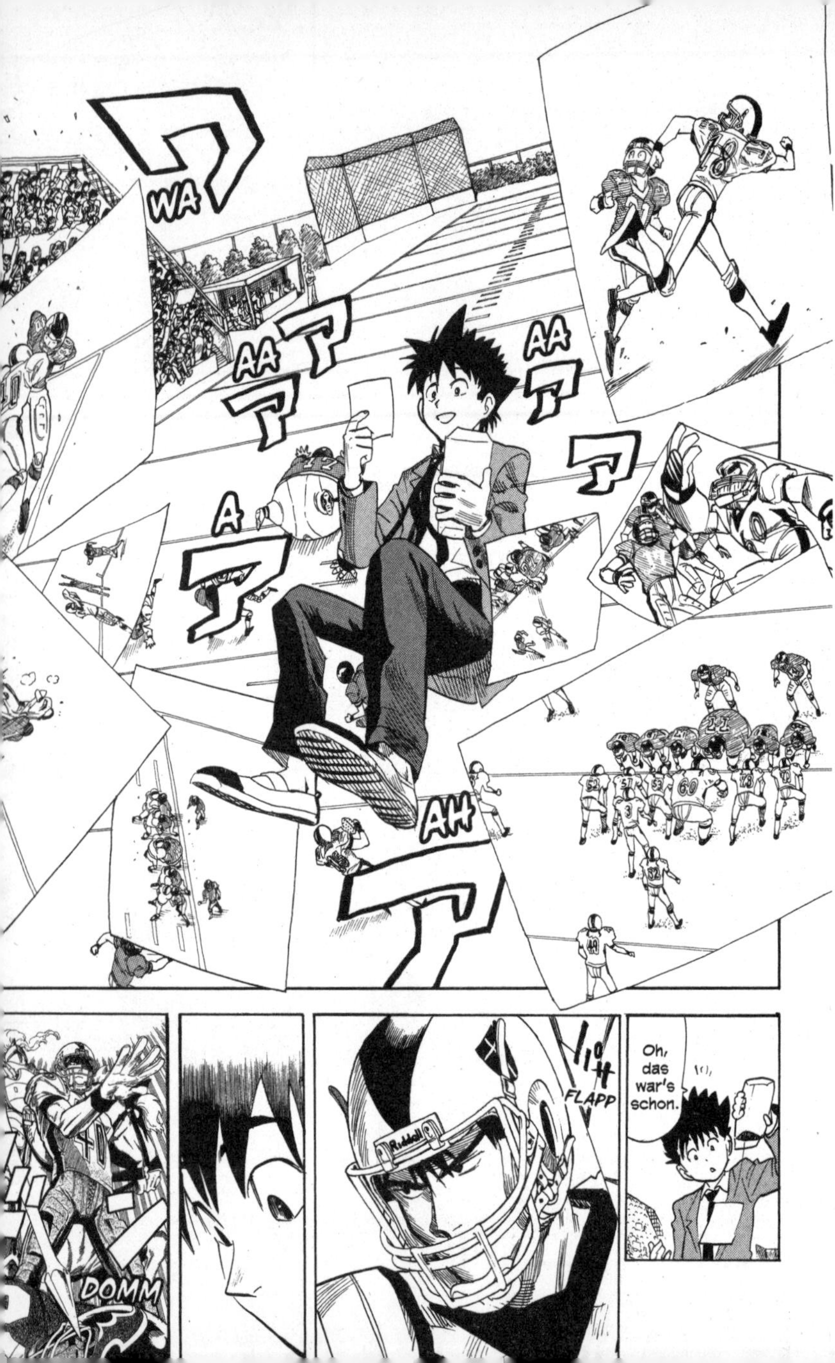

WA
AA
A
AA
AH
DOMM
FLAPP
Oh, das war's schon.

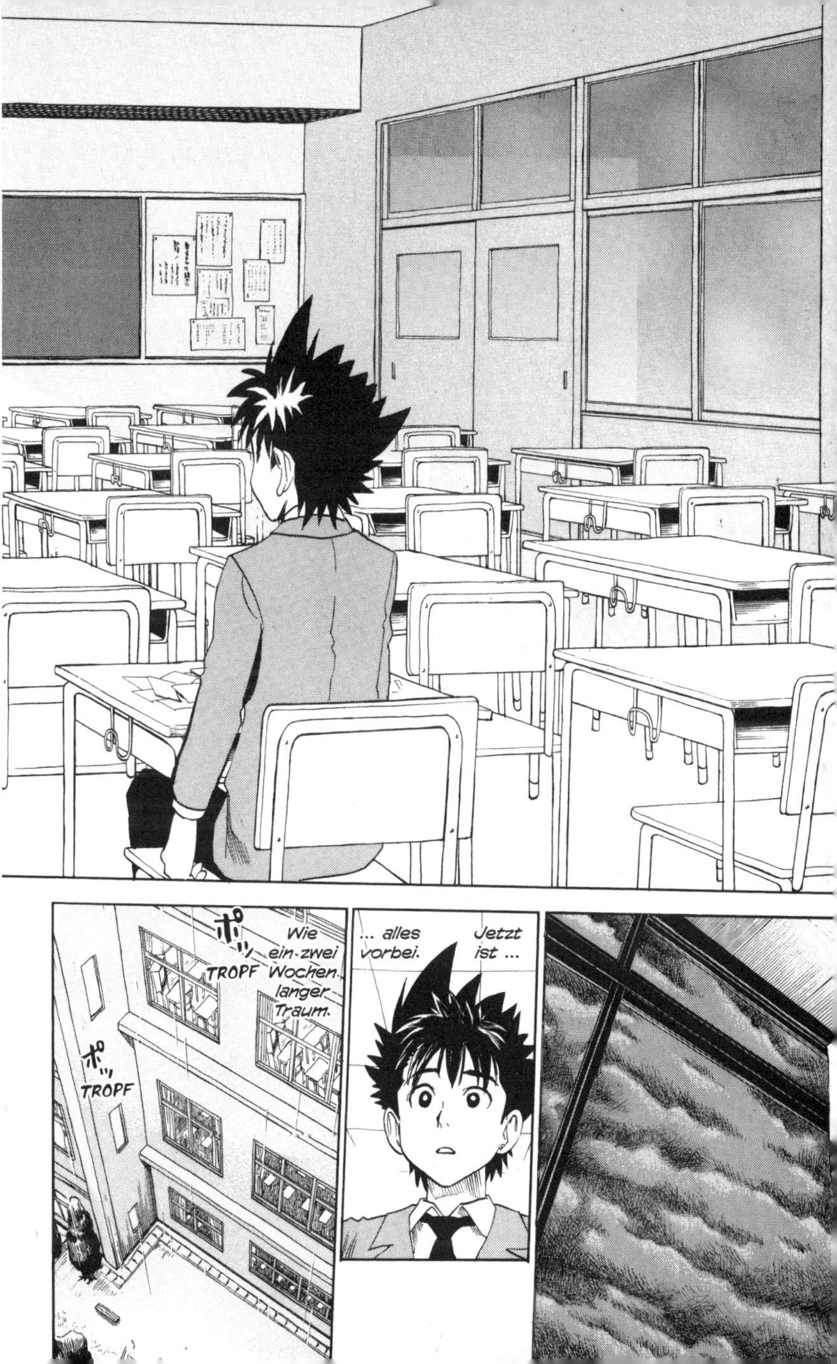
Jetzt ist ...
... alles vorbei.
Wie ein zwei Wochen langer Traum.
TROPF
TROPF

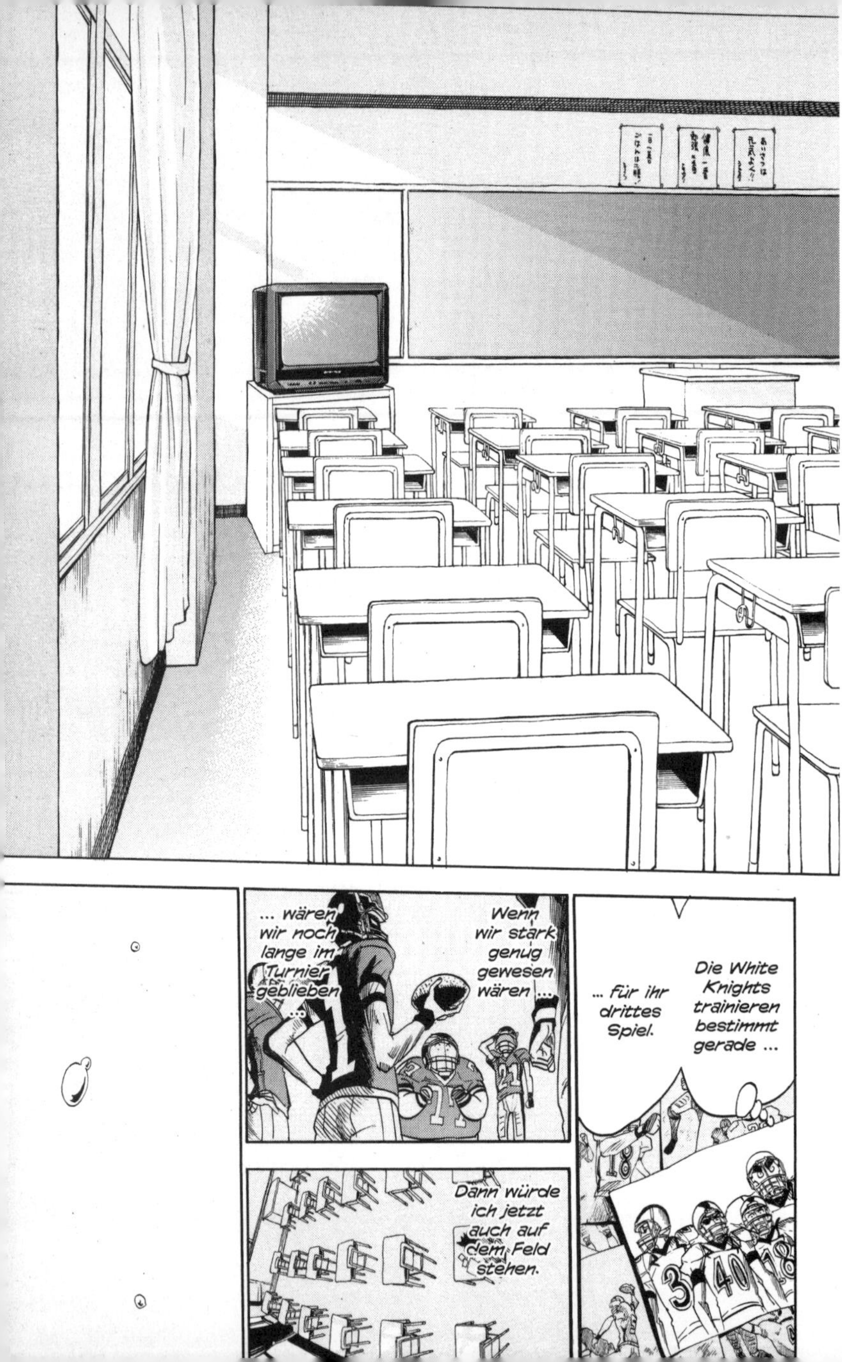
Die White Knights trainieren bestimmt gerade ...
... für ihr drittes Spiel.
Wenn wir stark genug gewesen wären ...
... wären wir noch lange im Turnier geblieben ...
Dann würde ich jetzt auch auf dem Feld stehen.

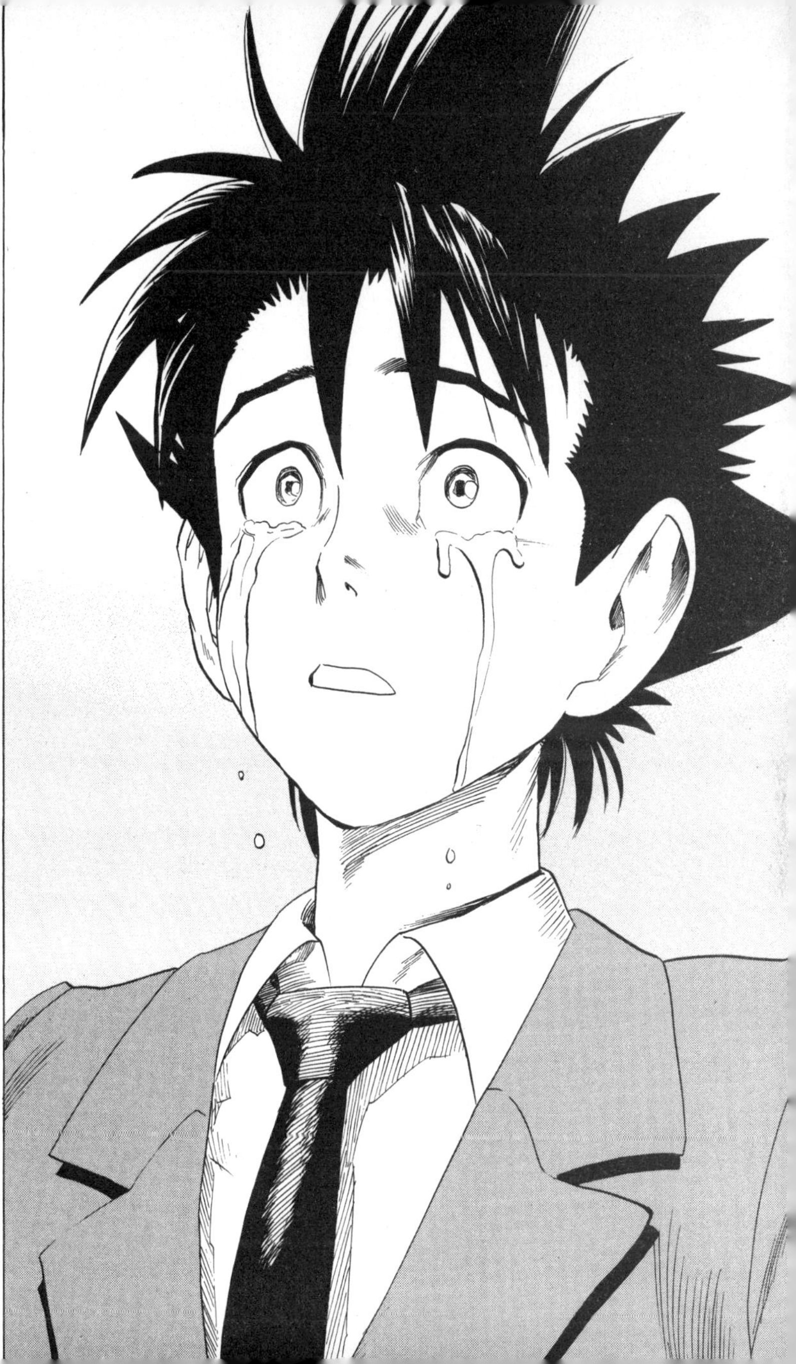

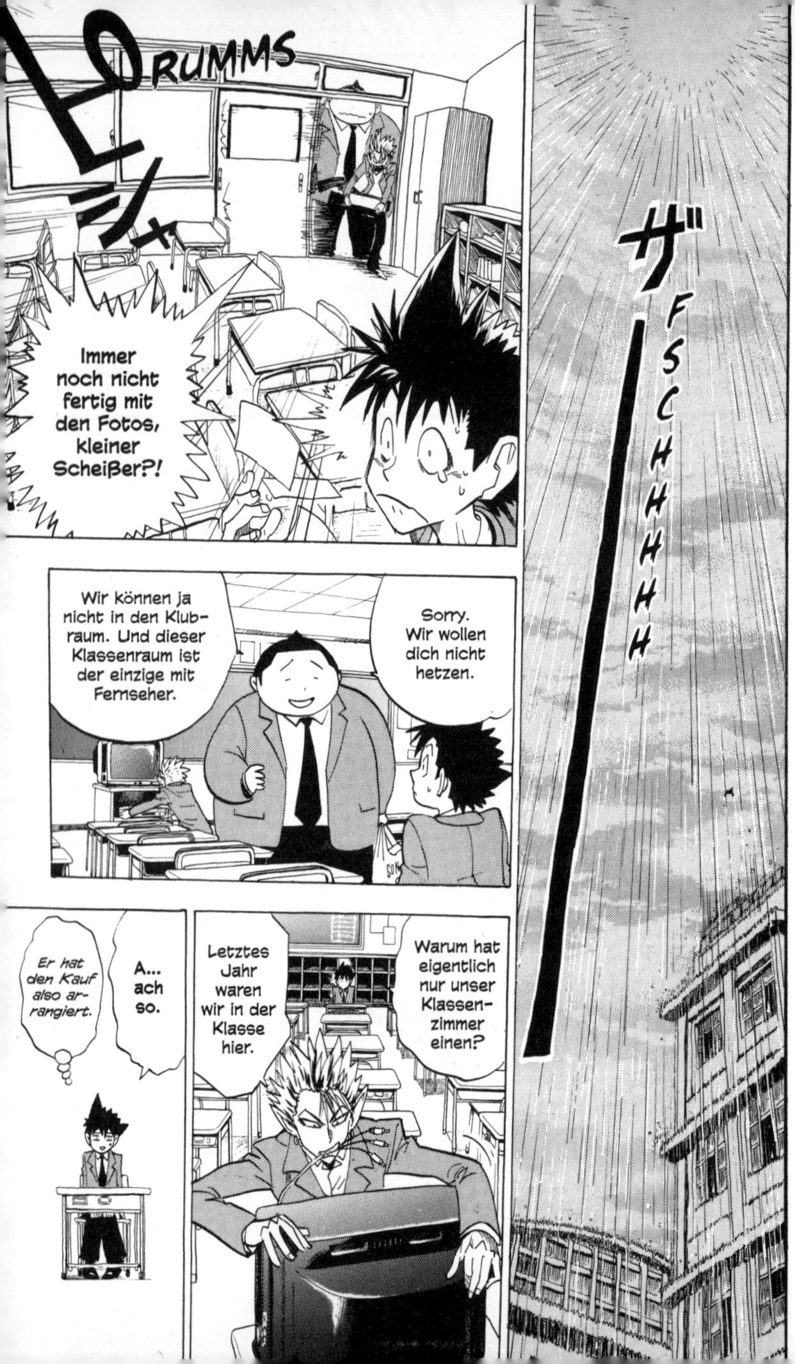
FSCHHHHHH
RUMMS
Immer noch nicht fertig mit den Fotos, kleiner Scheißer?!
Sorry. Wir wollen dich nicht hetzen.
Wir können ja nicht in den Klubraum. Und dieser Klassenraum ist der einzige mit Fernseher.
Warum hat eigentlich nur unser Klassenzimmer einen?
Letztes Jahr waren wir in der Klasse hier.
A... ach so.
Er hat den Kauf also arrangiert.

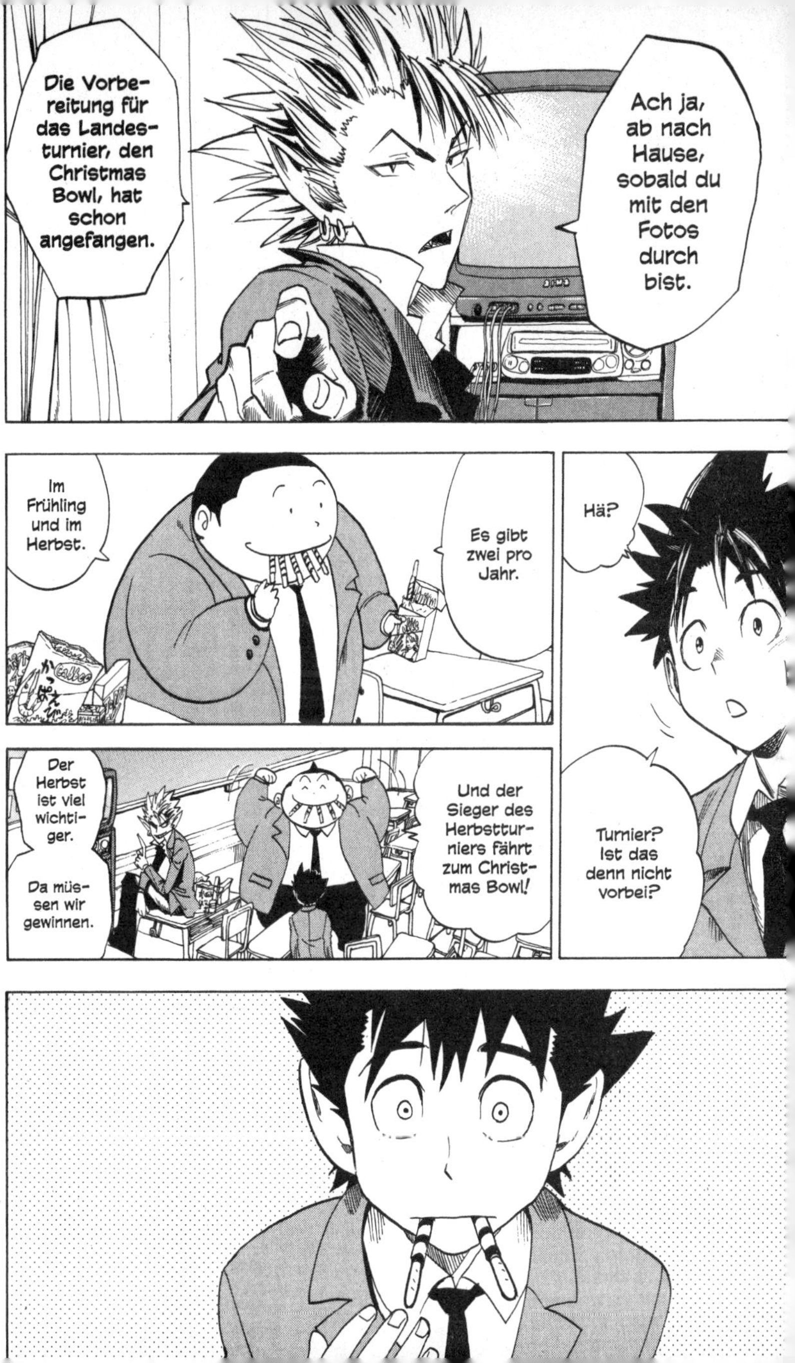
Ach ja, ab nach Hause, sobald du mit den Fotos durch bist.
Die Vorbereitung für das Landesturnier, den Christmas Bowl, hat schon angefangen.
Hä?
Turnier? Ist das denn nicht vorbei?
Es gibt zwei pro Jahr.
Im Frühling und im Herbst.
Und der Sieger des Herbstturniers fährt zum Christmas Bowl!
Der Herbst ist viel wichtiger.
Da müssen wir gewinnen.

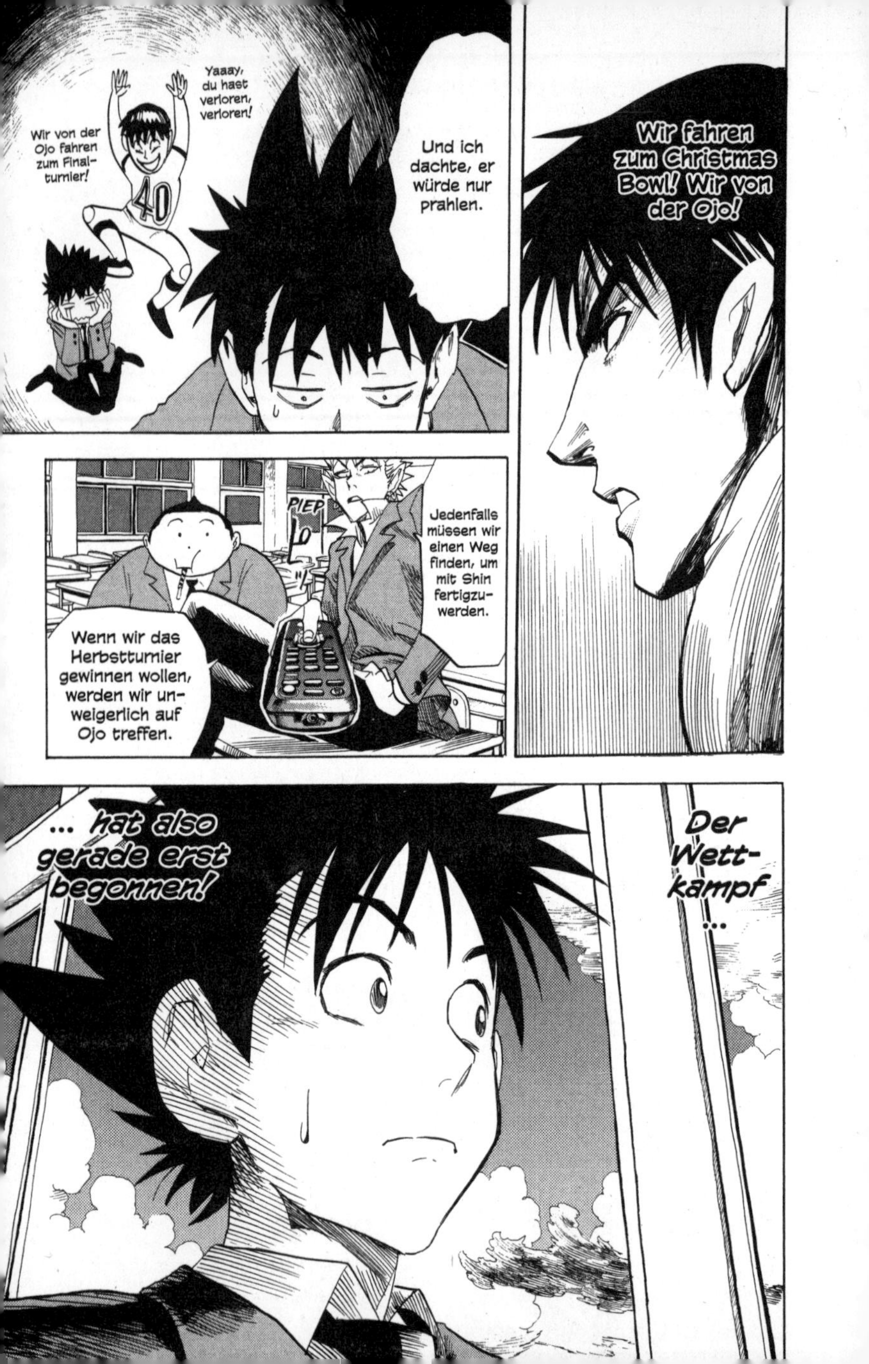
Wir fahren zum Christmas Bowl! Wir von der Ojo!
Und ich dachte, er würde nur prahlen.
Yaaay, du hast verloren, verloren!
Wir von der Ojo fahren zum Finalturnier!
Jedenfalls müssen wir einen Weg finden, um mit Shin fertigzuwerden.
PIEP
Wenn wir das Herbstturnier gewinnen wollen, werden wir unweigerlich auf Ojo treffen.
Der Wettkampf ...
... hat also gerade erst begonnen!

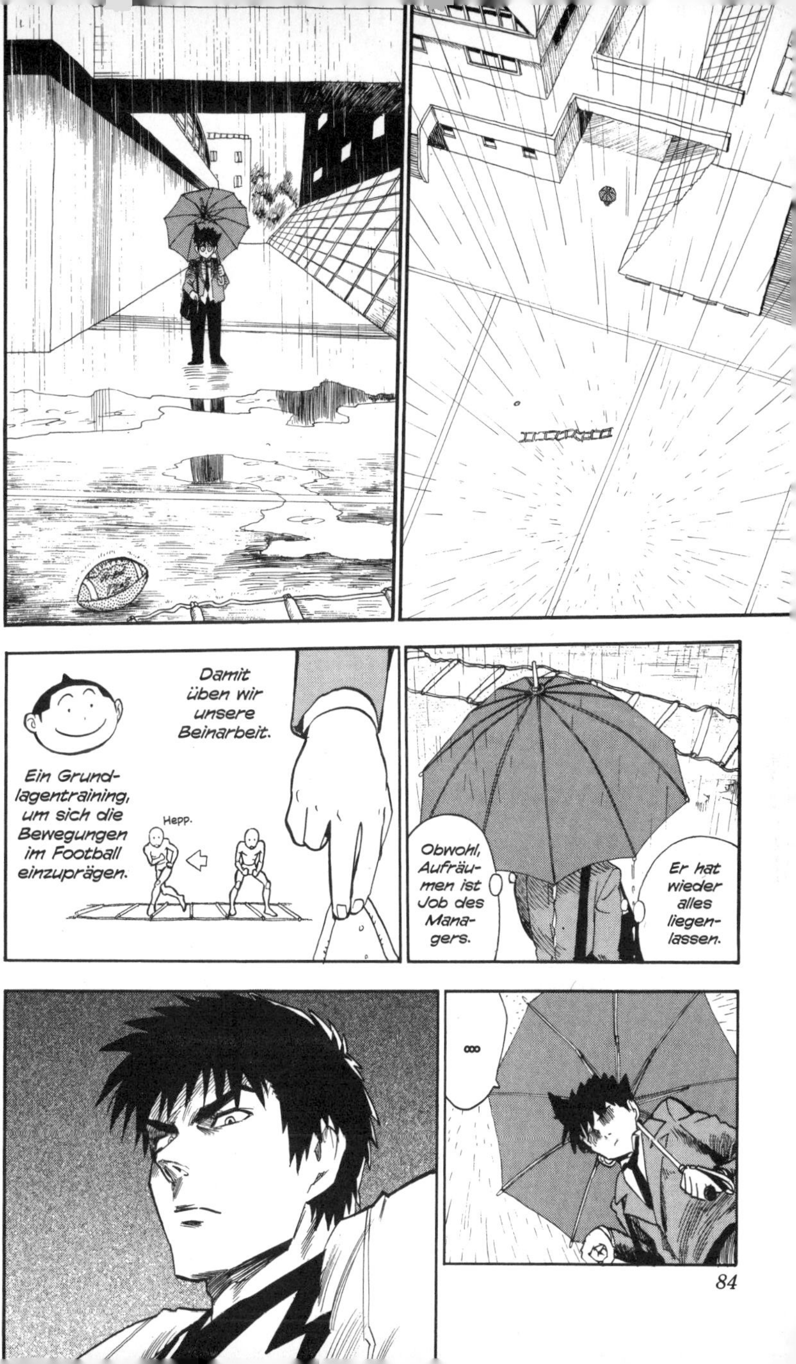
Er hat wieder alles liegenlassen.
Obwohl, Aufräumen ist Job des Managers.
Damit üben wir unsere Beinarbeit.
Ein Grundlagentraining, um sich die Bewegungen im Football einzuprägen.
Hepp.
...

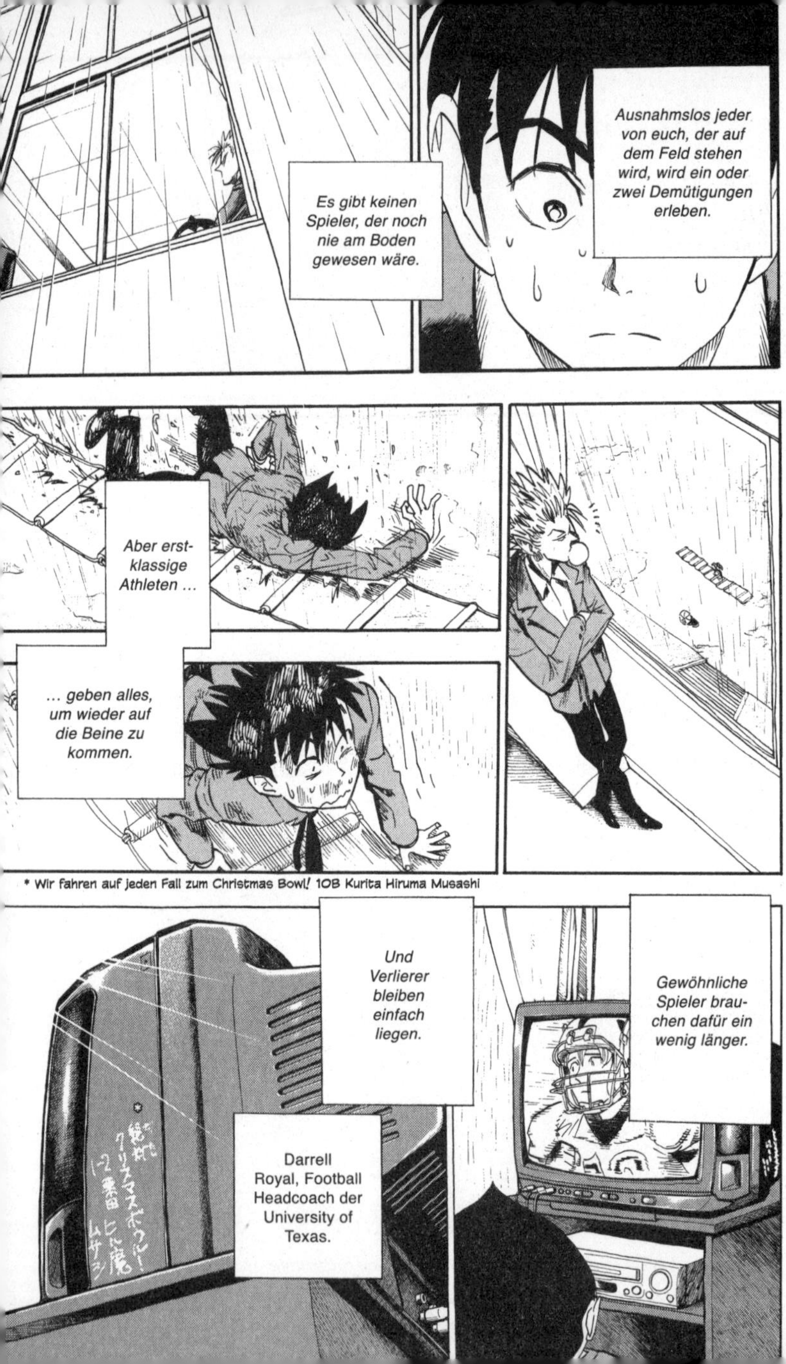

* Wir fahren auf jeden Fall zum Christmas Bowl! 10B Kurita Hiruma Musashi

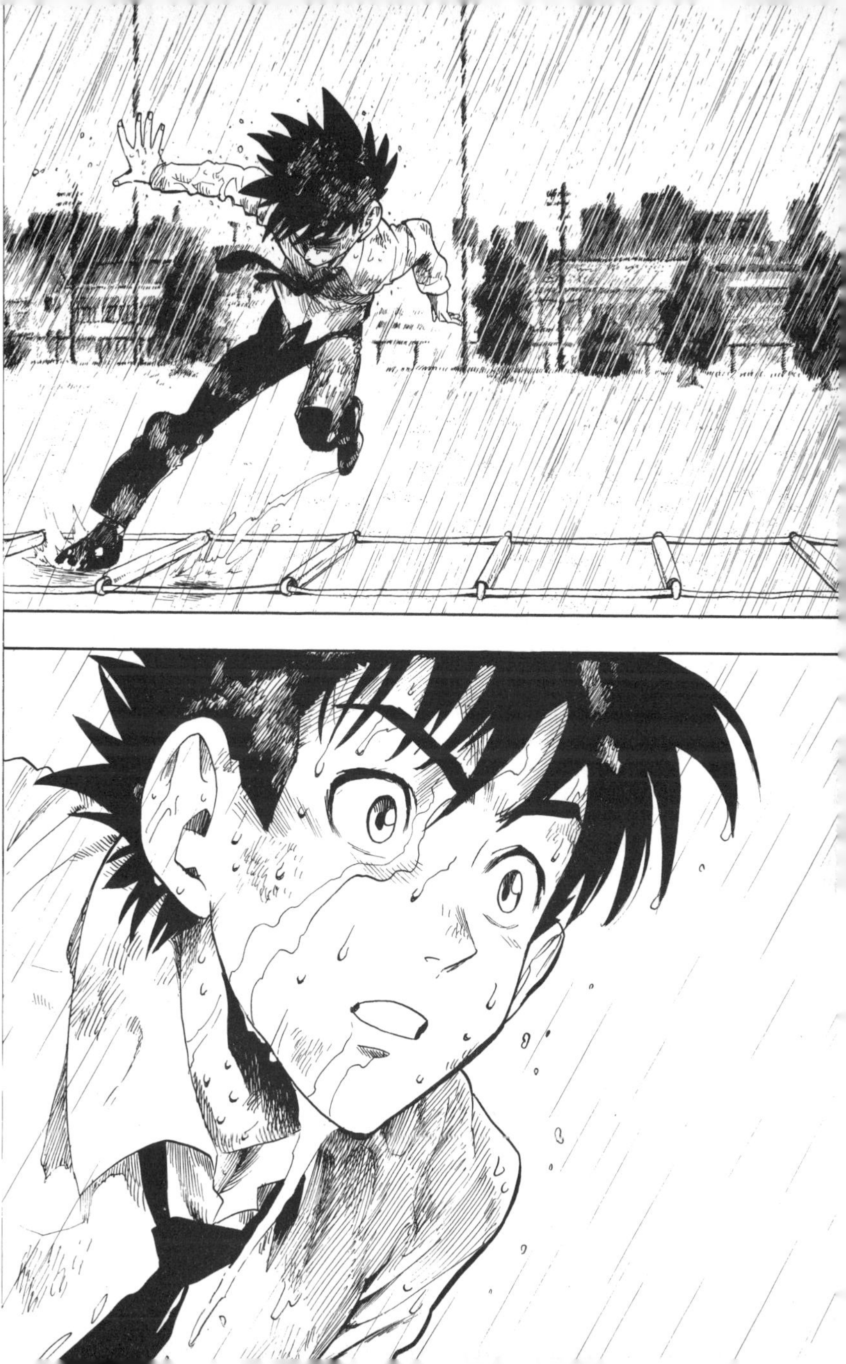

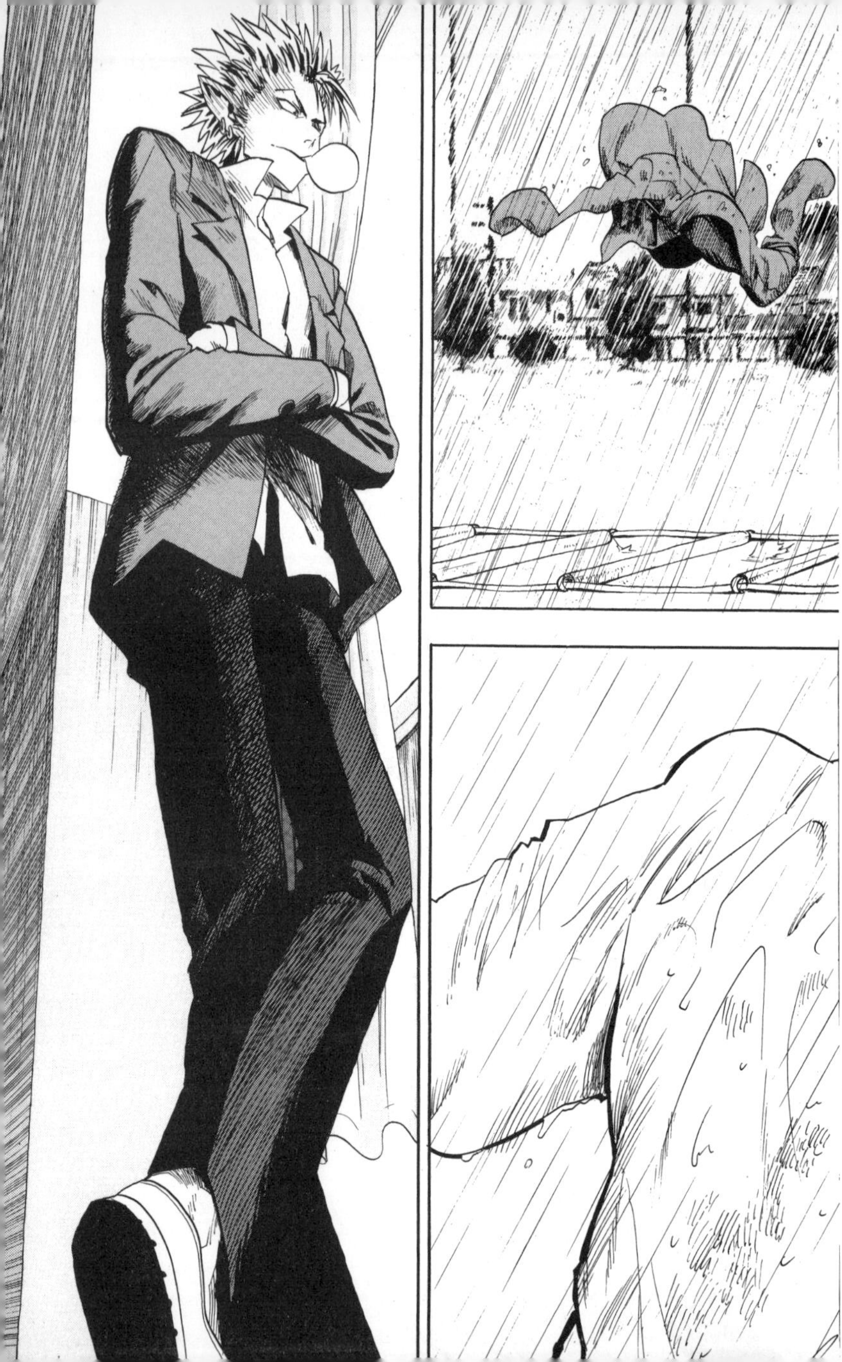

ROYALS BRIEF

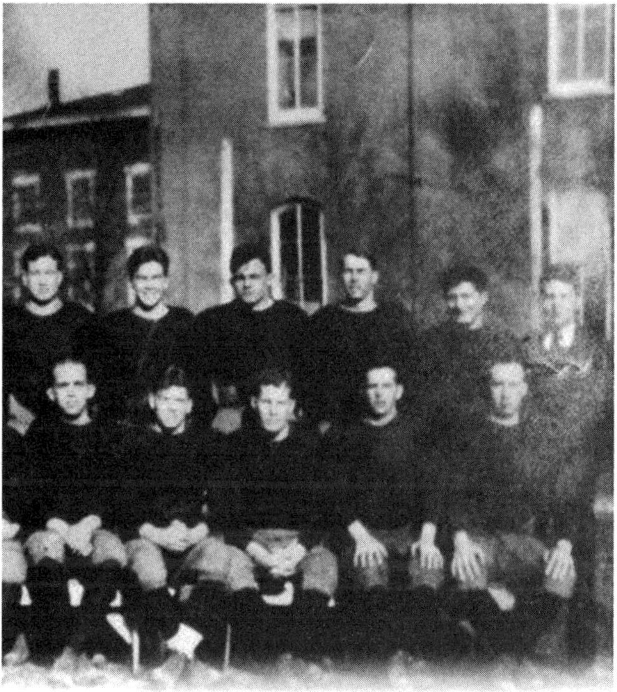

Und dann, 1860, wurde Abraham Lincoln zum Präsidenten der Vereinigten Staaten gewählt. Ihr habt vielleicht auch schon mal eine Saison in der dritten Mannschaft begonnen, nur um in die sechste abzustürzen. Oder ihr habt in der ersten begonnen und seid in der vierten gelandet. Worauf es aber wirklich ankommt: Was tut ihr, wenn ihr zu Boden gegangen seid? Beklagt ihr euch nur und bemitleidet euch selbst, oder erwacht in euch der Wille zu kämpfen und ihr steht wieder auf? Diesen Herbst wird ausnahmslos jeder von euch, der auf dem Feld stehen wird, ein oder zwei Demütigungen erleben. Es gibt keinen Spieler, der noch nie am Boden gewesen wäre. Doch erstklassige Athleten geben alles, um wieder auf die Beine zu kommen. Gewöhnliche Spieler brauchen dafür ein wenig länger. Und Verlierer bleiben einfach liegen.

Darrell Royal“

* Goto, Sadao: Shin Futtobooru Senka (Touchdown Library 2), Touchdown-Verlag

FOOTBALL
HEADCOACH
DER UNIVERSITY
OF TEXAS

DARRELL

Was ist Royals Brief?
Ein berühmter Text, den Darrell Royal, Headcoach der Texas Longhorns, in den 1960ern für seine Spieler verfasst hat, die für die Sommerferien nach Hause gefahren waren. Er ist voller Leidenschaft für den Football und appelliert an den Kampfgeist der Leser.

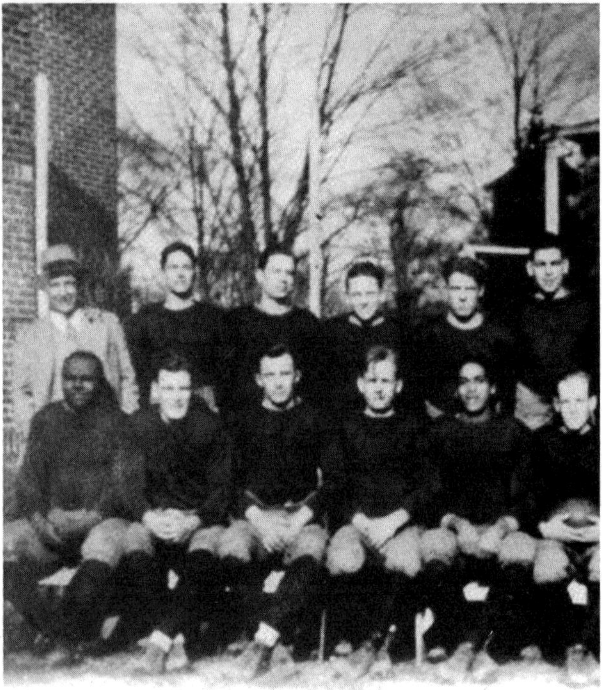

„Meine lieben Longhorns,

In der Niederlage selbst liegt keine Schande. Eine Schande wäre es, nach einer Niederlage nicht wieder aufzustehen. Ich will euch von einem großen Mann erzählen, der im Leben zahlreiche Niederlagen hinnehmen musste, sich aber immer wieder aufgerappelt hat.

1832	arbeitslos
1832	Niederlage bei der Wahl fürs Repräsentantenhaus von Illinois
1833	Sein Geschäft geht Bankrott
1834	Wird ins Repräsentantenhaus von Illinois gewählt
1835	Seine Verlobte stirbt
1836	Erleidet einen Nervenzusammenbruch
1838	Niederlage bei der Wahl zum Sprecher des Repräsentantenhauses von Illinois
1845	Niederlage bei der Wahl fürs Repräsentantenhaus der Vereinigten Staaten
1846	Wird ins Repräsentantenhaus der Vereinigten Staaten gewählt
1848	Niederlage bei der Wiederwahl fürs Repräsentantenhaus
1849	Ein Posten als Ermittler bei der Nationalen Behörde für Landesplanung wurde ihm versagt
1854	Niederlage bei der Senatswahl
1856	Niederlage bei der Nominierung zum Vizepräsidentschaftskandidaten
1858	Erneute Niederlage bei der Senatswahl

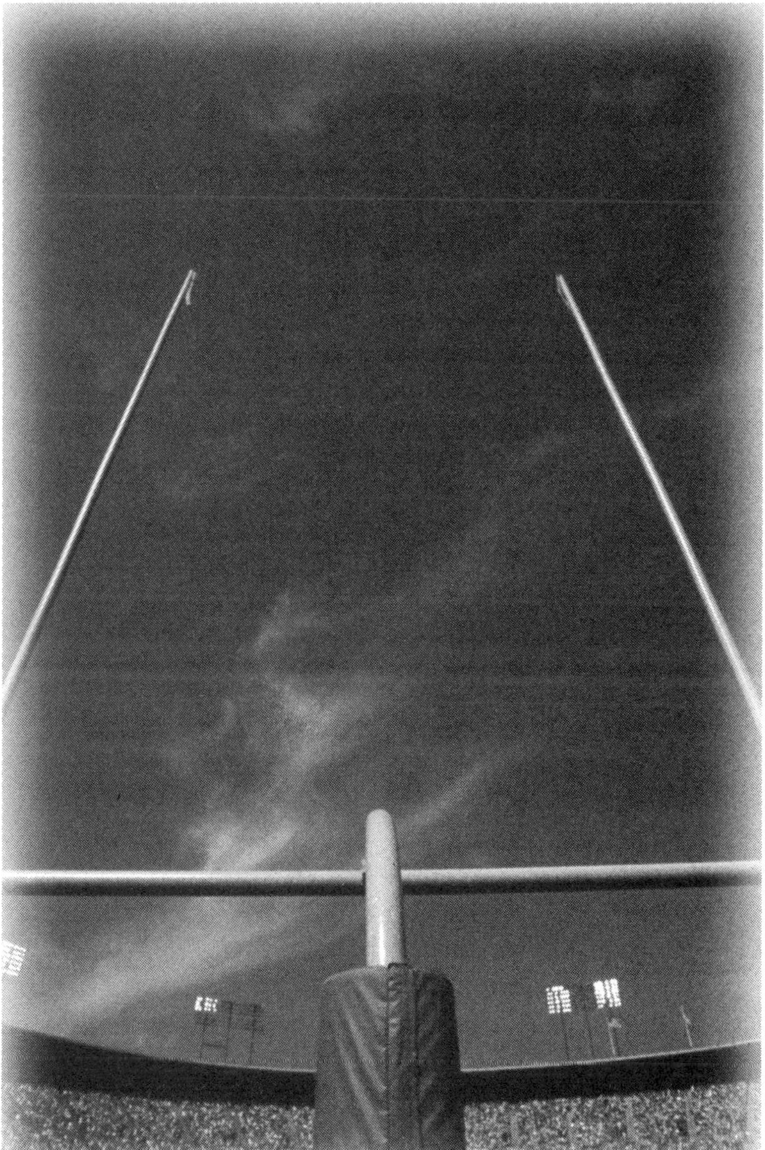

EYESHIELD 21

21st down WIR SIND DIE DEIMON DEVIL BATS

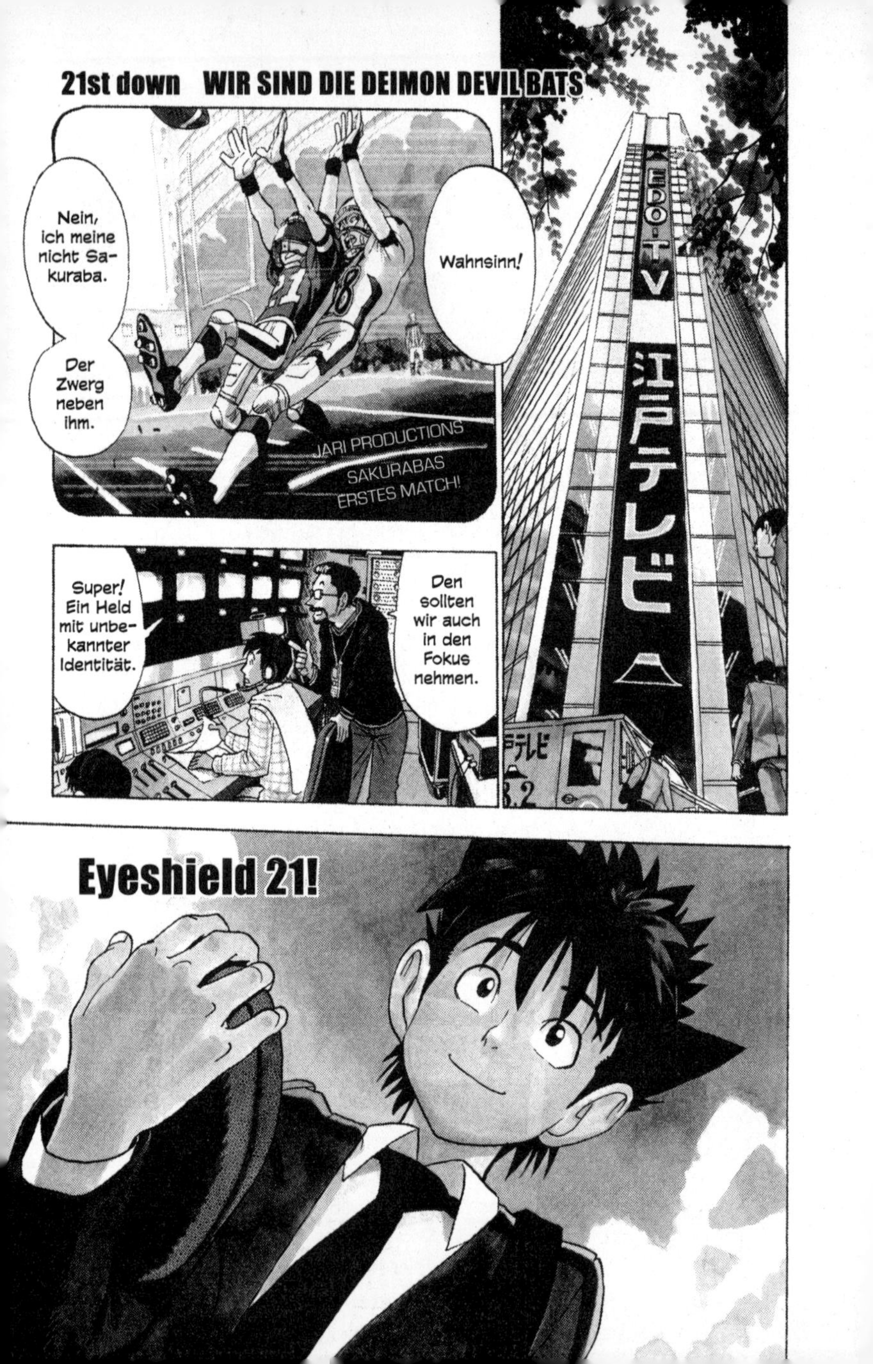

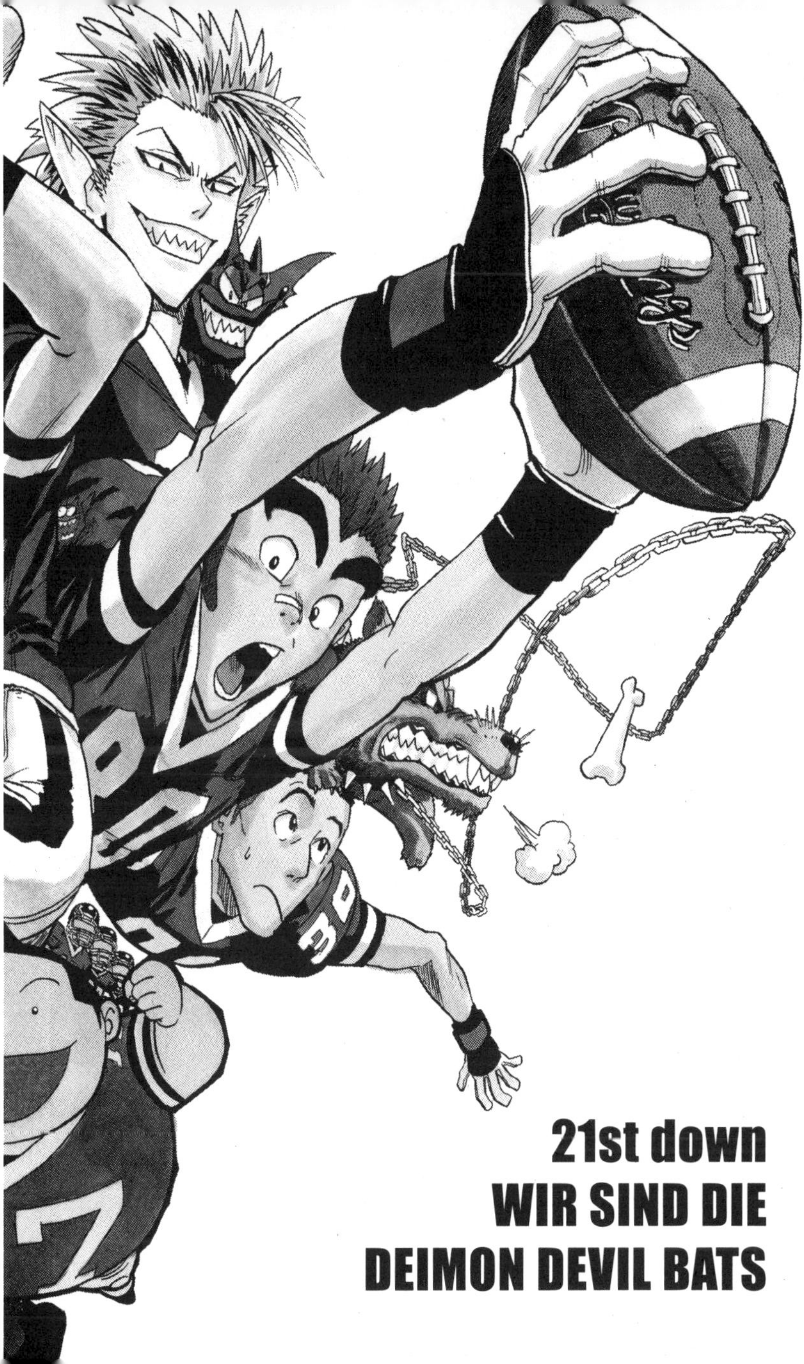

21st down
WIR SIND DIE DEIMON DEVIL BATS

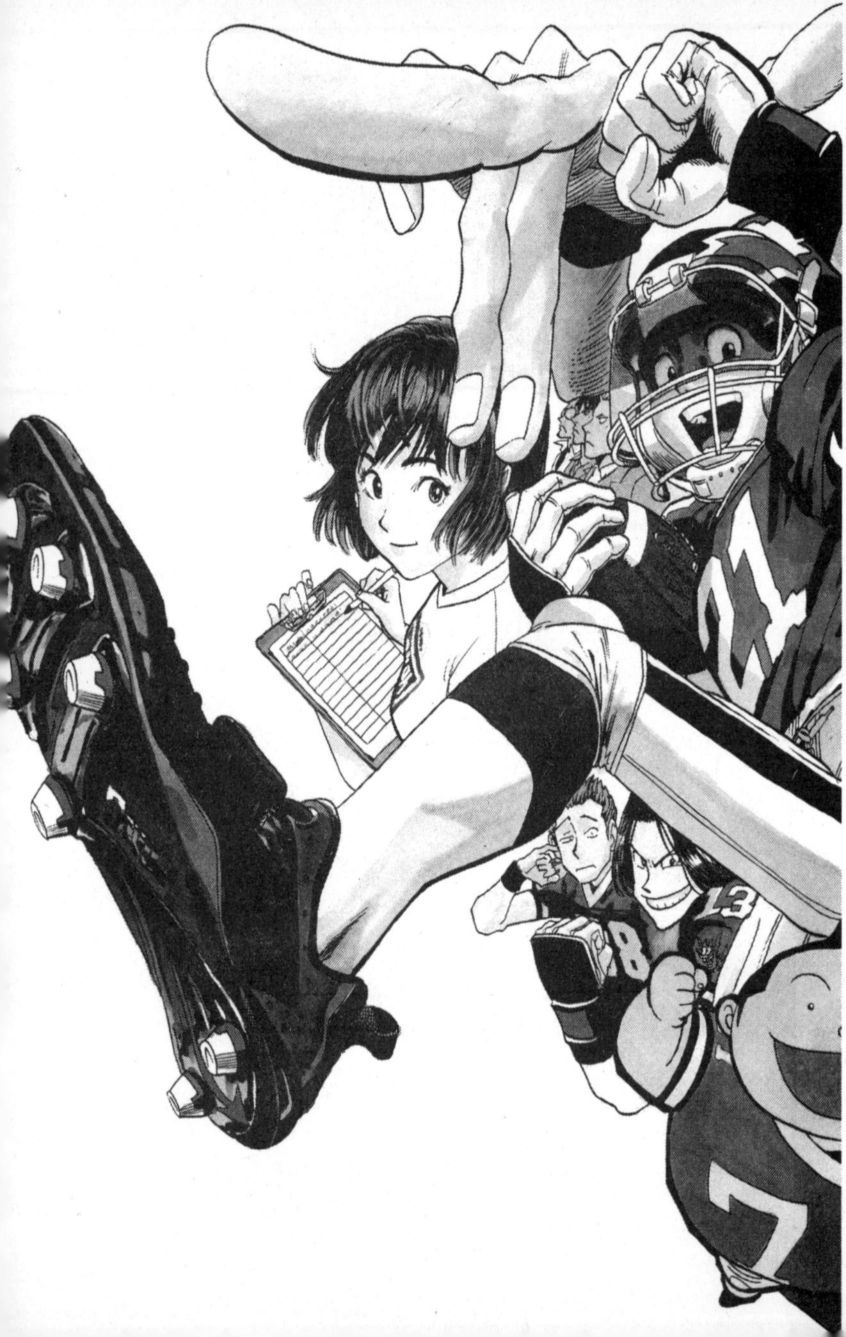

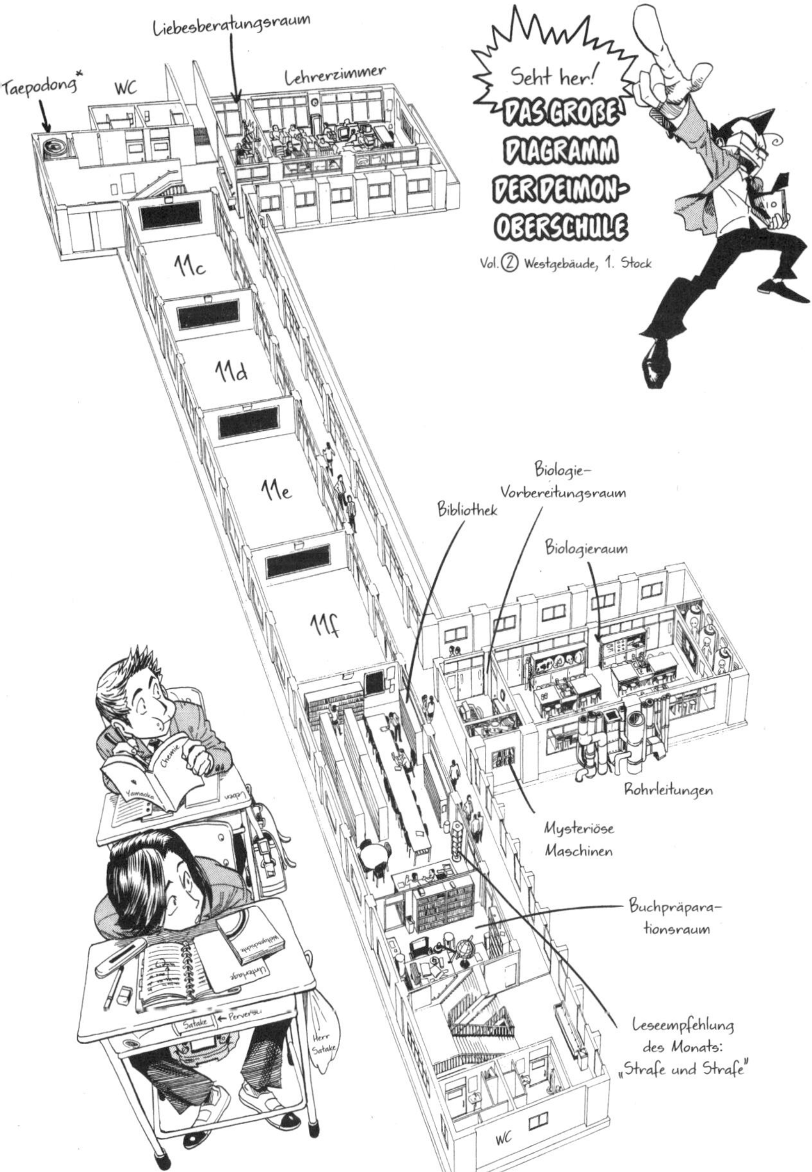

* eine nordkoreanische ballistische Rakete, die 1998 über Japan hinwegflog (aber eigentlich ein Wasserboiler)

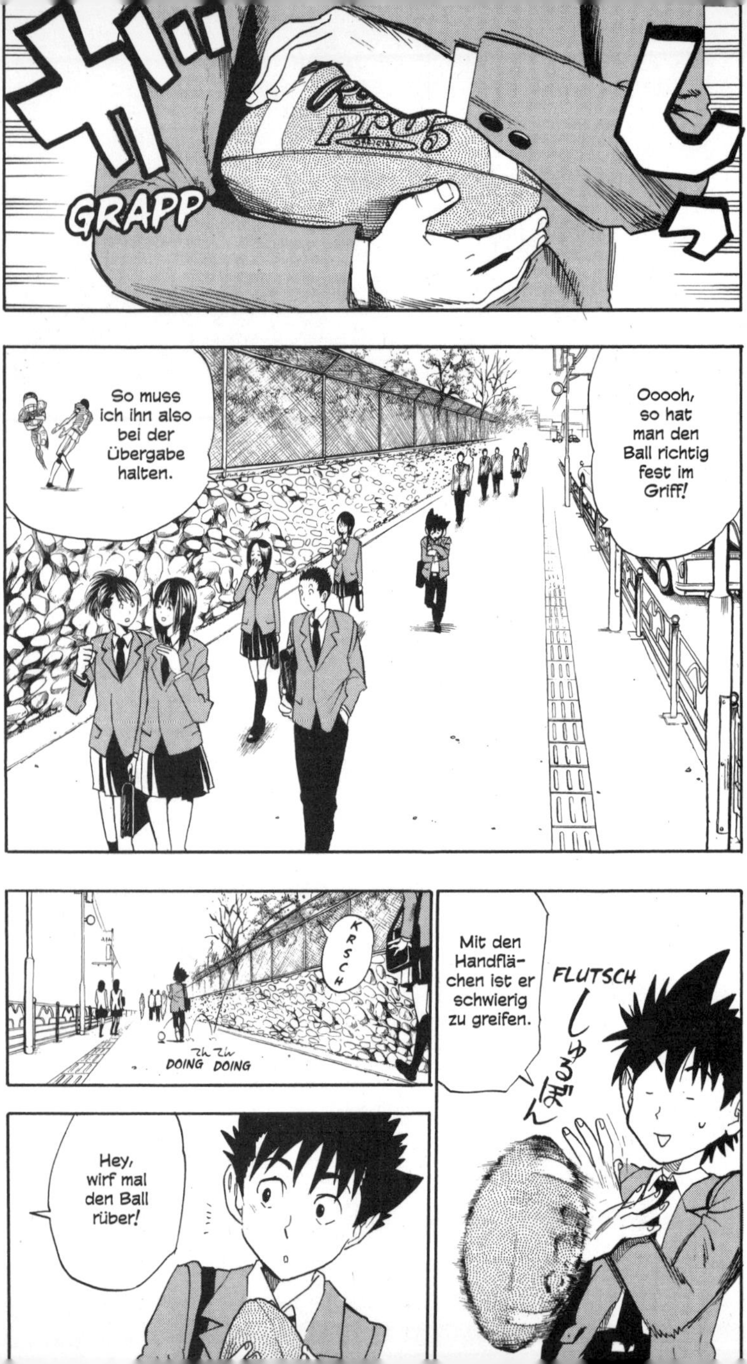
GRAPP
Ooooh, so hat man den Ball richtig fest im Griff!
So muss ich ihn also bei der Übergabe halten.
Mit den Handflächen ist er schwierig zu greifen.
FLUTSCH
KRSCH
DOING DOING
Hey, wirf mal den Ball rüber!

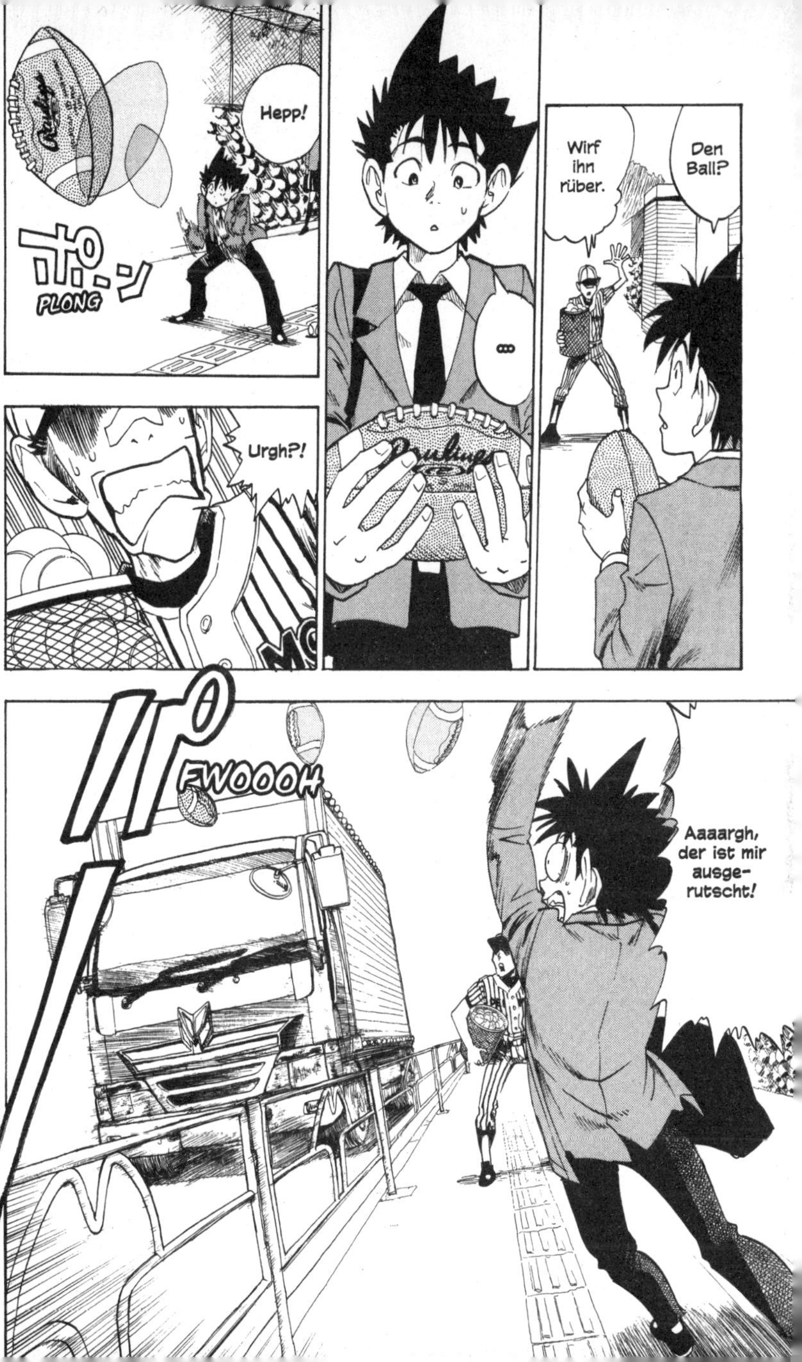

Den Ball?
Wirf ihn rüber.
...
Hepp!
ポーン
PLONG
Urgh?!
パ
FWOOOH
Aaaargh, der ist mir ausgerutscht!

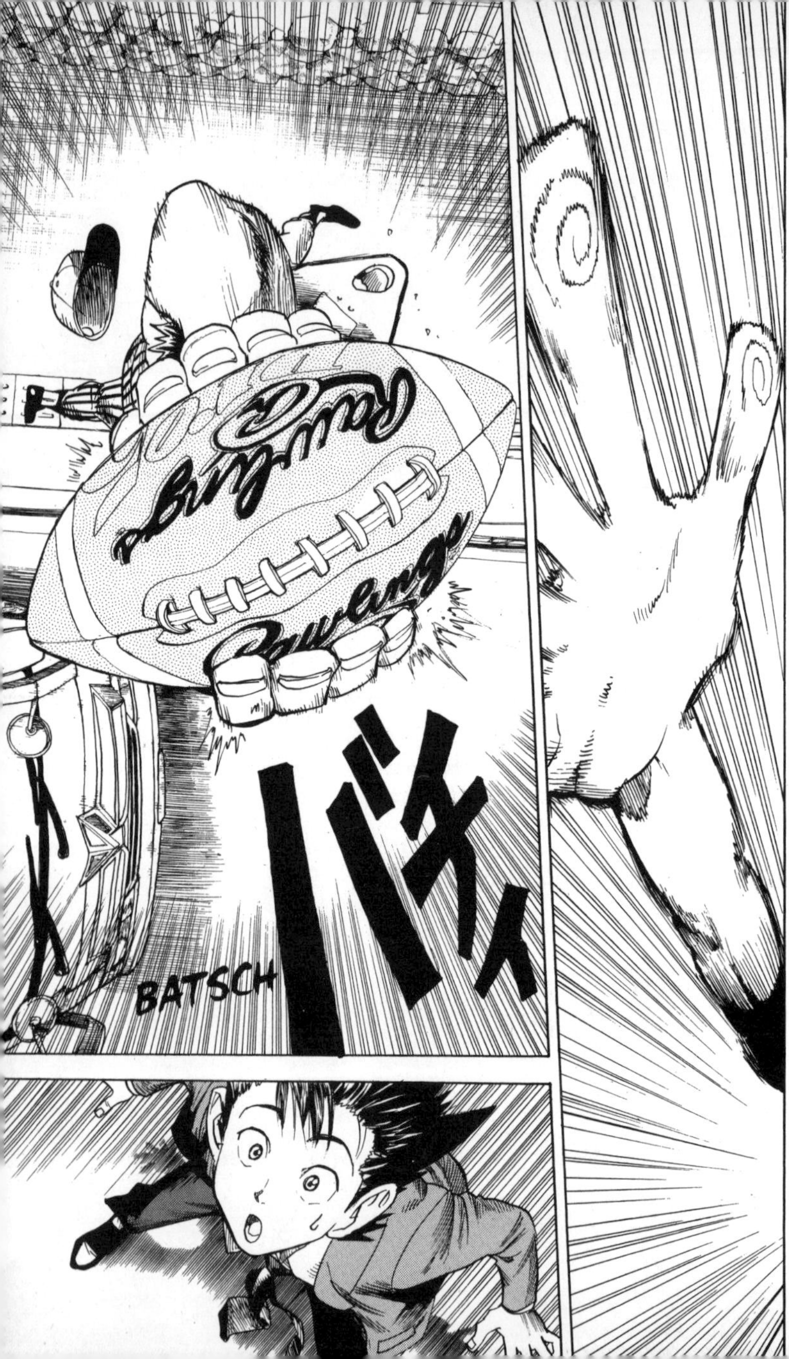
バチィ
BATSCH

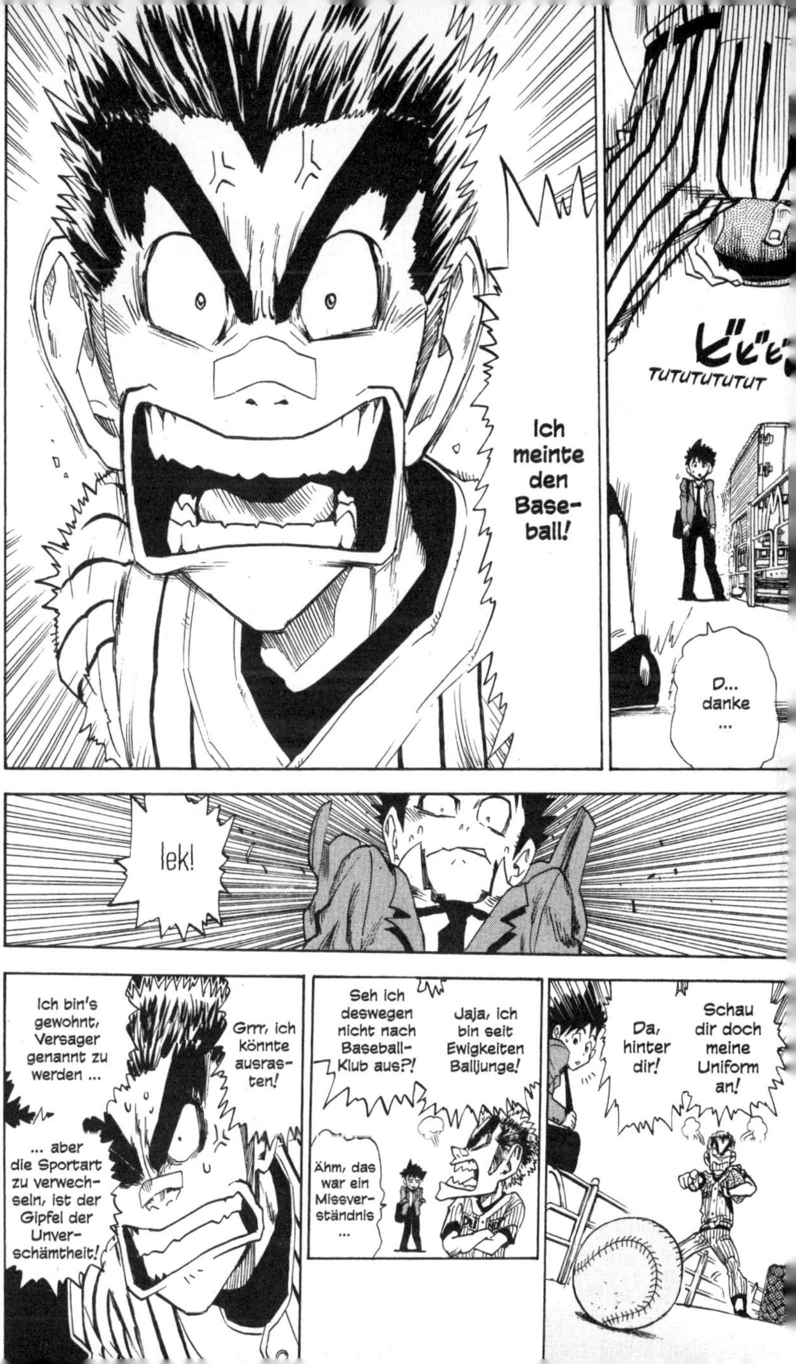
TUTUTUTUTUT
D... danke ...
Ich meinte den Baseball!
Iek!
Da, hinter dir!
Schau dir doch meine Uniform an!
Jaja, ich bin seit Ewigkeiten Balljunge!
Seh ich deswegen nicht nach Baseball-Klub aus?!
Ähm, das war ein Missverständnis ...
Grrr, ich könnte ausrasten!
Ich bin's gewohnt, Versager genannt zu werden ...
... aber die Sportart zu verwechseln, ist der Gipfel der Unverschämtheit!

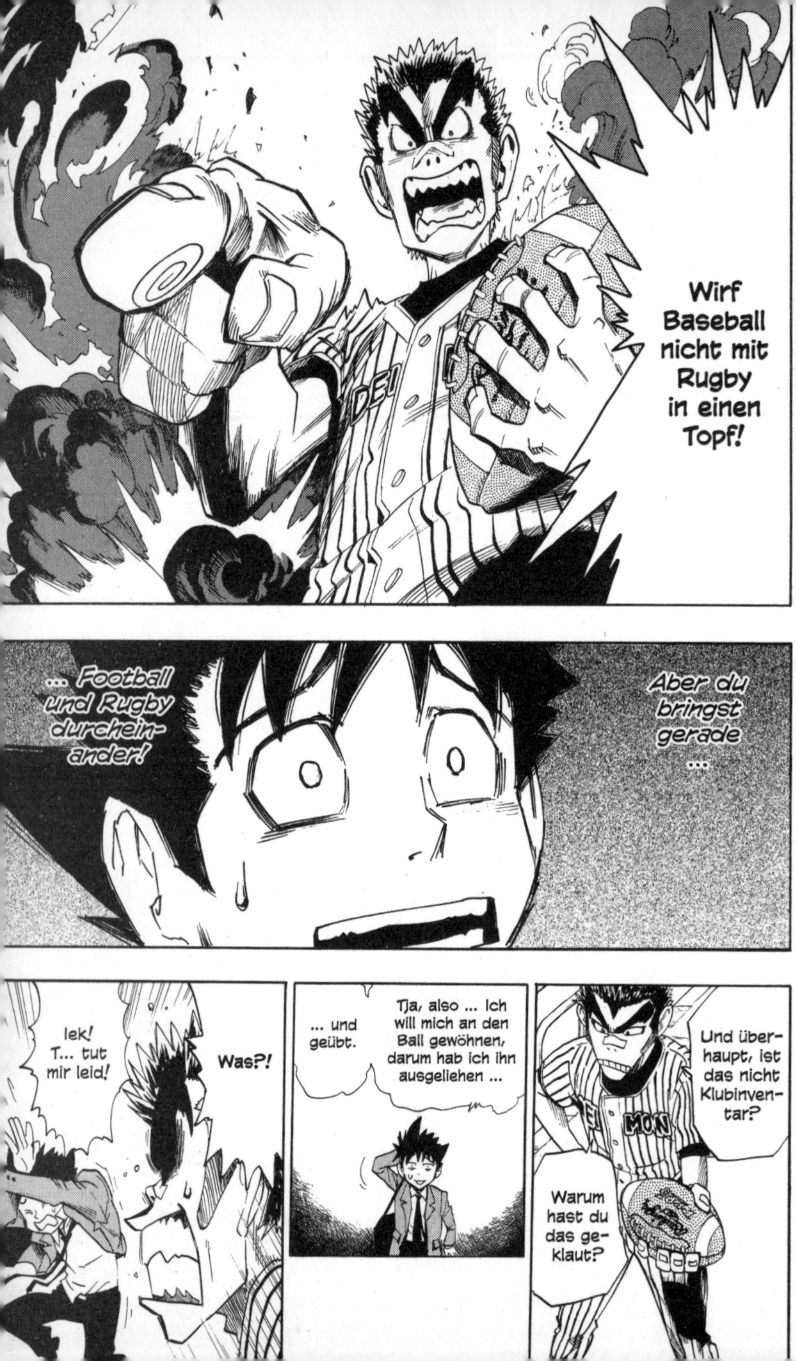
Wirf Baseball nicht mit Rugby in einen Topf!
Aber du bringst gerade ...
... Football und Rugby durcheinander!
Und überhaupt, ist das nicht Klubinventar?
Warum hast du das geklaut?
Tja, also ... Ich will mich an den Ball gewöhnen, darum hab ich ihn ausgeliehen ...
... und geübt.
Was?!
Iek! T... tut mir leid!

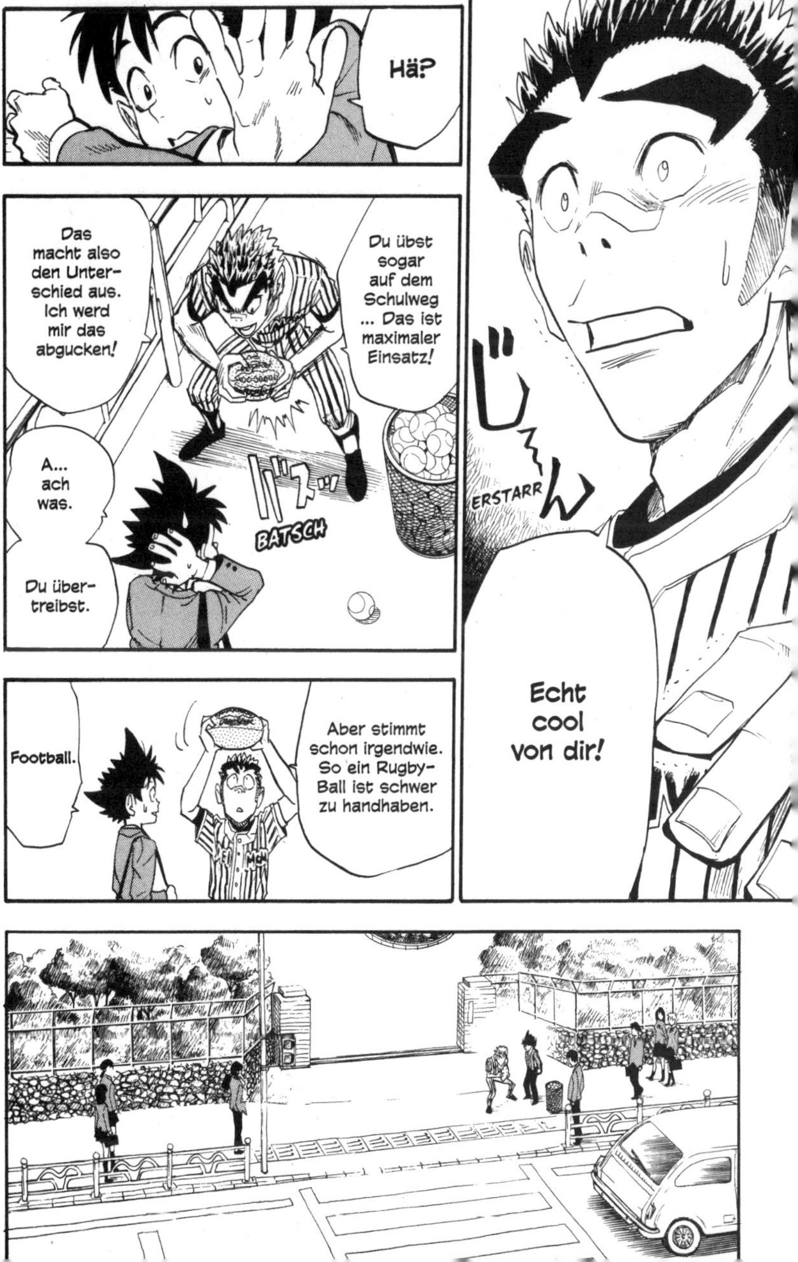
ERSTARR
Echt cool von dir!
Hä?
Du übst sogar auf dem Schulweg ... Das ist maximaler Einsatz!
Das macht also den Unterschied aus. Ich werd mir das abgucken!
BATSCH
A... ach was.
Du übertreibst.
Aber stimmt schon irgendwie. So ein Rugby-Ball ist schwer zu handhaben.
Football.

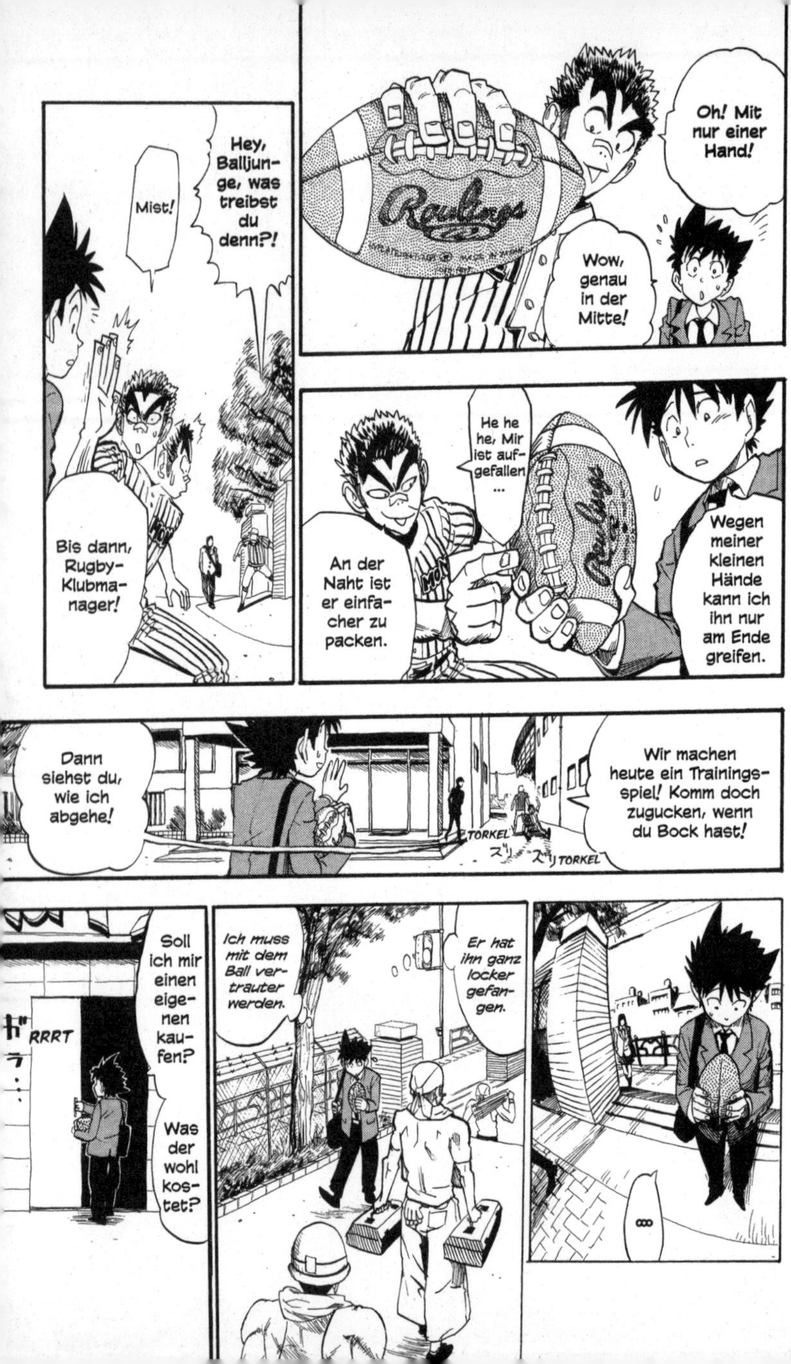

Oh! Mit nur einer Hand!
Wow, genau in der Mitte!
Wegen meiner kleinen Hände kann ich ihn nur am Ende greifen.
He he he, Mir ist aufgefallen ...
An der Naht ist er einfacher zu packen.
Hey, Balljunge, was treibst du denn?!
Mist!
Bis dann, Rugby-Klubmanager!
Wir machen heute ein Trainingsspiel! Komm doch zugucken, wenn du Bock hast!
ズリ TORKEL
ズリ TORKEL
Dann siehst du, wie ich abgehe!
...
Er hat ihn ganz locker gefangen.
Ich muss mit dem Ball vertrauter werden.
Soll ich mir einen eigenen kaufen?
Was der wohl kostet?
ガラ… RRRT

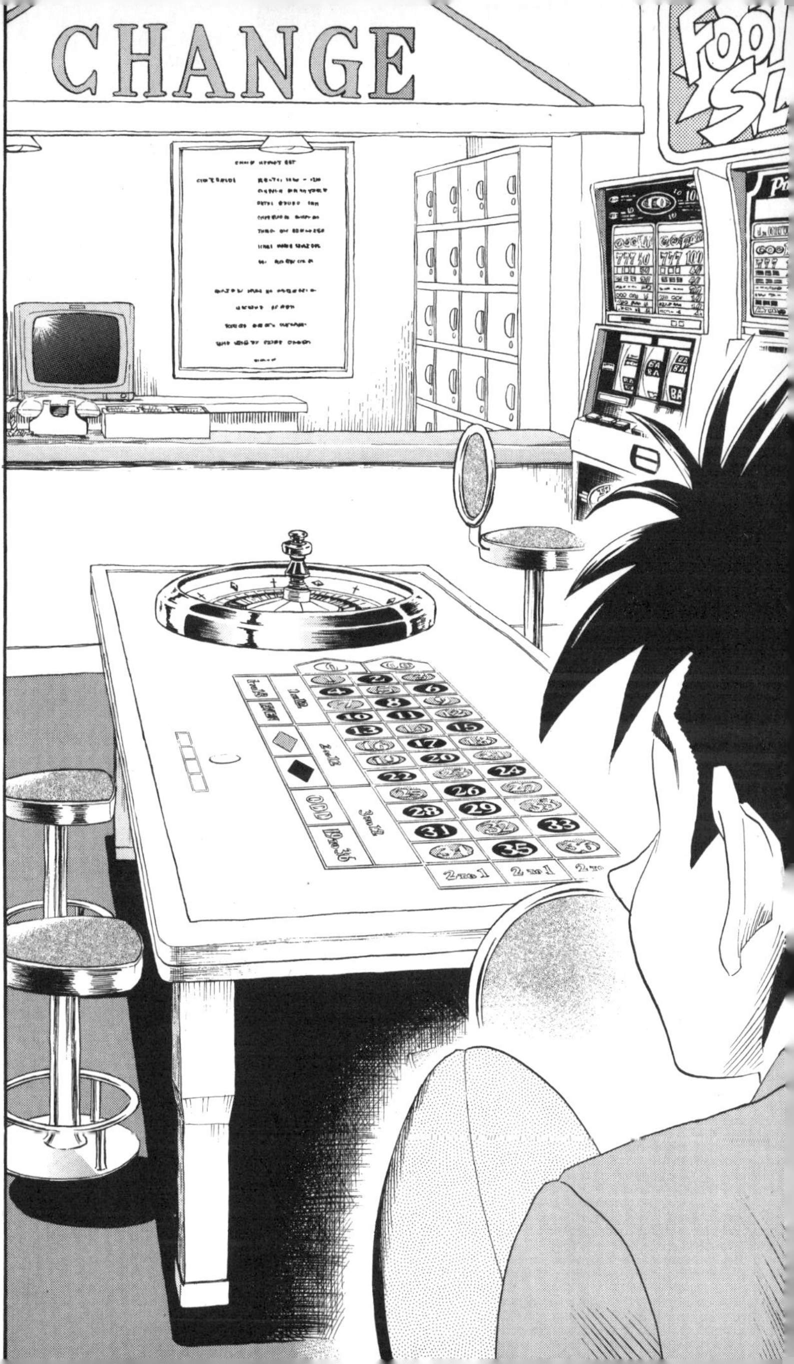
CHANGE

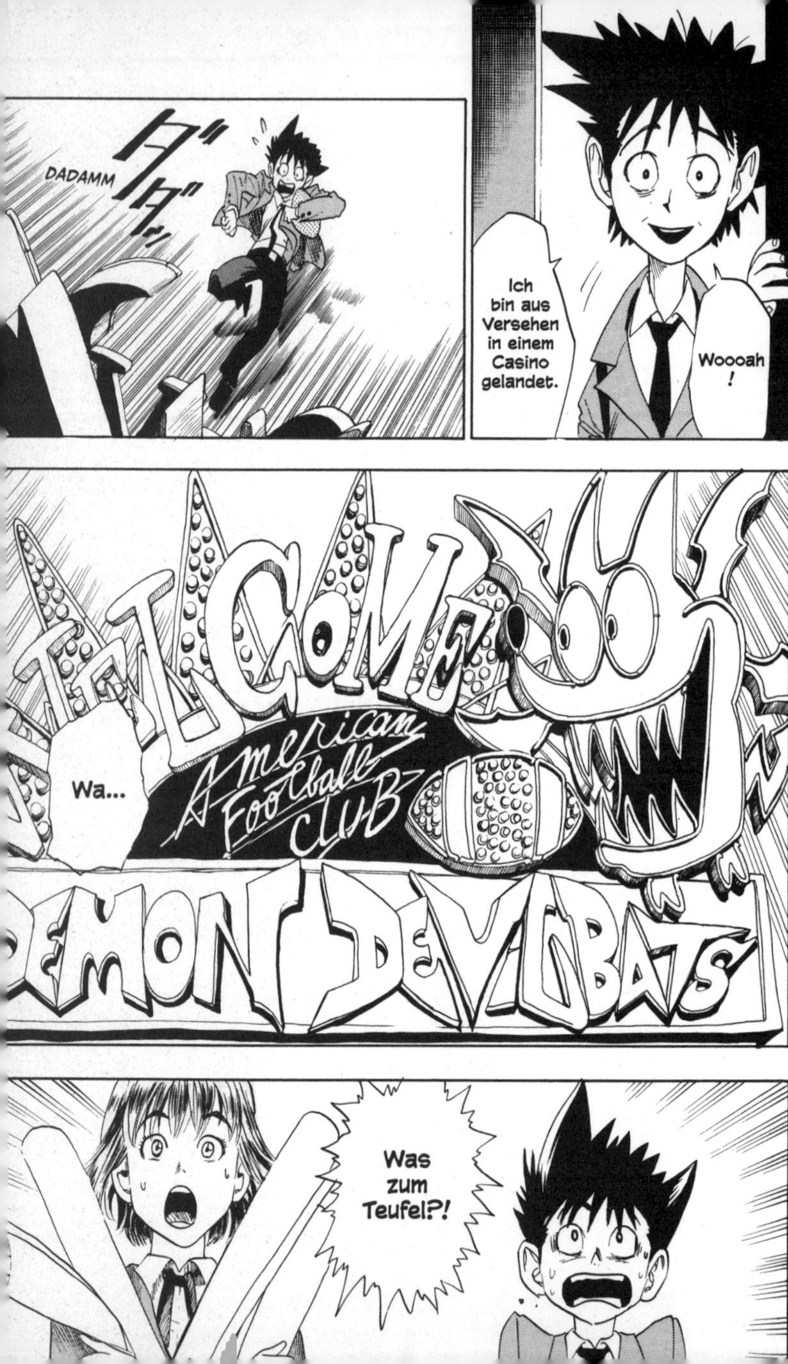
Wooooah!
Ich bin aus Versehen in einem Casino gelandet.
DADAMM
WELCOME
American Football CLUB
DEMON DEVILBATS
Wa...
Was zum Teufel?!

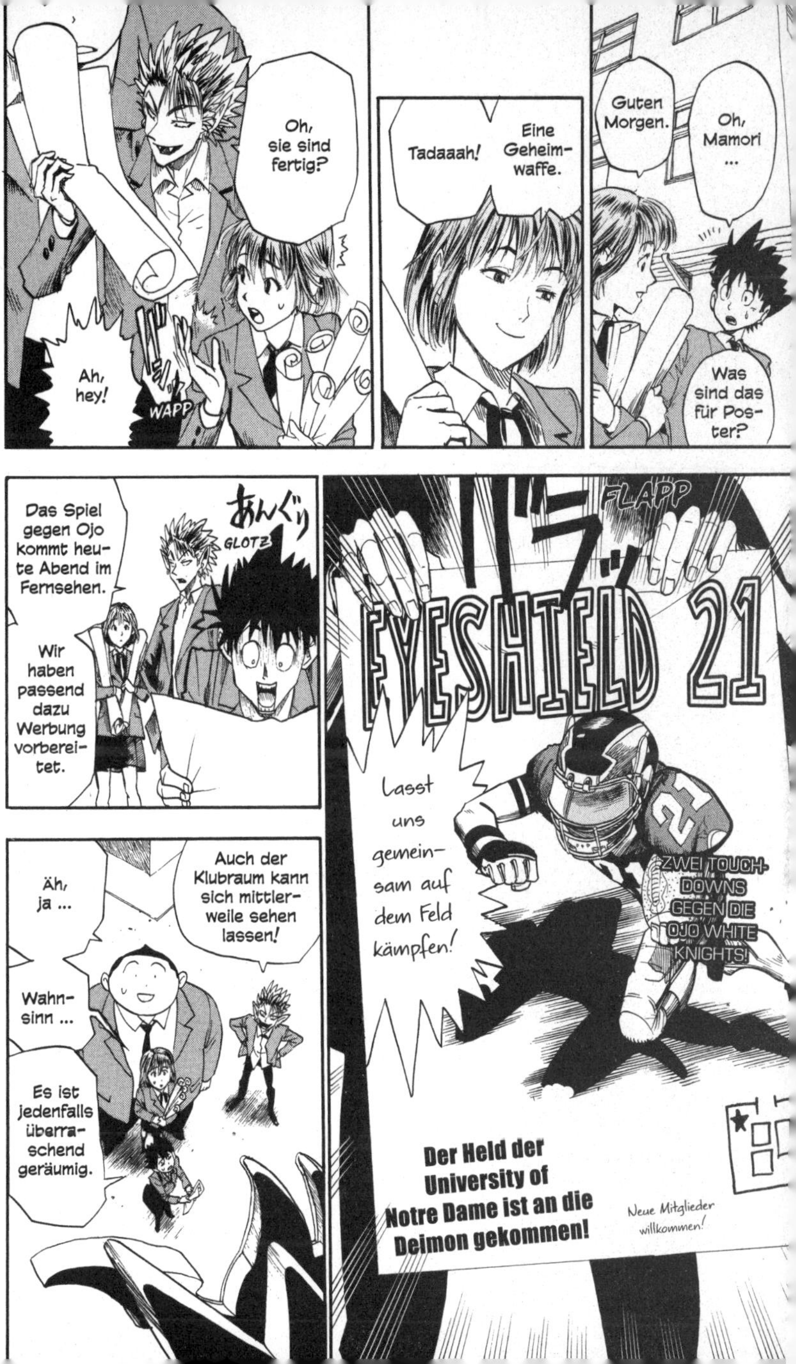
Guten Morgen.
Oh, Mamori ...
Was sind das für Poster?
Eine Geheimwaffe.
Tadaaah!
Oh, sie sind fertig?
Ah, hey!
WAPP
FLAPP
EYESHIELD 21
Lasst uns gemeinsam auf dem Feld kämpfen!
ZWEI TOUCHDOWNS GEGEN DIE OJO WHITE KNIGHTS!
Der Held der University of Notre Dame ist an die Deimon gekommen!
Neue Mitglieder willkommen!
あんぐり
GLOTZ
Das Spiel gegen Ojo kommt heute Abend im Fernsehen.
Wir haben passend dazu Werbung vorbereitet.
Auch der Klubraum kann sich mittlerweile sehen lassen!
Äh, ja ...
Wahnsinn ...
Es ist jedenfalls überraschend geräumig.

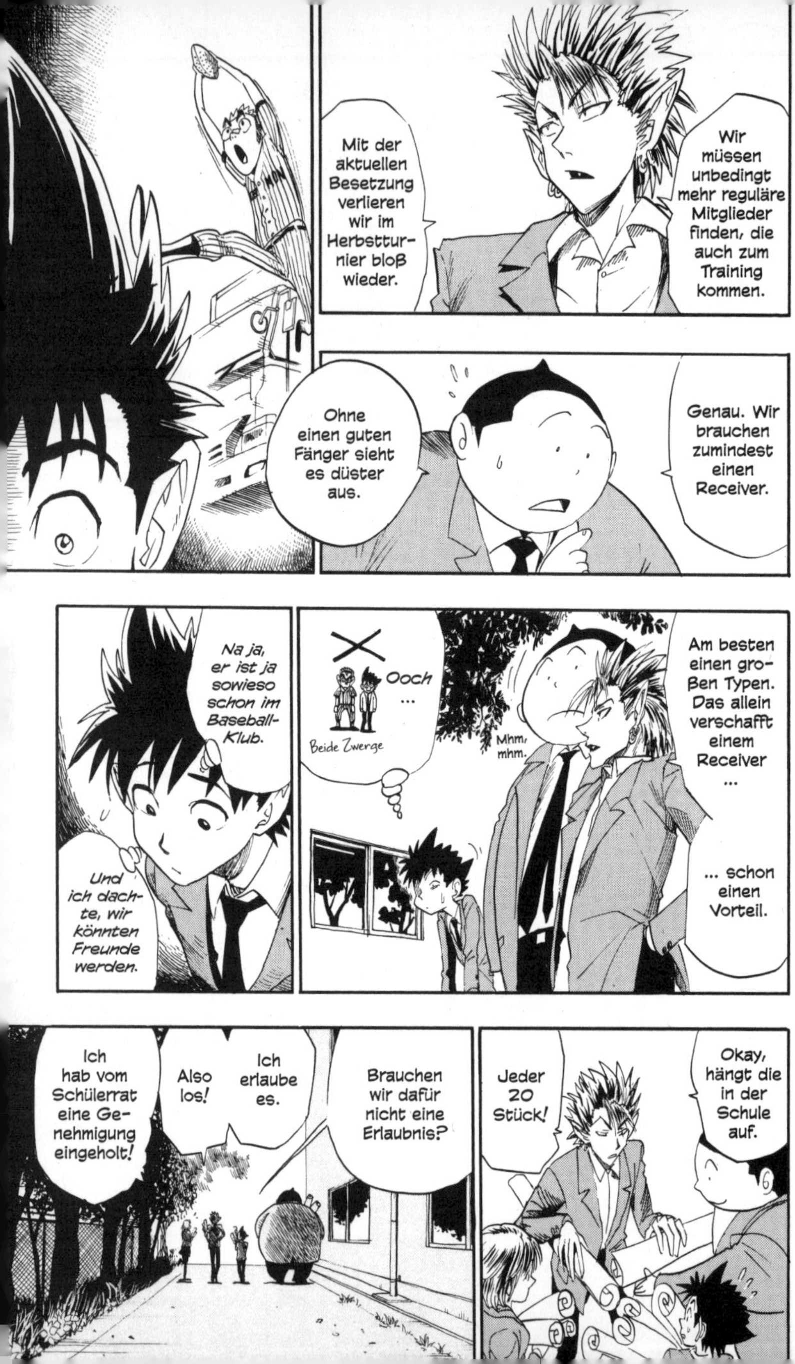
Wir müssen unbedingt mehr reguläre Mitglieder finden, die auch zum Training kommen.
Mit der aktuellen Besetzung verlieren wir im Herbstturnier bloß wieder.
Genau. Wir brauchen zumindest einen Receiver.
Ohne einen guten Fänger sieht es düster aus.
Am besten einen großen Typen. Das allein verschafft einem Receiver ...
... schon einen Vorteil.
Mhm, mhm.
Ooch ...
Beide Zwerge
Na ja, er ist ja sowieso schon im Baseball-Klub.
Und ich dachte, wir könnten Freunde werden.
Okay, hängt die in der Schule auf.
Jeder 20 Stück!
Brauchen wir dafür nicht eine Erlaubnis?
Ich erlaube es.
Also los!
Ich hab vom Schülerrat eine Genehmigung eingeholt!

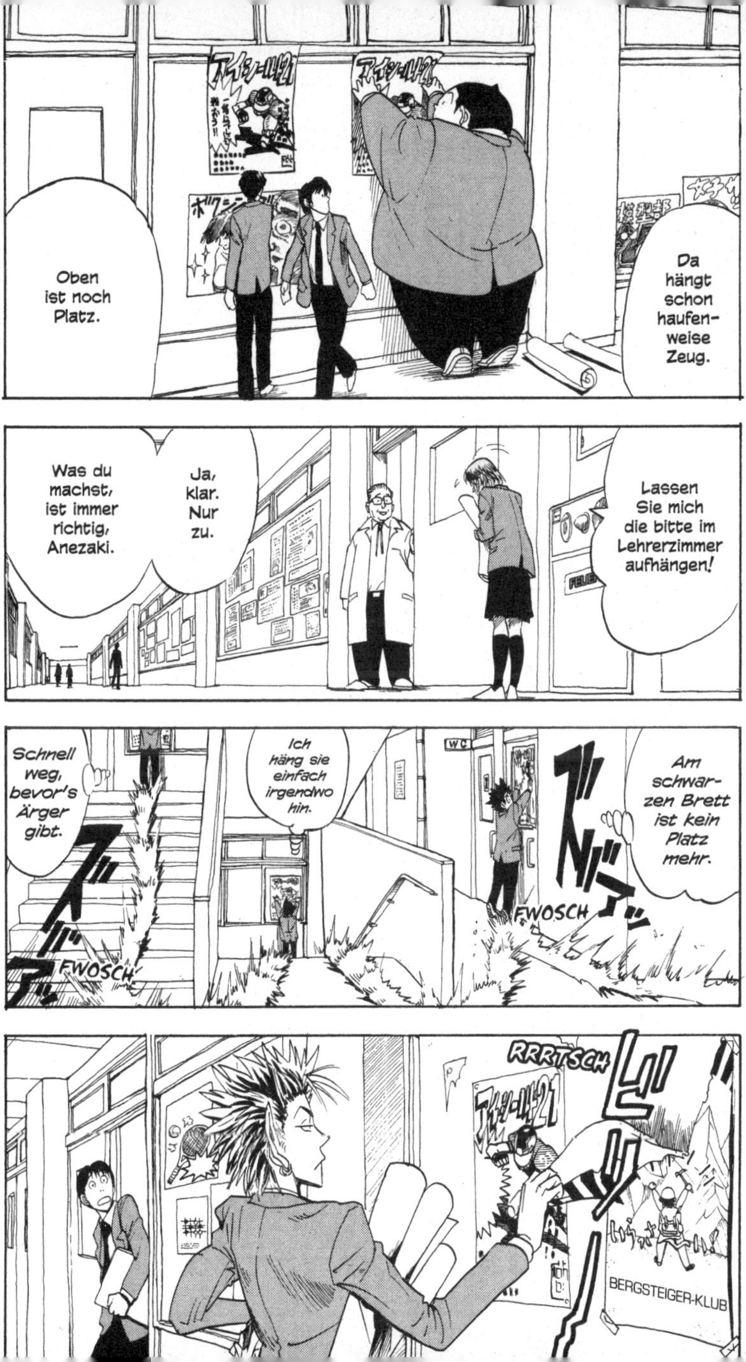

Da hängt schon haufenweise Zeug.
Oben ist noch Platz.
Lassen Sie mich die bitte im Lehrerzimmer aufhängen!
Ja, klar. Nur zu.
Was du machst, ist immer richtig, Anezaki.
WC
Am schwarzen Brett ist kein Platz mehr.
FWOSCH
Ich häng sie einfach irgendwo hin.
Schnell weg, bevor's Ärger gibt.
FWOSCH
RRRTSCH
BERGSTEIGER-KLUB

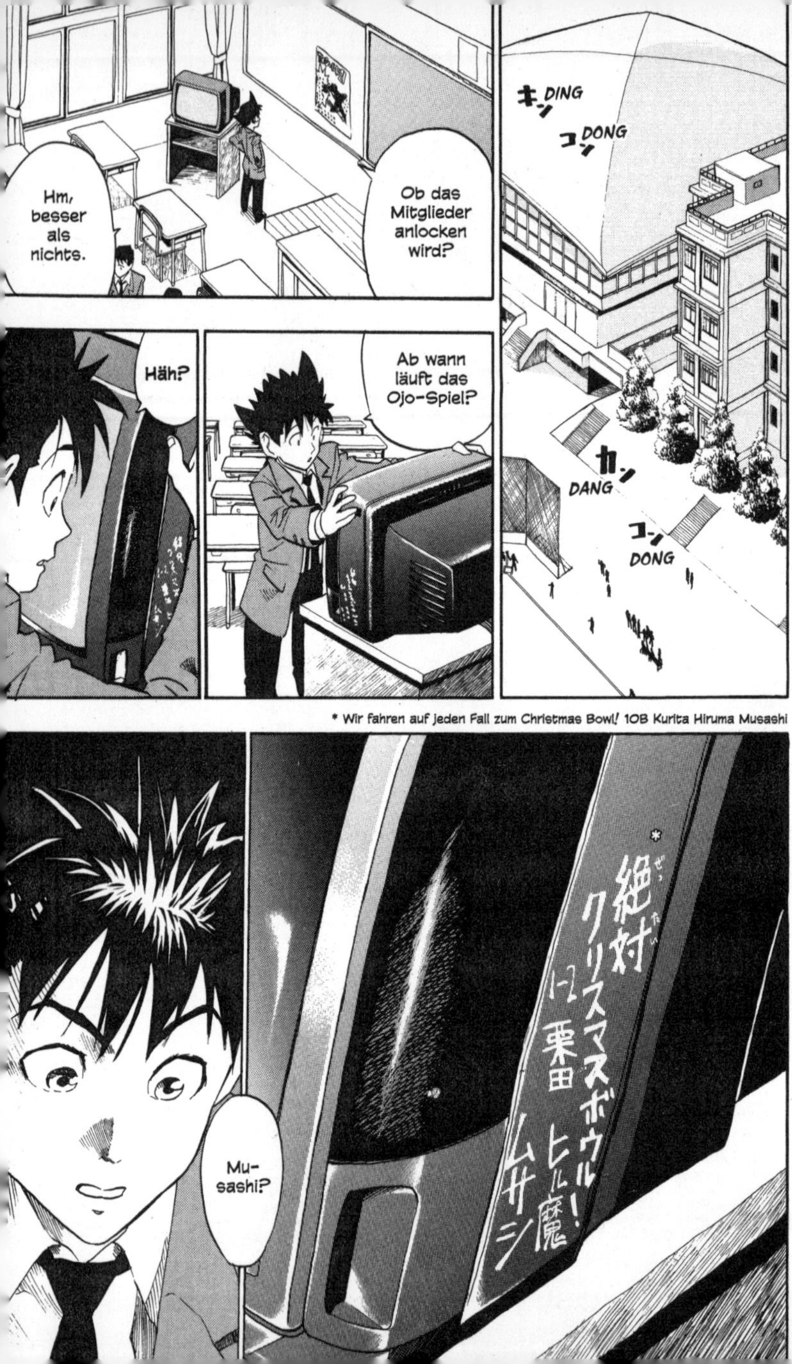

* Wir fahren auf jeden Fall zum Christmas Bowl! 1OB Kurita Hiruma Musashi

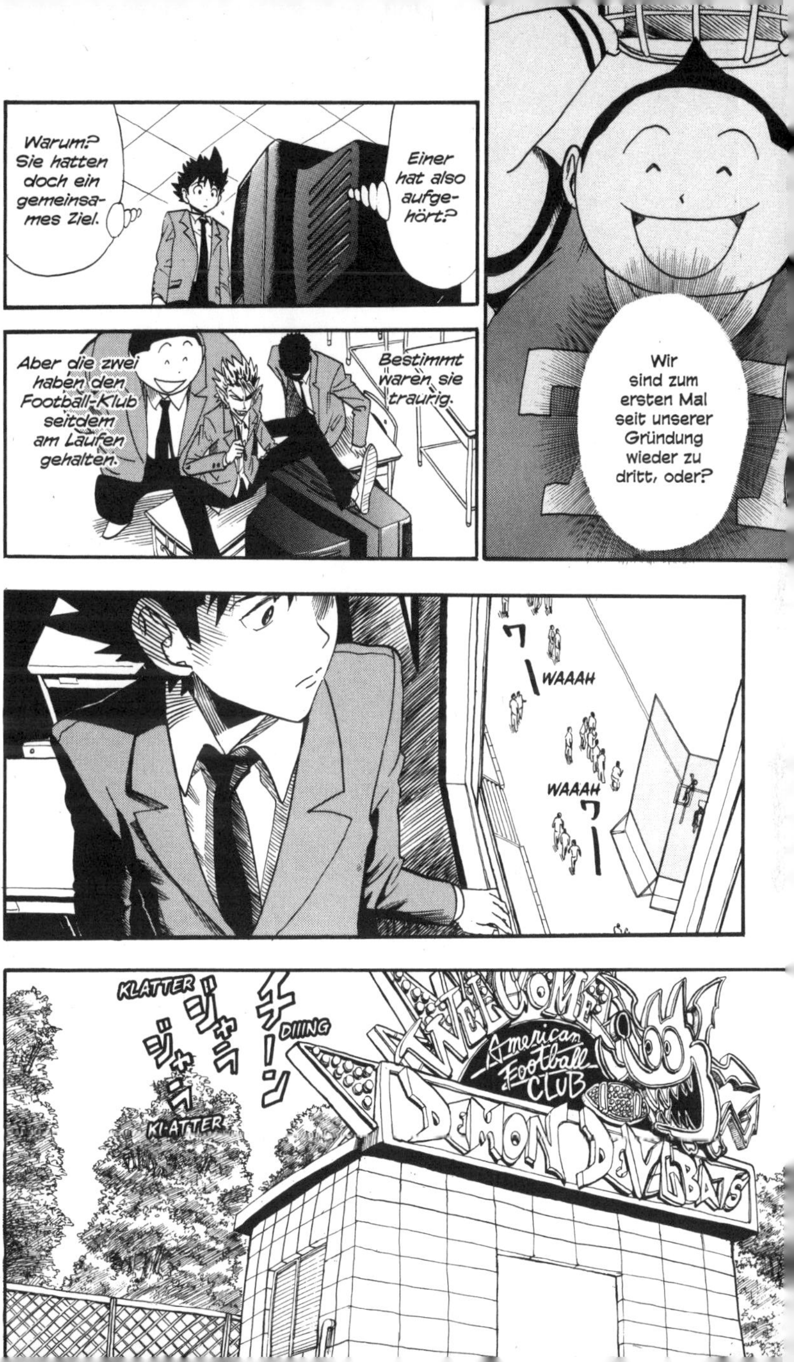
Wir sind zum ersten Mal seit unserer Gründung wieder zu dritt, oder?
Einer hat also aufgehört?
Warum? Sie hatten doch ein gemeinsames Ziel.
Bestimmt waren sie traurig.
Aber die zwei haben den Football-Klub seitdem am Laufen gehalten.
WAAAH
WAAAH
DIIING
KLATTER
KLATTER
WELCOME
American Football CLUB
DEMON DEVILBATS

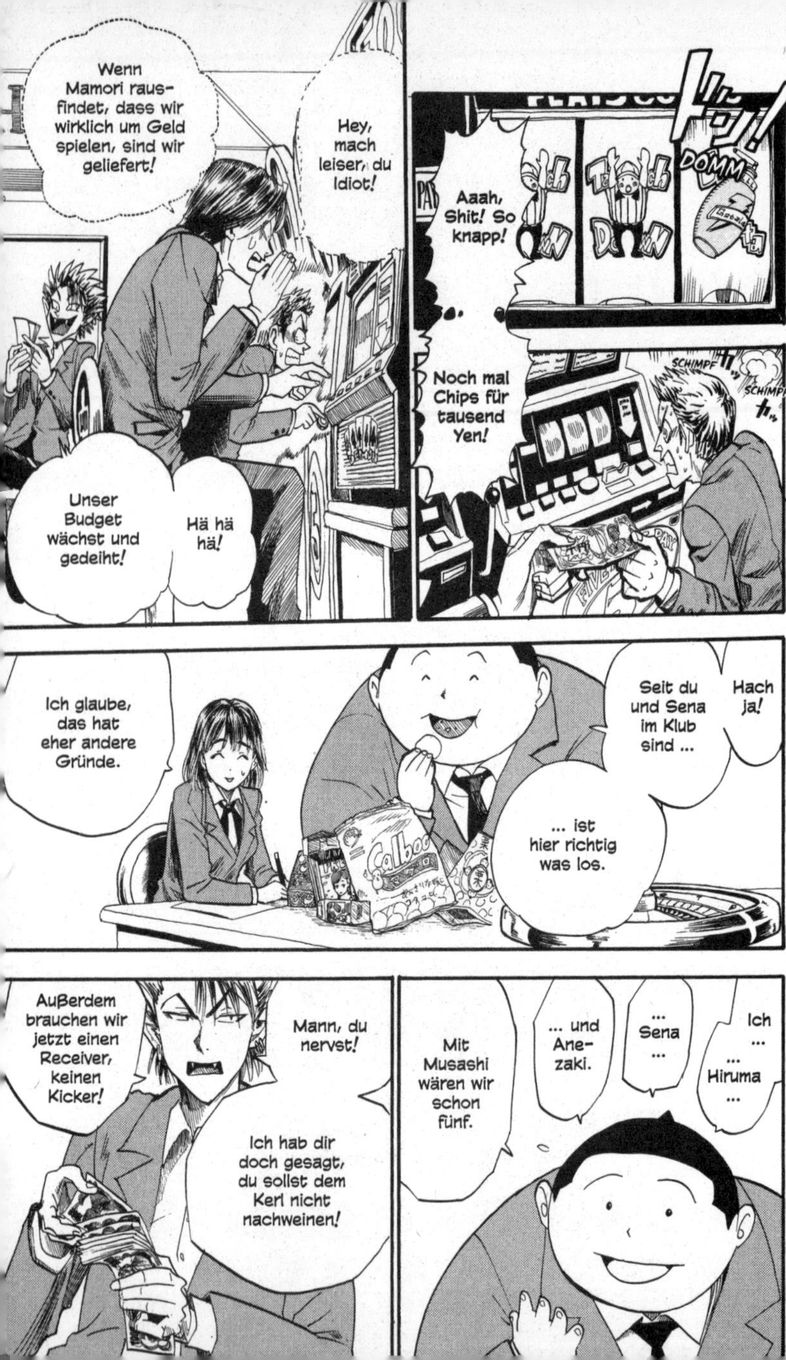
DOMM
Aaah, Shit! So knapp!
SCHIMPF
SCHIMPF
Noch mal Chips für tausend Yen!
Hey, mach leiser, du Idiot!
Wenn Mamori rausfindet, dass wir wirklich um Geld spielen, sind wir geliefert!
Hä hä hä!
Unser Budget wächst und gedeiht!
Hach ja!
Seit du und Sena im Klub sind ...
... ist hier richtig was los.
Ich glaube, das hat eher andere Gründe.
Ich ... ... Hiruma ...
... Sena ...
... und Anezaki.
Mit Musashi wären wir schon fünf.
Mann, du nervst!
Außerdem brauchen wir jetzt einen Receiver, keinen Kicker!
Ich hab dir doch gesagt, du sollst dem Kerl nicht nachweinen!

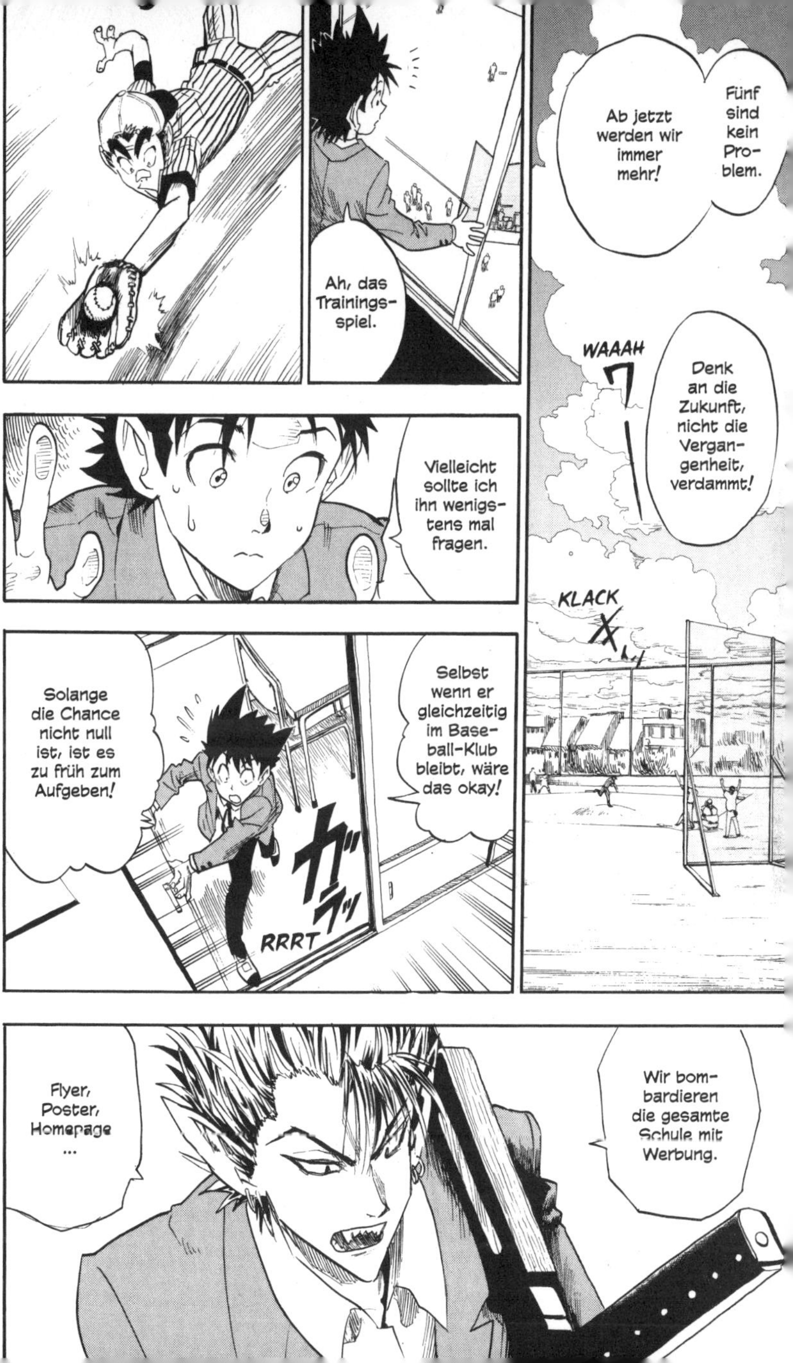

Fünf sind kein Problem.
Ab jetzt werden wir immer mehr!
WAAAH
Denk an die Zukunft, nicht die Vergangenheit, verdammt!
KLACK
Ah, das Trainingsspiel.
Vielleicht sollte ich ihn wenigstens mal fragen.
Selbst wenn er gleichzeitig im Baseball-Klub bleibt, wäre das okay!
Solange die Chance nicht null ist, ist es zu früh zum Aufgeben!
RRRT
Wir bombardieren die gesamte Schule mit Werbung.
Flyer, Poster, Homepage ...

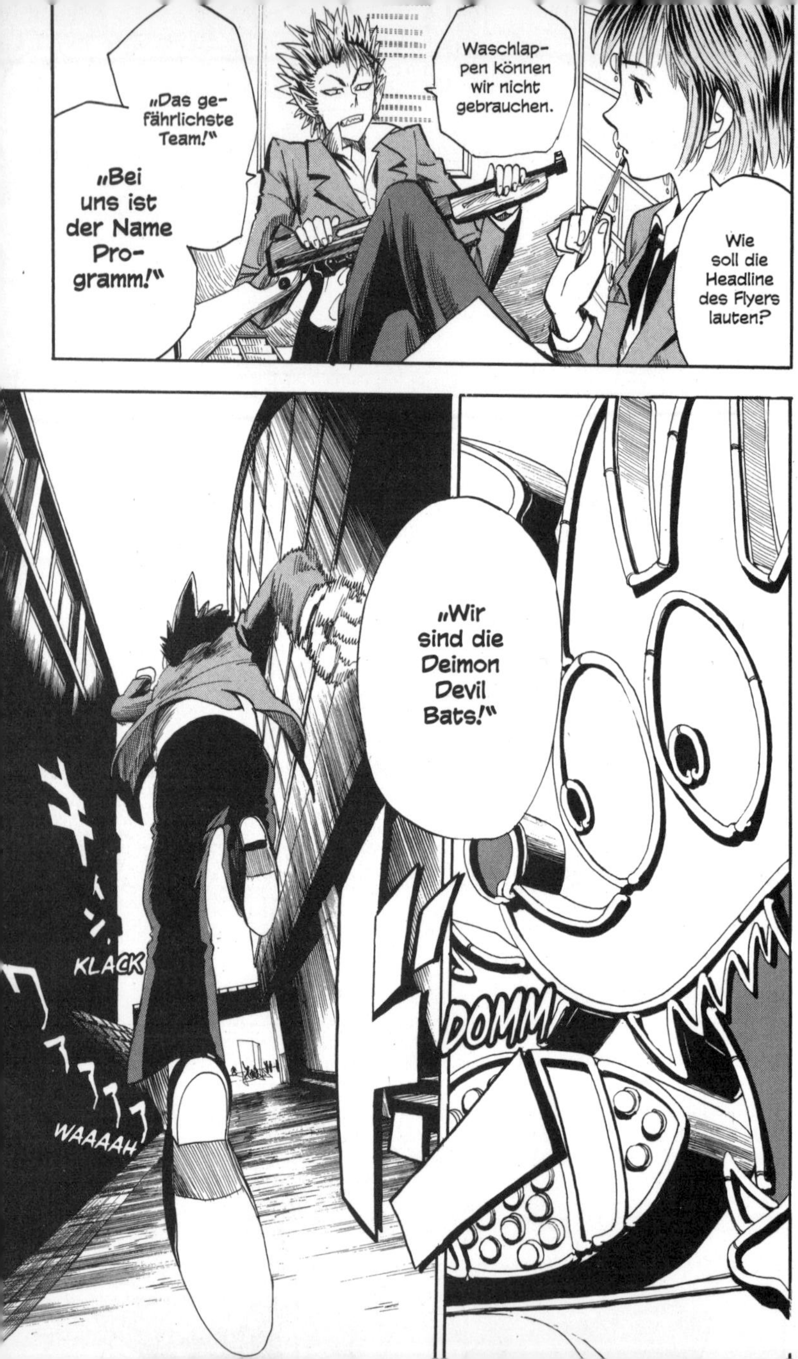
Wie soll die Headline des Flyers lauten?
Waschlappen können wir nicht gebrauchen.
„Das gefährlichste Team!"
„Bei uns ist der Name Programm!"
„Wir sind die Deimon Devil Bats!"
DOMM
KLACK
WAAAAH

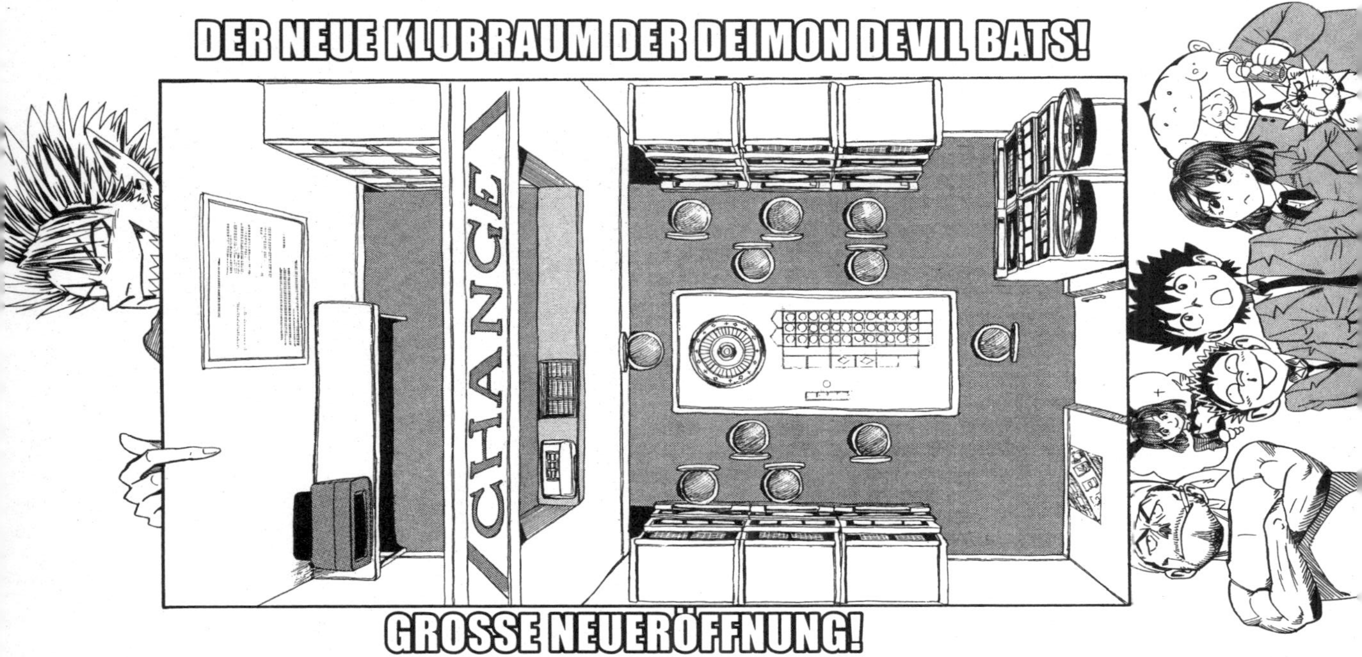
DER NEUE KLUBRAUM DER DEIMON DEVIL BATS!
CHANGE
GROSSE NEUERÖFFNUNG!

22nd down HELDENGESTALT

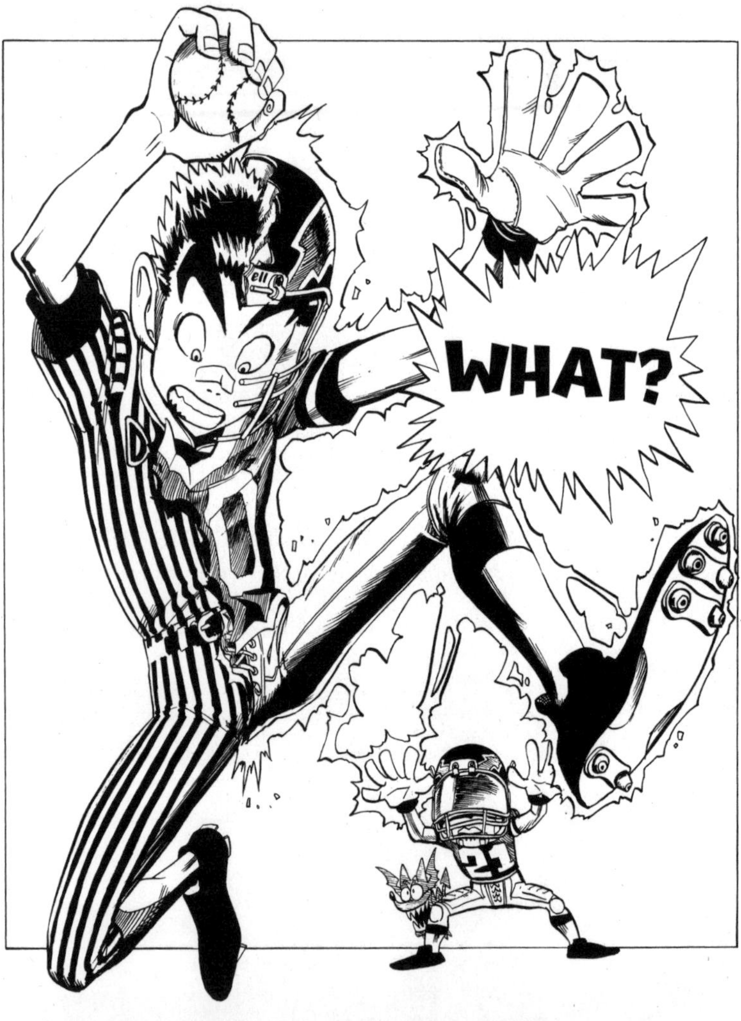

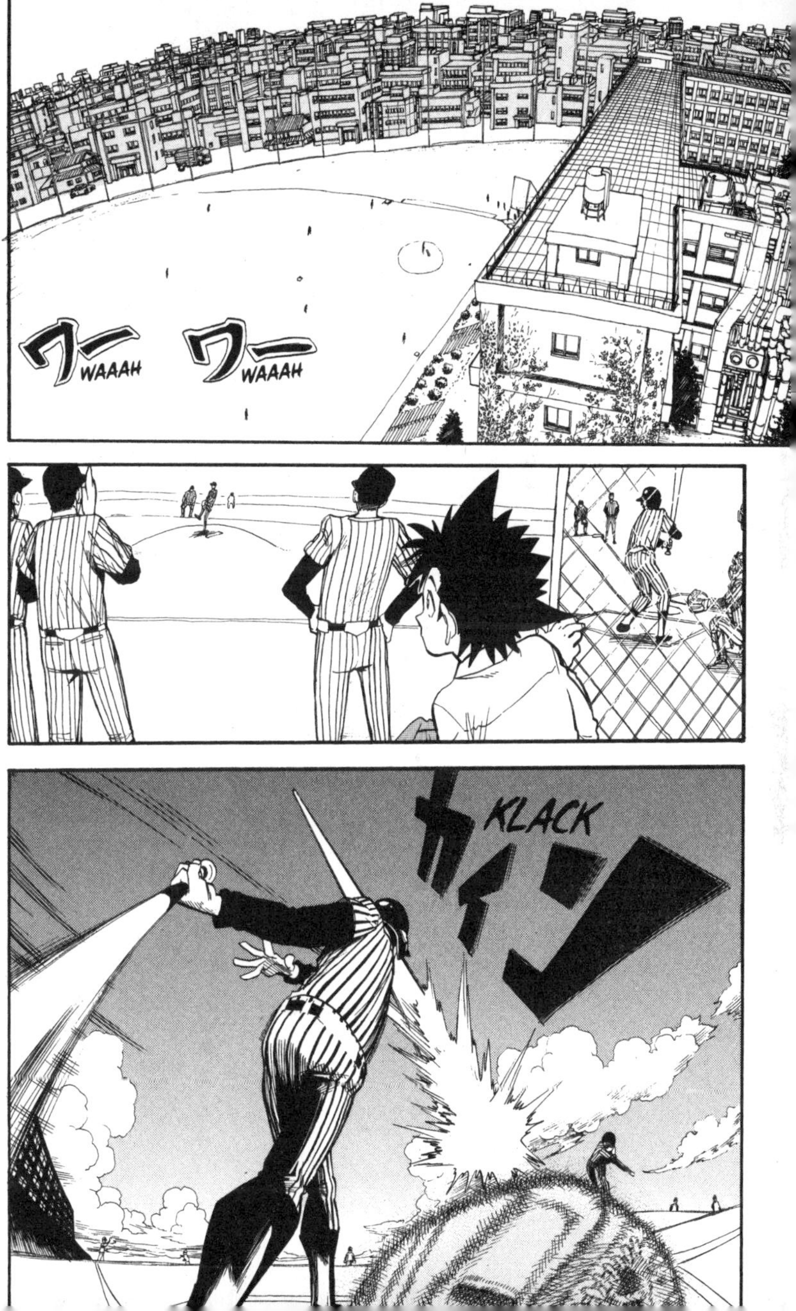
ワー WAAAH
ワー WAAAH
カキーン KLACK

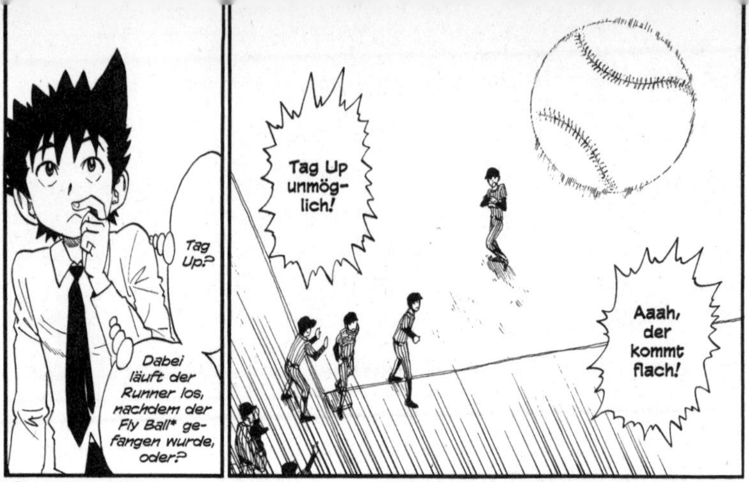

* Ein geschlagener Ball, der von einem Feldspieler direkt aus der Luft gefangen wird.

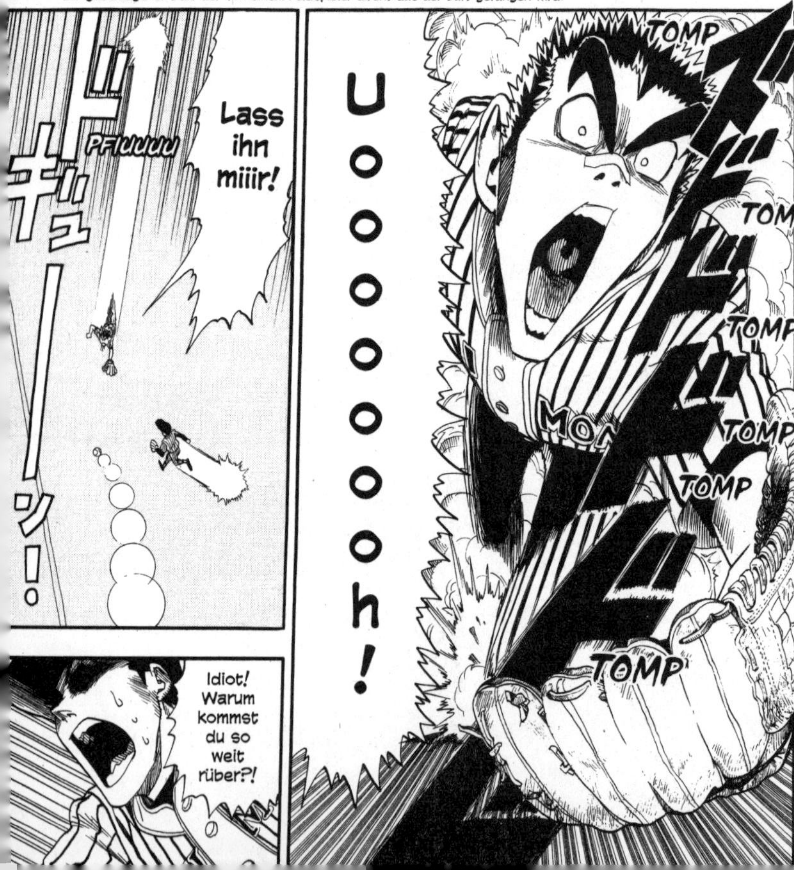

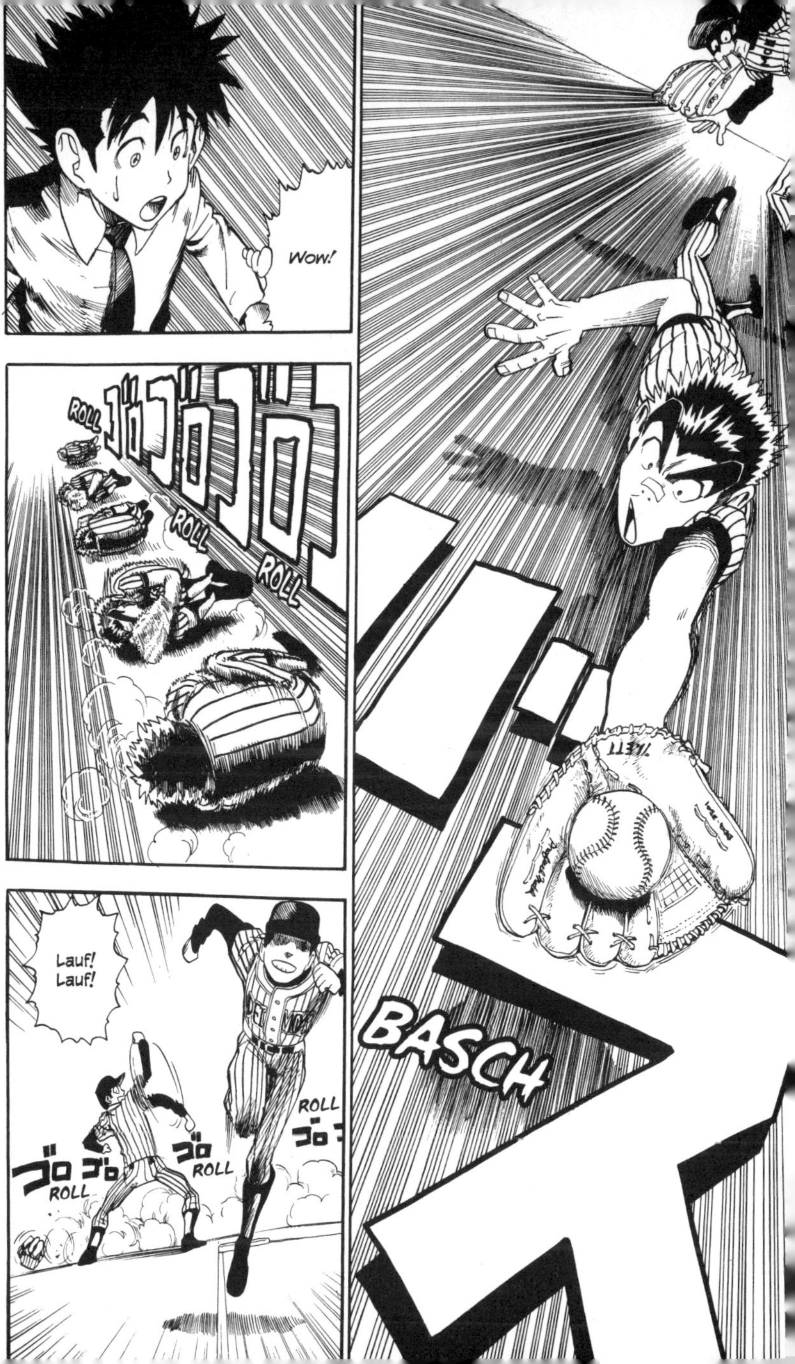

BASCH
Wow!
ROLL
ゴロゴロゴロ
ROLL
ROLL
Lauf!
Lauf!
ROLL
ゴロ
ROLL
ゴロ ゴロ
ROLL

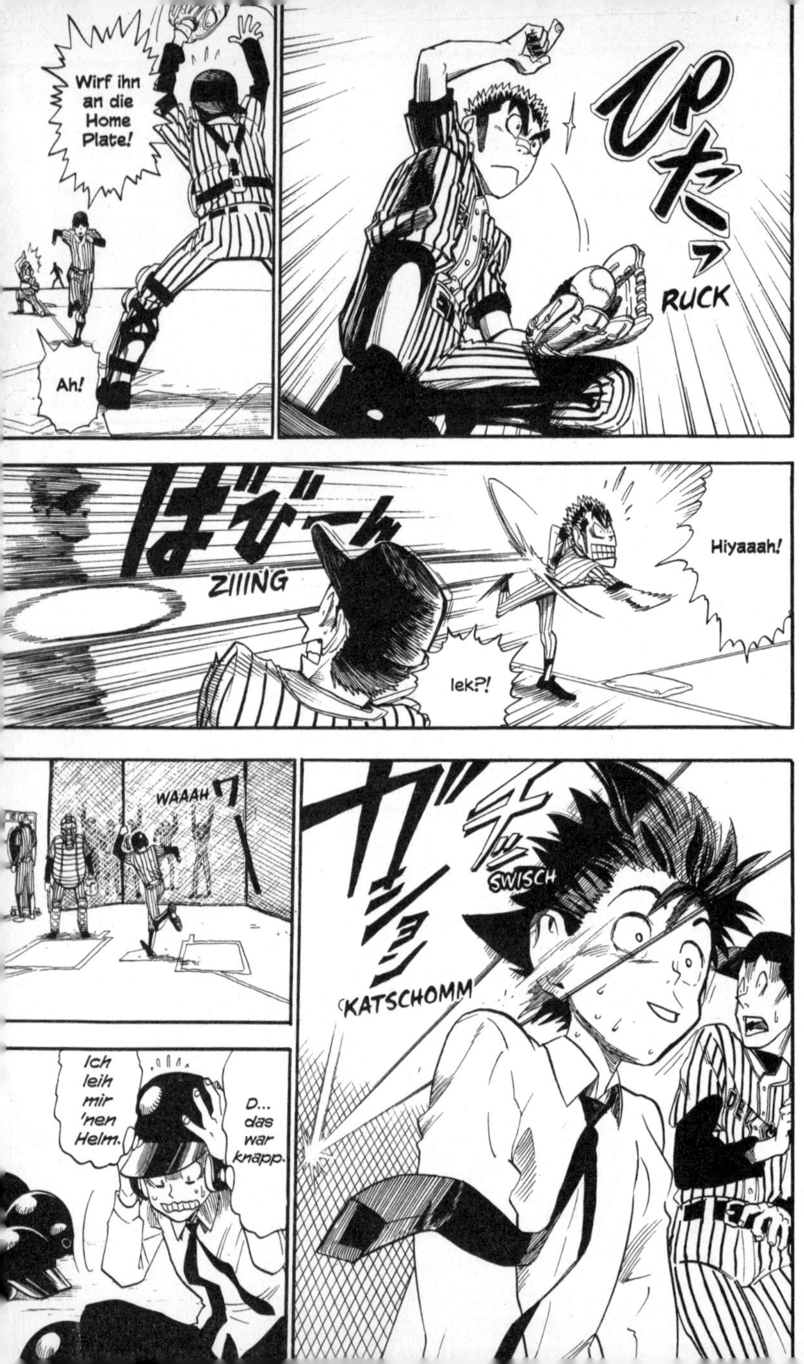
ぴたっ
RUCK
Wirf ihn an die Home Plate!
Ah!
ばびーん
ZIIING
Hiyaaah!
Iek?!
ガッ
SWISCH
ガションッ
KATSCHOMM
WAAAH
D... das war knapp.
Ich leih mir 'nen Helm.

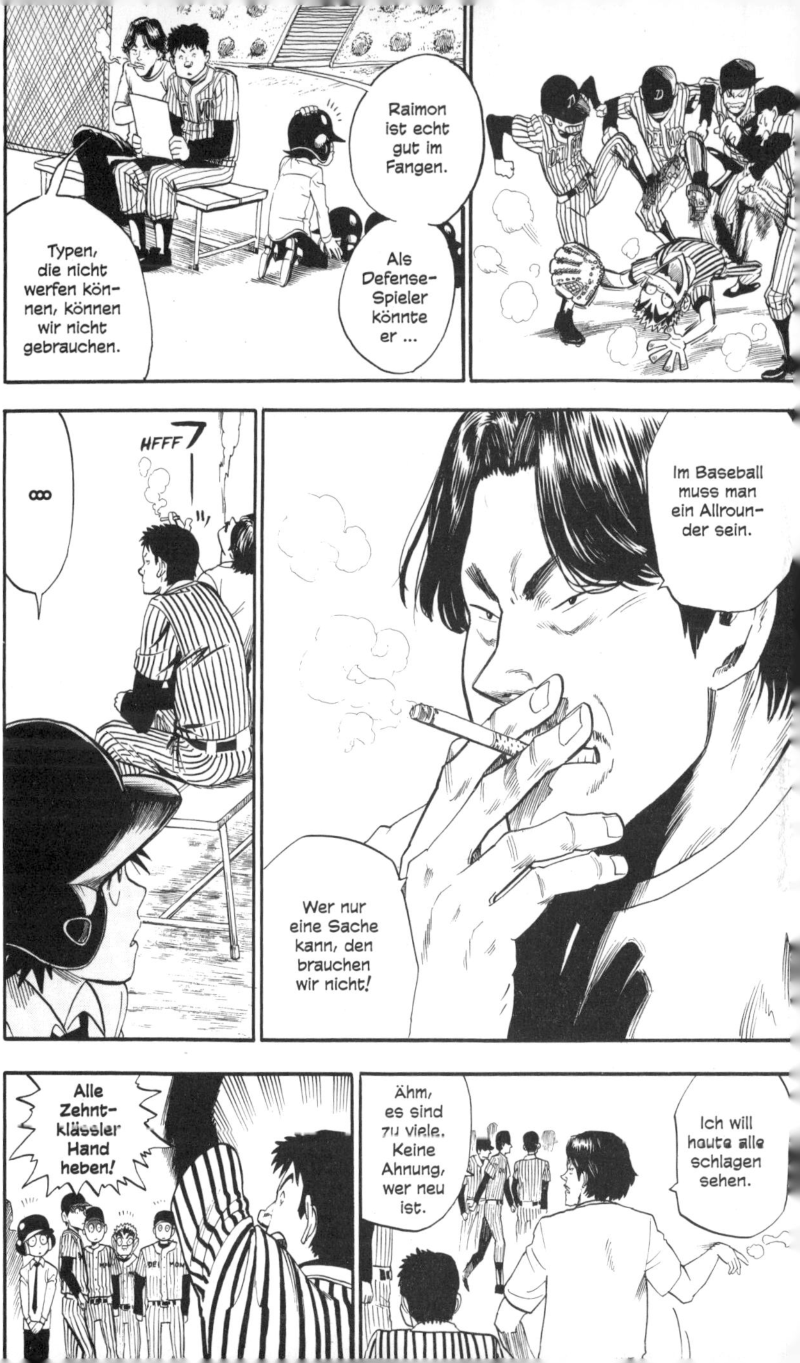
Raimon ist echt gut im Fangen.
Als Defense-Spieler könnte er ...
Typen, die nicht werfen können, können wir nicht gebrauchen.
Im Baseball muss man ein Allrounder sein.
Wer nur eine Sache kann, den brauchen wir nicht!
HFFF
...
Ich will heute alle schlagen sehen.
Ähm, es sind zu viele. Keine Ahnung, wer neu ist.
Alle Zehntklässler Hand heben!

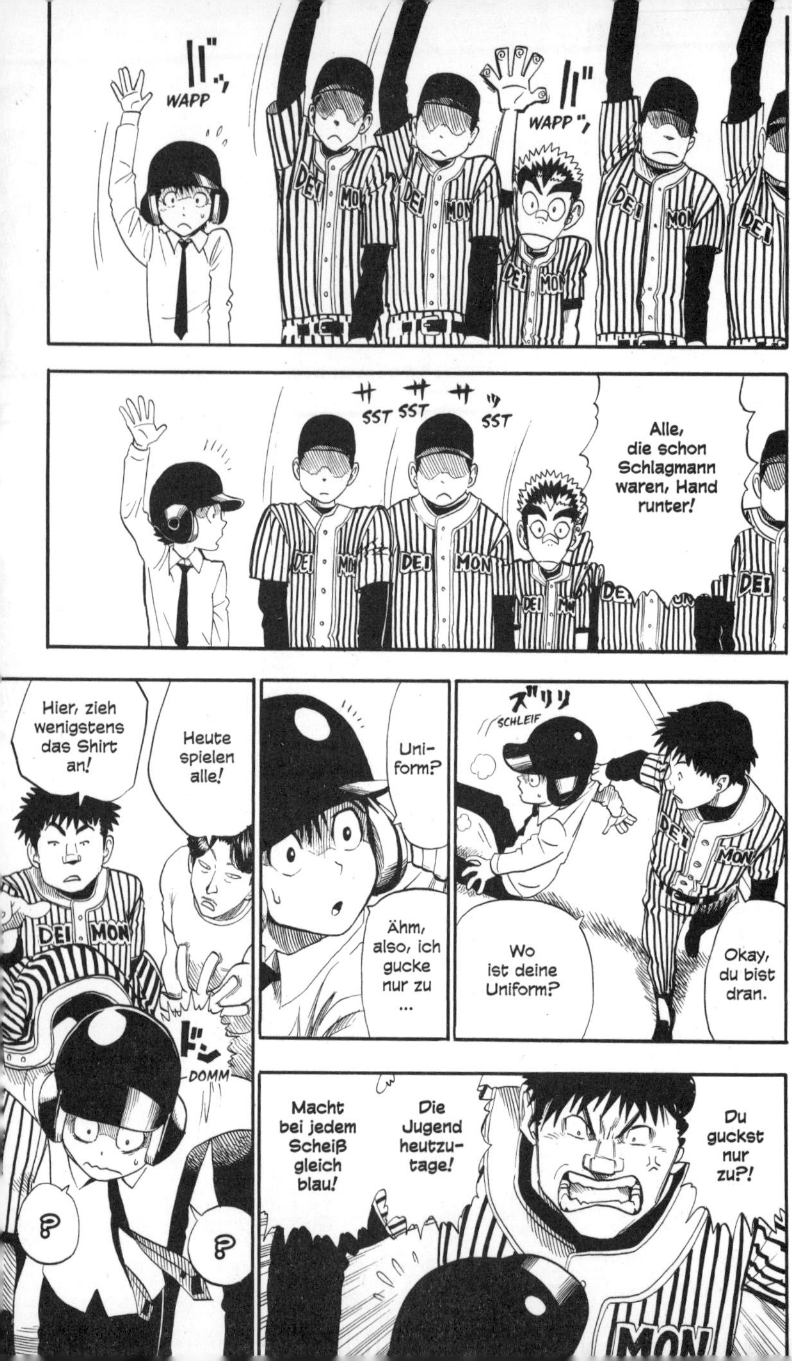
WAPP
WAPP
SST SST SST
Alle, die schon Schlagmann waren, Hand runter!
SCHLEIF
Okay, du bist dran.
Wo ist deine Uniform?
Uni-form?
Ähm, also, ich gucke nur zu ...
Heute spielen alle!
Hier, zieh wenigstens das Shirt an!
DOMM
?
?
Du guckst nur zu?!
Die Jugend heutzutage!
Macht bei jedem Scheiß gleich blau!

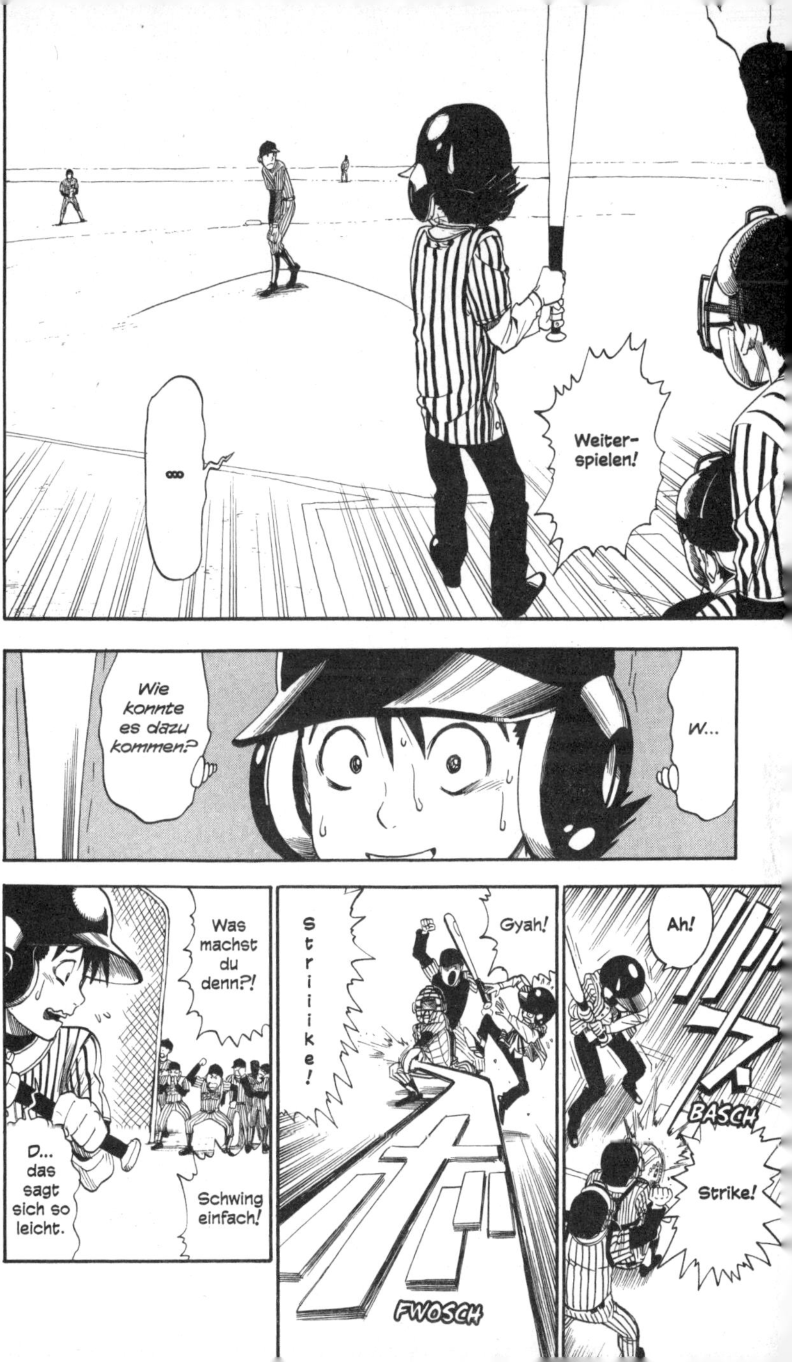
Weiter-
spielen!
...
W...
Wie konnte es dazu kommen?
Ah!
BASCH
Strike!
Gyah!
Striiiike!
FWOSCH
Was machst du denn?!
Schwing einfach!
D... das sagt sich so leicht.

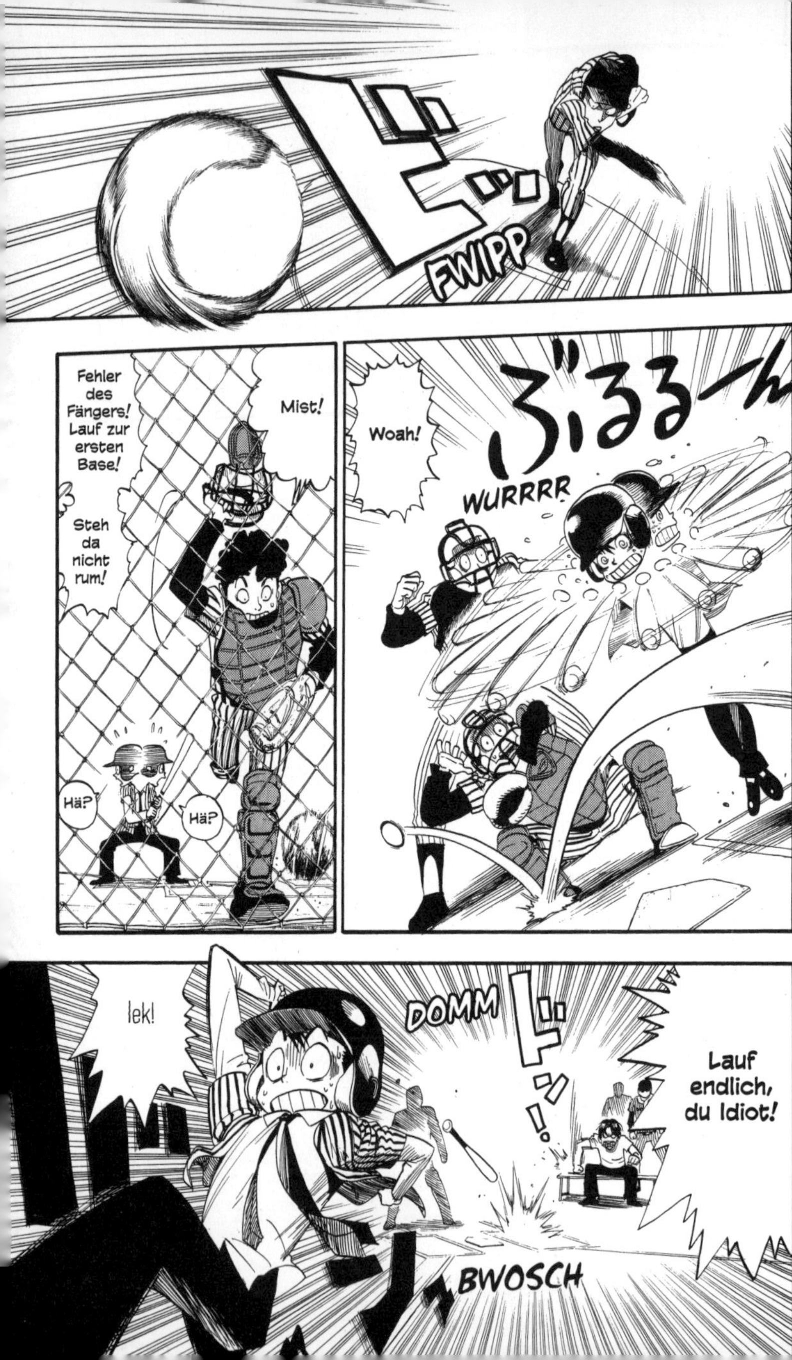

FWIPP
ぶるるーん
WURRRR
Woah!
Mist!
Fehler des Fängers! Lauf zur ersten Base!
Steh da nicht rum!
Hä?
Hä?
DOMM
Lauf endlich, du Idiot!
Iek!
BWOSCH

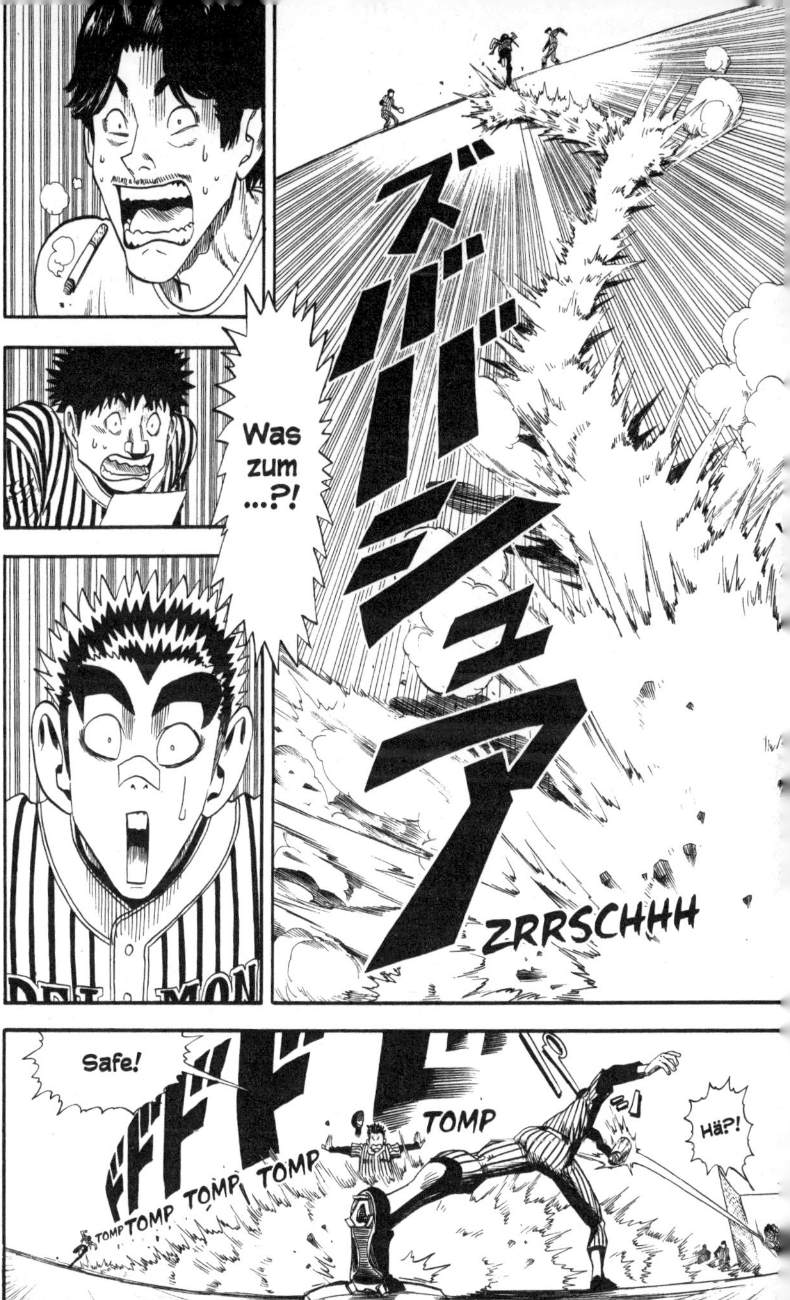
ズバシュア
ZRRSCHHH
Was zum ...?!
Hä?!
TOMP
TOMP TOMP TOMP
TOMP TOMP
Safe!

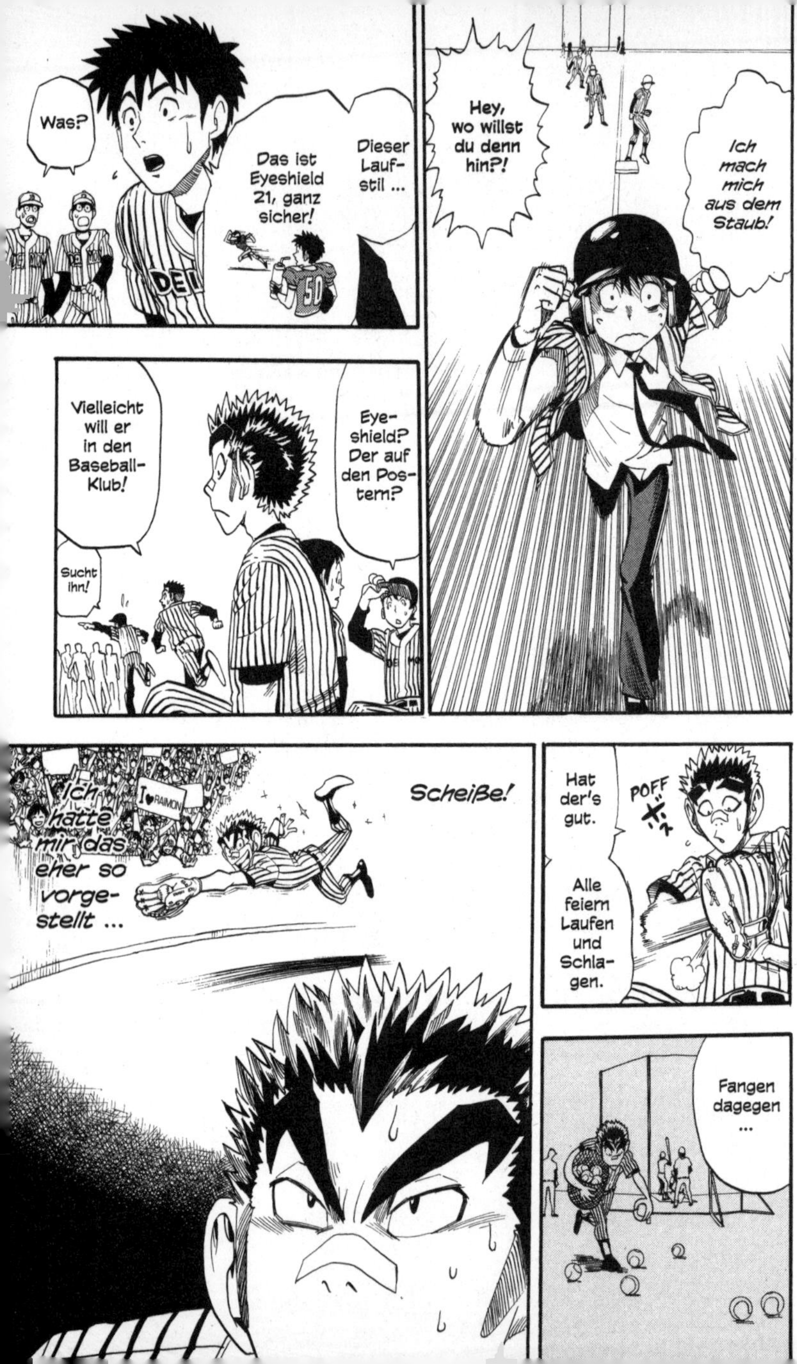
Hey, wo willst du denn hin?!
Ich mach mich aus dem Staub!
Dieser Lauf-stil ...
Das ist Eyeshield 21, ganz sicher!
Was?
Eye-shield? Der auf den Pos-tem?
Vielleicht will er in den Baseball-Klub!
Sucht ihn!
POFF
Hat der's gut.
Alle feiern Laufen und Schla-gen.
Scheiße!
Ich hatte mir das eher so vorge-stellt ...
Fangen dagegen ...

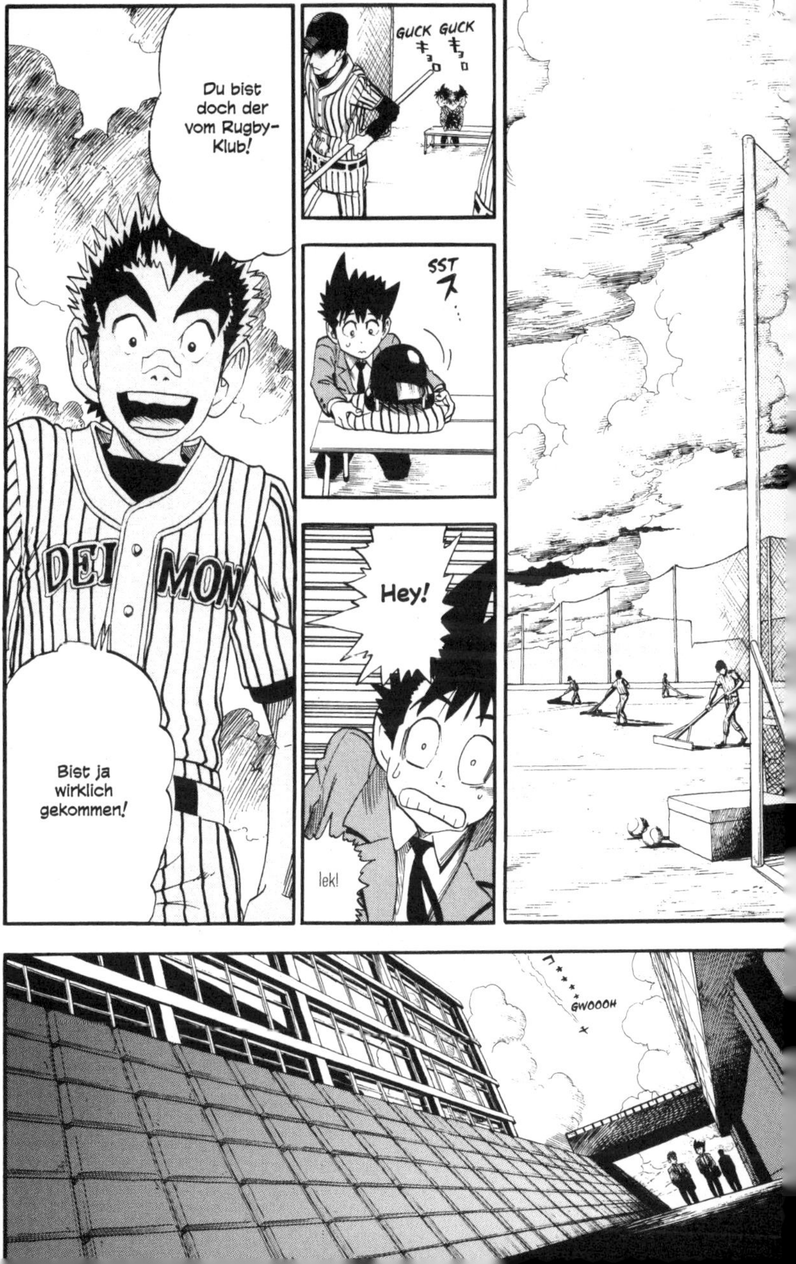
GUCK GUCK
SST
Hey!
Iek!
Du bist doch der vom Rugby-Klub!
Bist ja wirklich gekommen!
GWOOOH

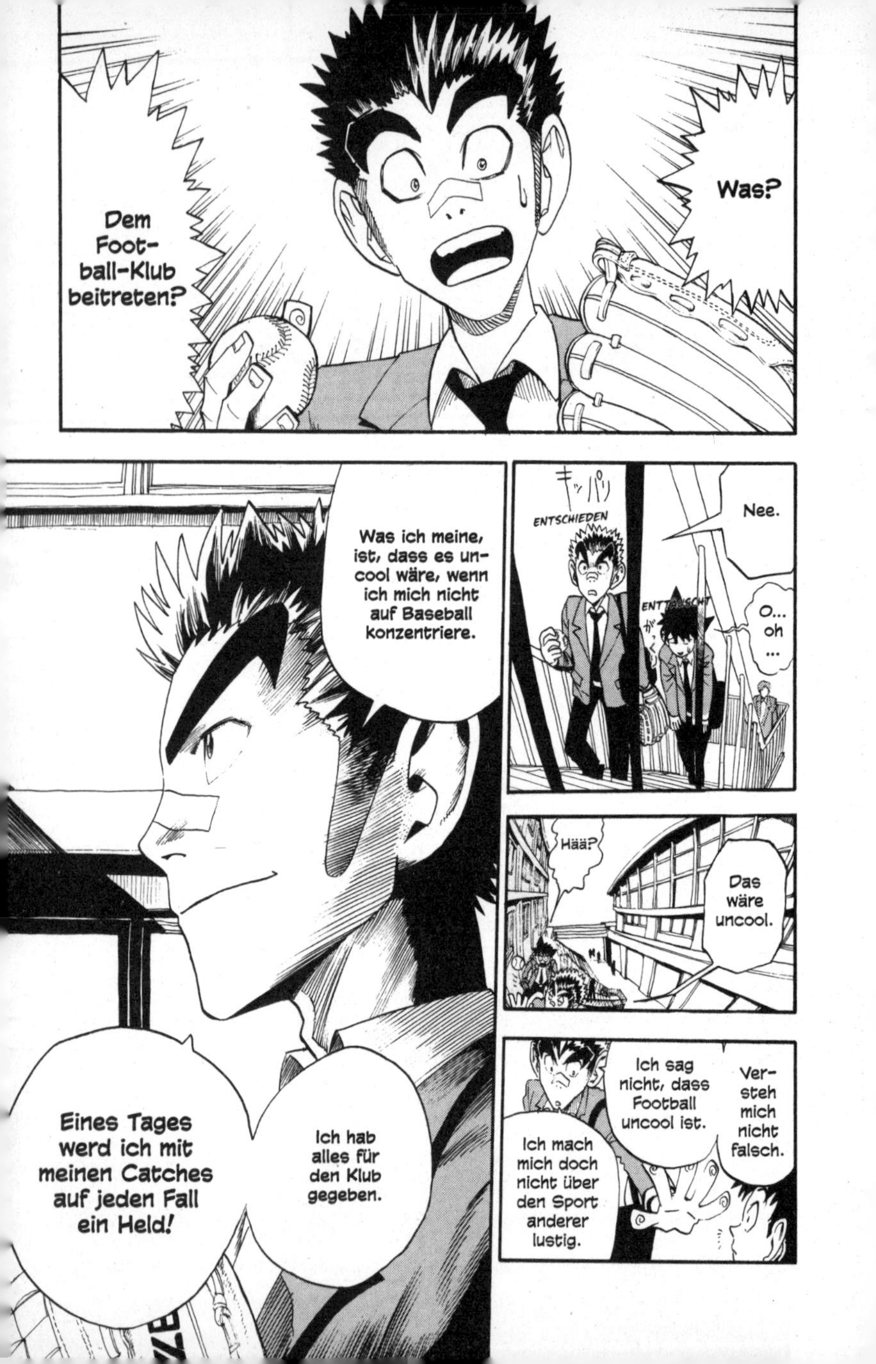

Was?
Dem Foot-
ball-Klub
beitreten?
キッパリ
ENTSCHIEDEN
Nee.
ENTTÄUSCHT
O...
oh
...
Hää?
Das
wäre
uncool.
Ver-
steh
mich
nicht
falsch.
Ich sag
nicht, dass
Football
uncool ist.
Ich mach
mich doch
nicht über
den Sport
anderer
lustig.
Was ich meine,
ist, dass es un-
cool wäre, wenn
ich mich nicht
auf Baseball
konzentriere.
Ich hab
alles für
den Klub
gegeben.
Eines Tages
werd ich mit
meinen Catches
auf jeden Fall
ein Held!

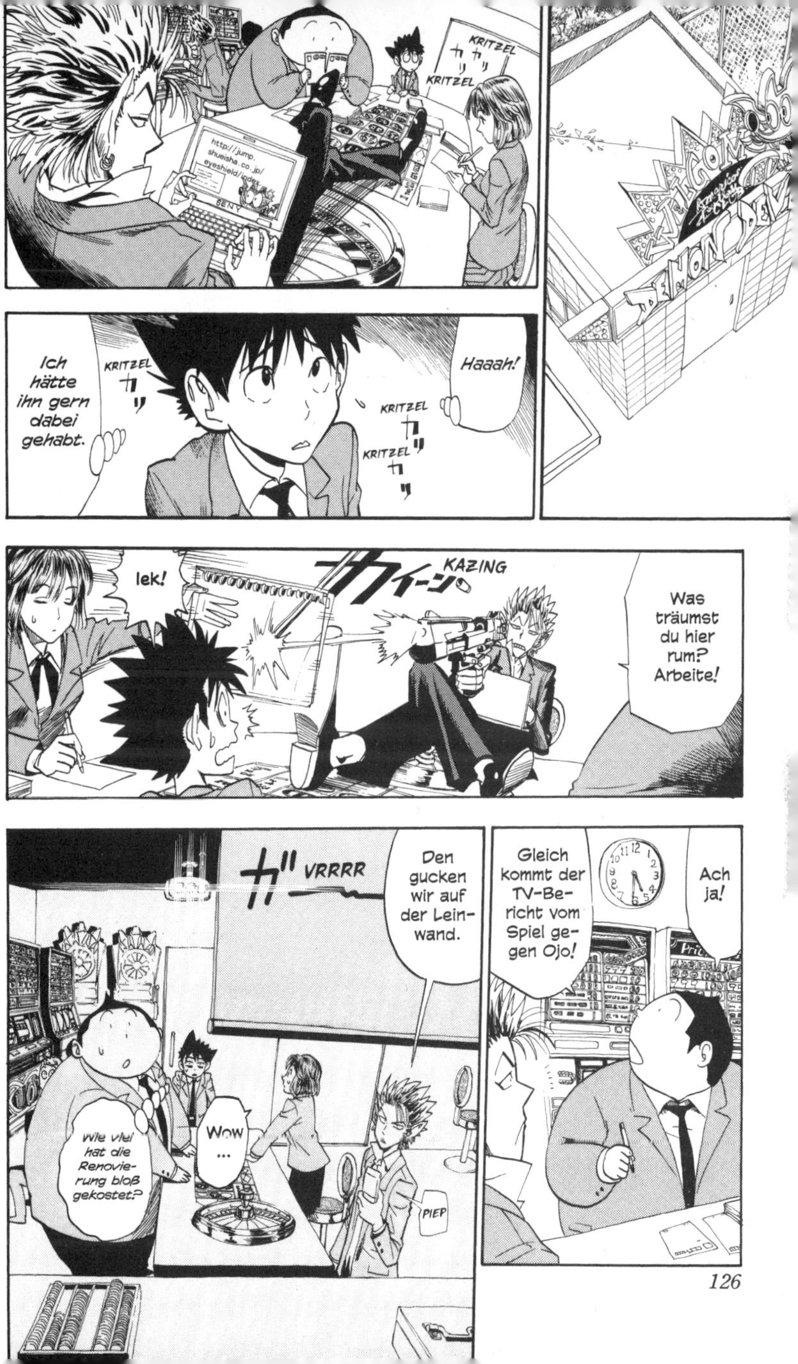
KRITZEL
KRITZEL
Haaah!
KRITZEL
KRITZEL
KRITZEL
Ich hätte ihn gern dabei gehabt.
Was träumst du hier rum? Arbeite!
KAZING
Iek!
Ach ja!
Gleich kommt der TV-Bericht vom Spiel gegen Ojo!
Den gucken wir auf der Leinwand.
VRRRR
PIEP
Wow ...
Wie viel hat die Renovierung bloß gekostet?

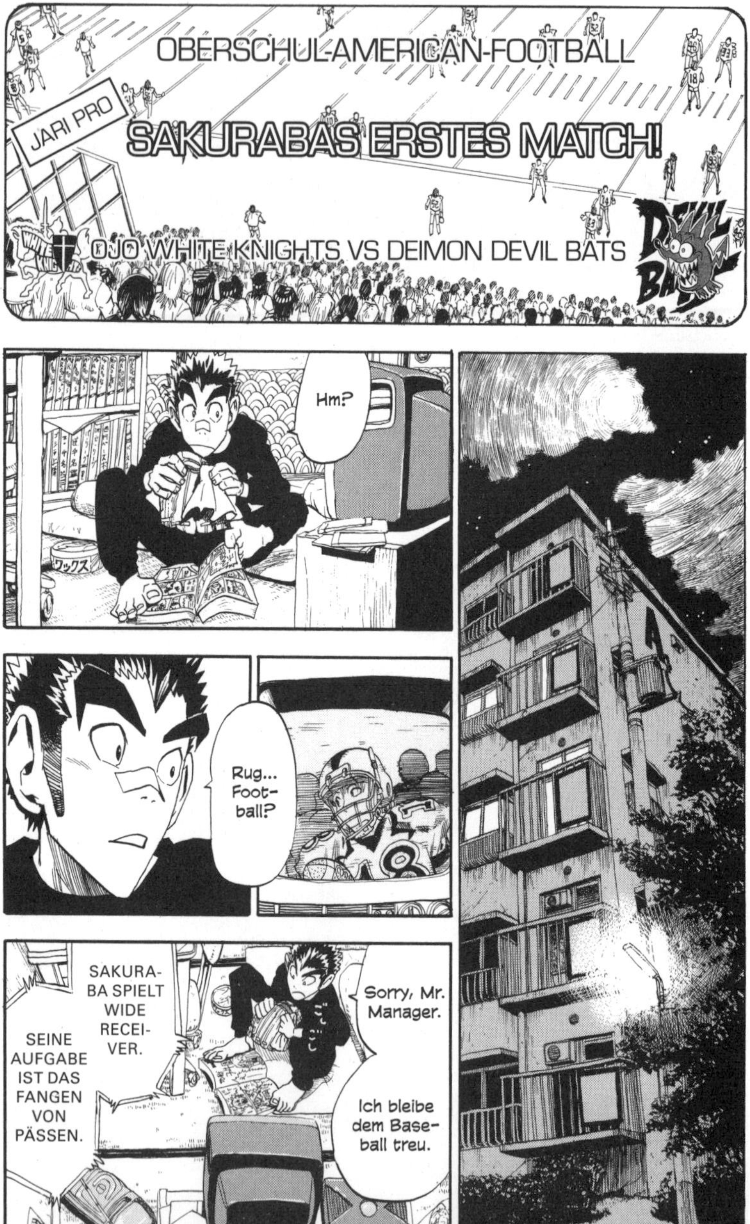
OBERSCHUL-AMERICAN-FOOTBALL
JARI PRO
SAKURABAS ERSTES MATCH!
OJO WHITE KNIGHTS VS DEIMON DEVIL BATS
Hm?
Rug... Foot-ball?
Sorry, Mr. Manager.
Ich bleibe dem Base-ball treu.
SAKURA-BA SPIELT WIDE RECEI-VER.
SEINE AUFGABE IST DAS FANGEN VON PÄSSEN.

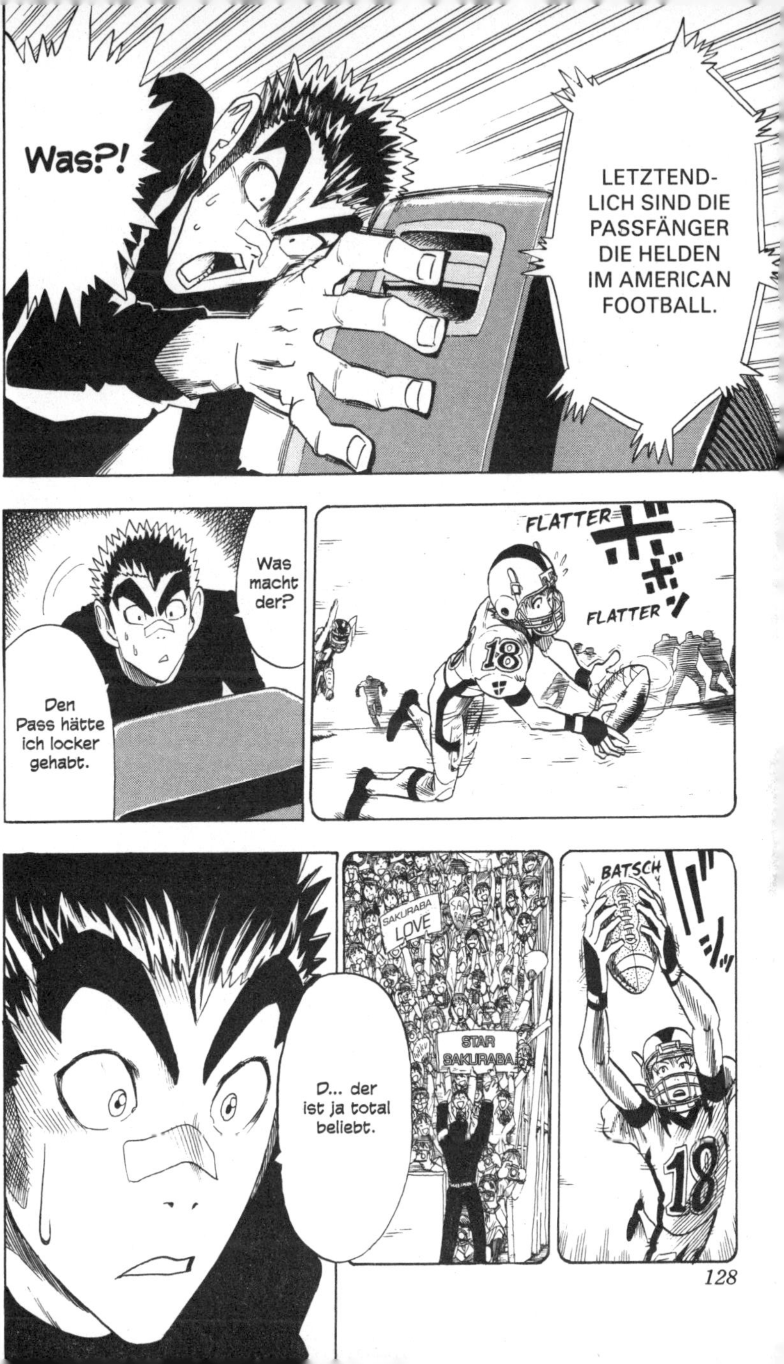
LETZTEND-
LICH SIND DIE
PASSFÄNGER
DIE HELDEN
IM AMERICAN
FOOTBALL.
Was?!
FLATTER
FLATTER
Was macht der?
Den Pass hätte ich locker gehabt.
BATSCH
SAKURABA LOVE
STAR SAKURABA
D... der ist ja total beliebt.

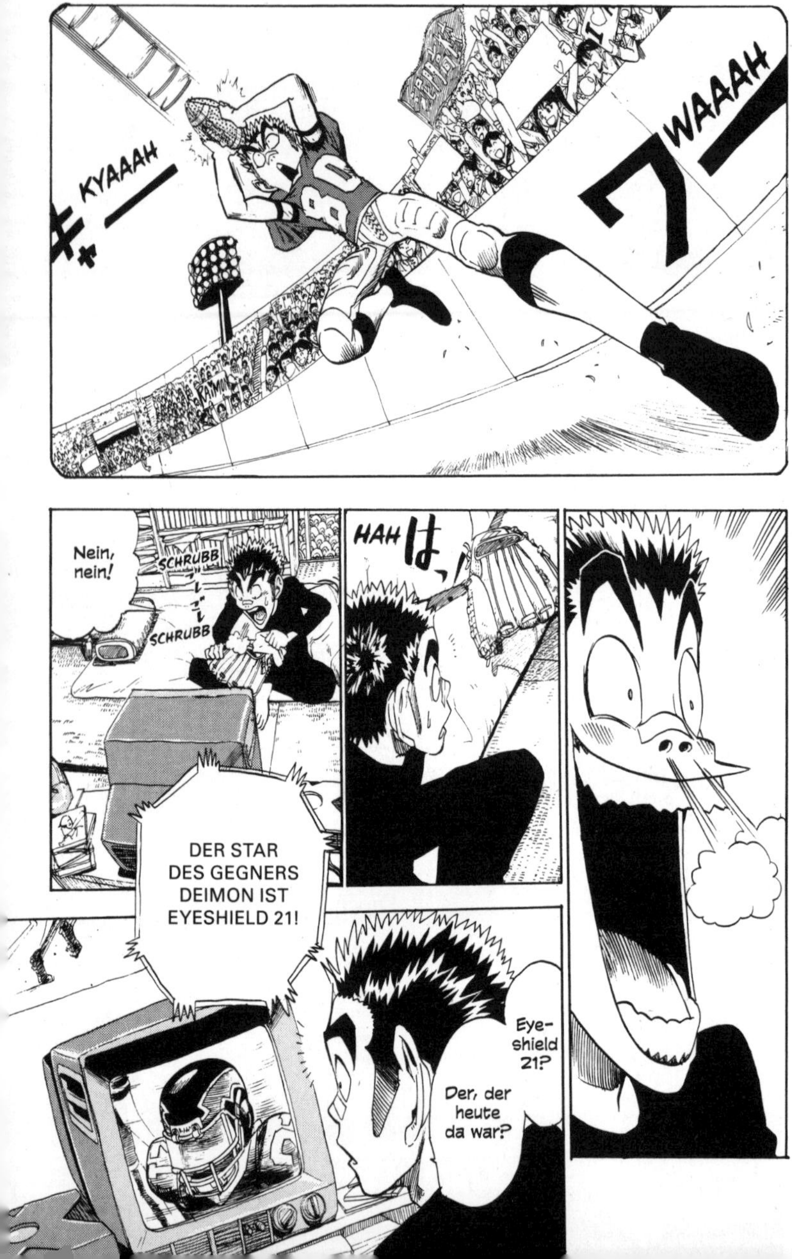
WAAAH
KYAAAH
HAH
Nein, nein!
SCHRUBB
SCHRUBB
DER STAR DES GEGNERS DEIMON IST EYESHIELD 21!
Eye-shield 21?
Der, der heute da war?

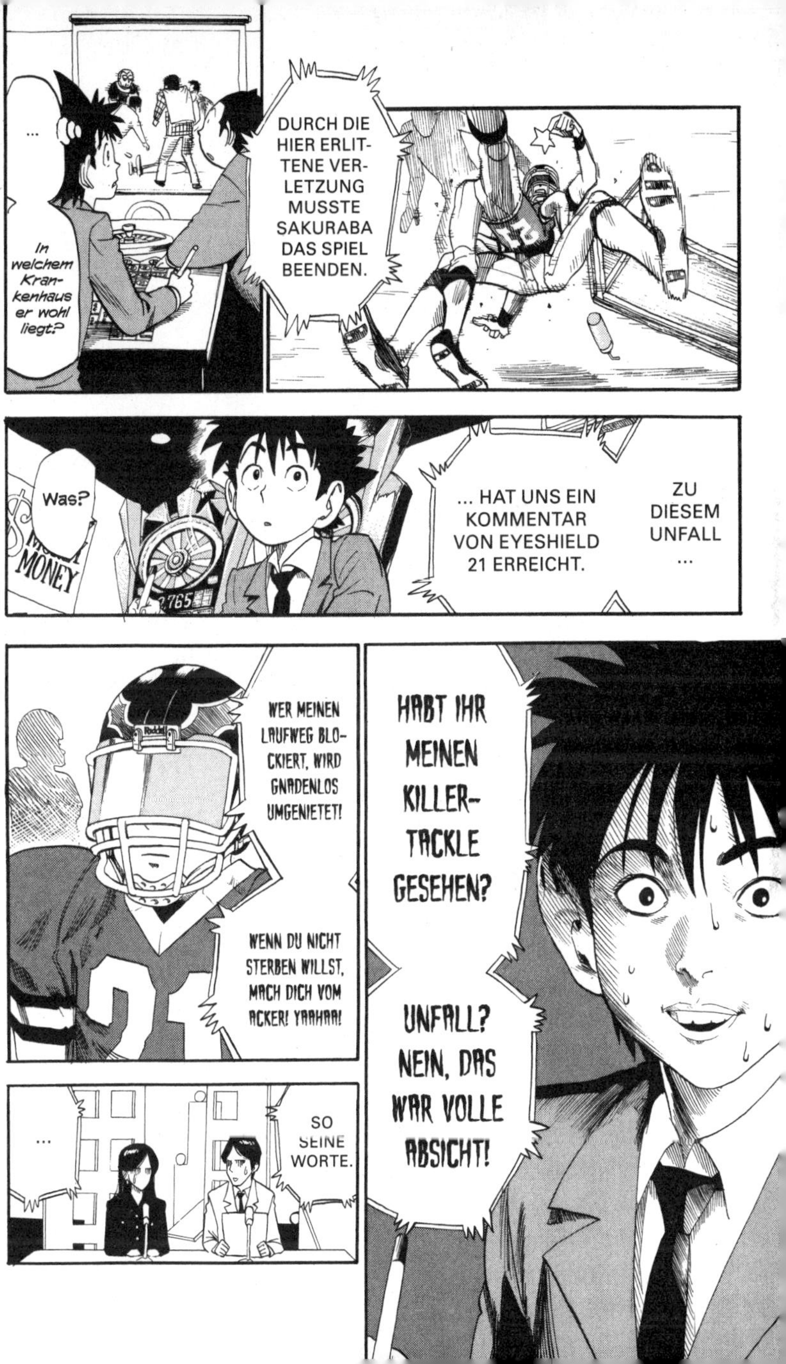
DURCH DIE HIER ERLITTENE VERLETZUNG MUSSTE SAKURABA DAS SPIEL BEENDEN.
...
In welchem Krankenhaus er wohl liegt?
ZU DIESEM UNFALL ...
... HAT UNS EIN KOMMENTAR VON EYESHIELD 21 ERREICHT.
Was?
MONEY
2765
HABT IHR MEINEN KILLER-TACKLE GESEHEN?
UNFALL? NEIN, DAS WAR VOLLE ABSICHT!
WER MEINEN LAUFWEG BLOCKIERT, WIRD GNADENLOS UMGENIETET!
WENN DU NICHT STERBEN WILLST, MACH DICH VOM ACKER! YAAHAA!
SO SEINE WORTE.
...

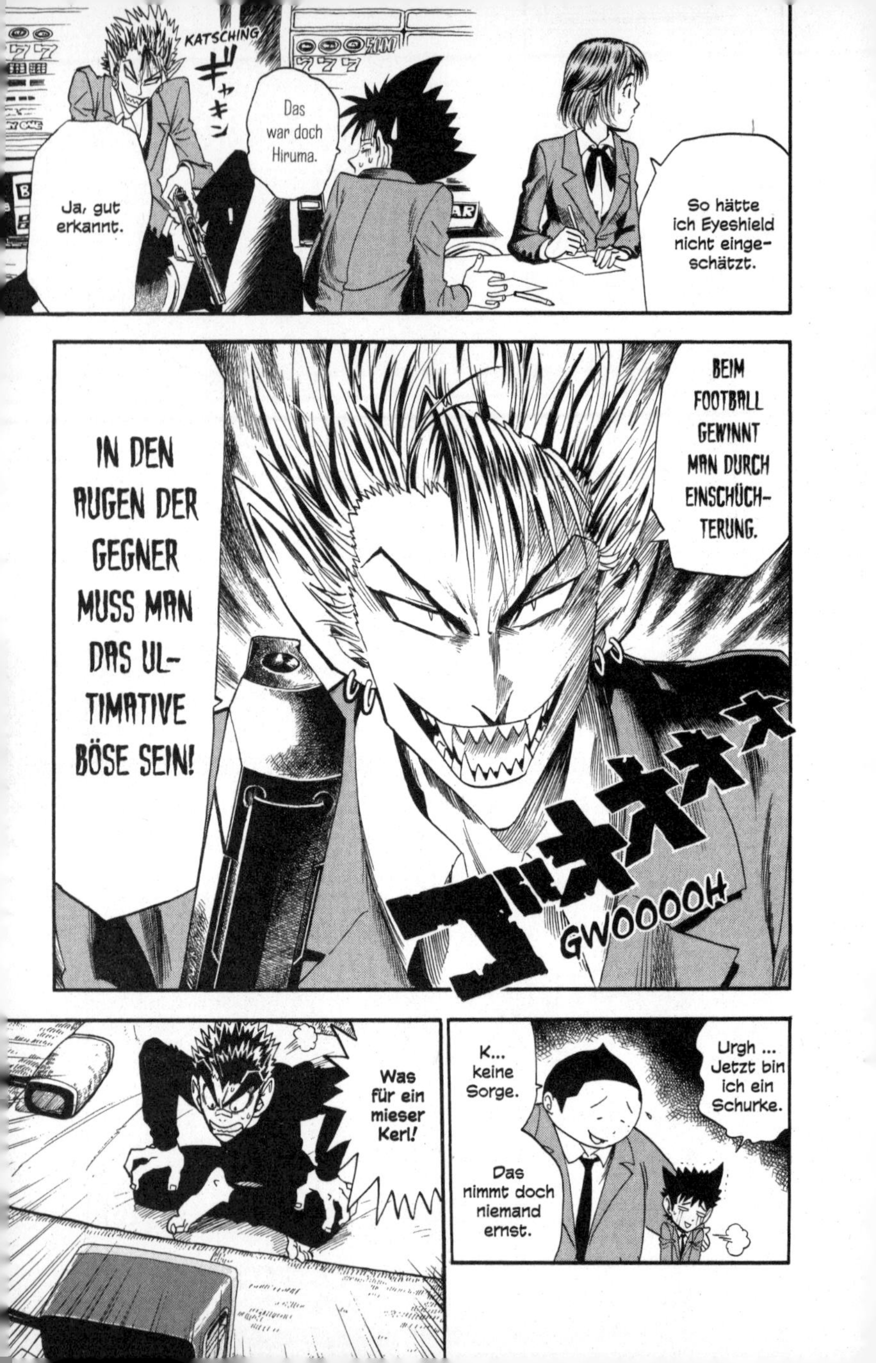
So hätte ich Eyeshield nicht eingeschätzt.
Das war doch Hiruma.
KATSCHING
Ja, gut erkannt.
BEIM FOOTBALL GEWINNT MAN DURCH EINSCHÜCHTERUNG.
IN DEN AUGEN DER GEGNER MUSS MAN DAS ULTIMATIVE BÖSE SEIN!
GWOOOOH
Urgh ... Jetzt bin ich ein Schurke.
K... keine Sorge.
Das nimmt doch niemand ernst.
Was für ein mieser Kerl!

RATE MAL! WEM GEHÖREN DIESE HÄNDE?

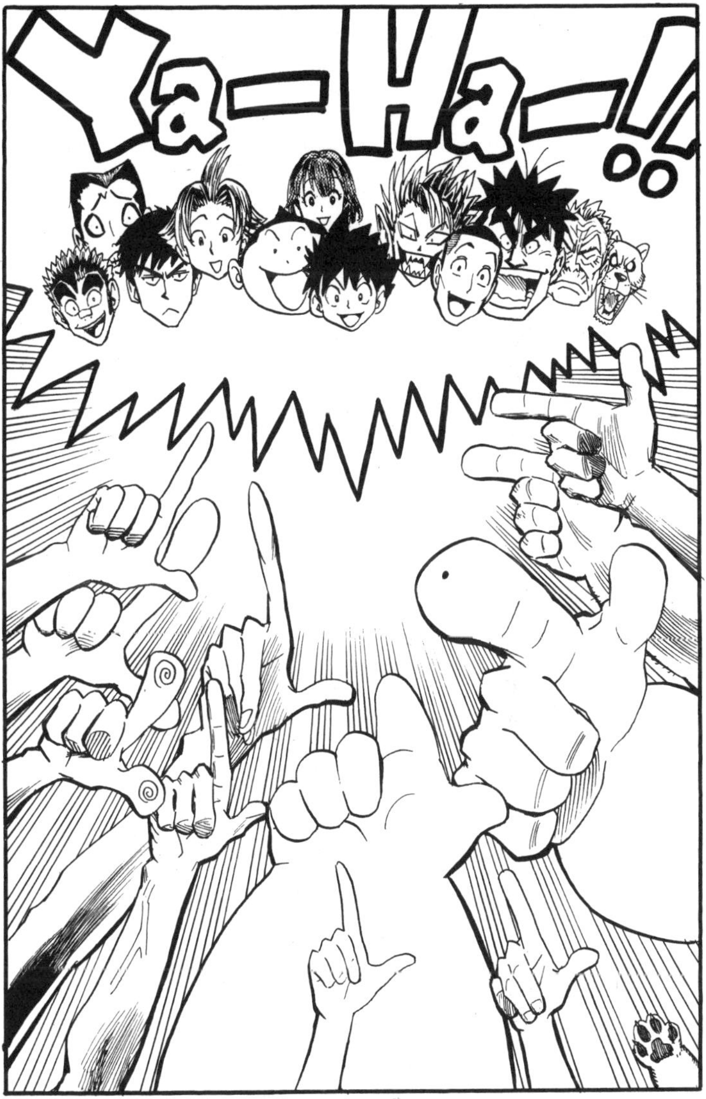

DIE LÖSUNG FINDEST DU AUF SEITE 174!

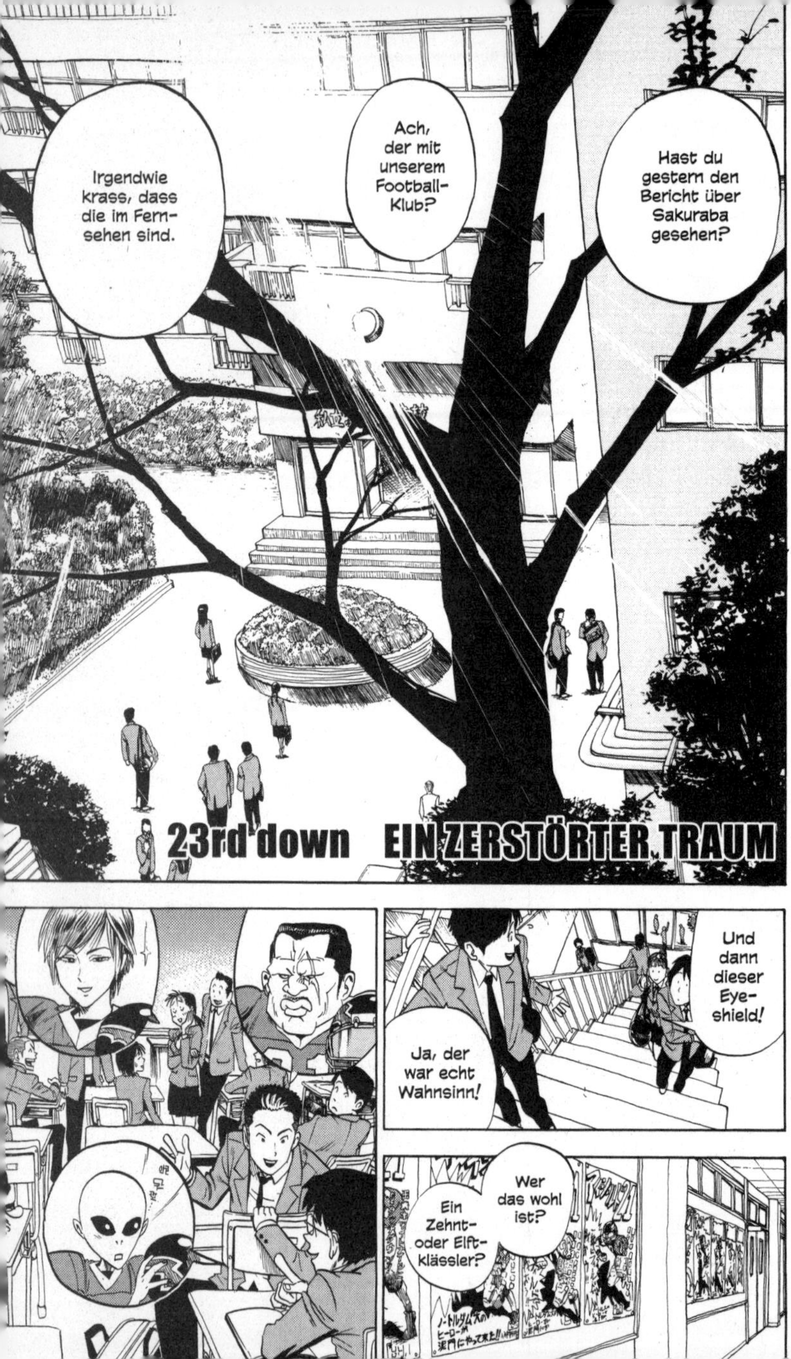
Hast du gestern den Bericht über Sakuraba gesehen?
Ach, der mit unserem Football-Klub?
Irgendwie krass, dass die im Fern-sehen sind.
23rd down EIN ZERSTÖRTER TRAUM
Und dann dieser Eye-shield!
Ja, der war echt Wahnsinn!
Wer das wohl ist?
Ein Zehnt- oder Elft-klässler?

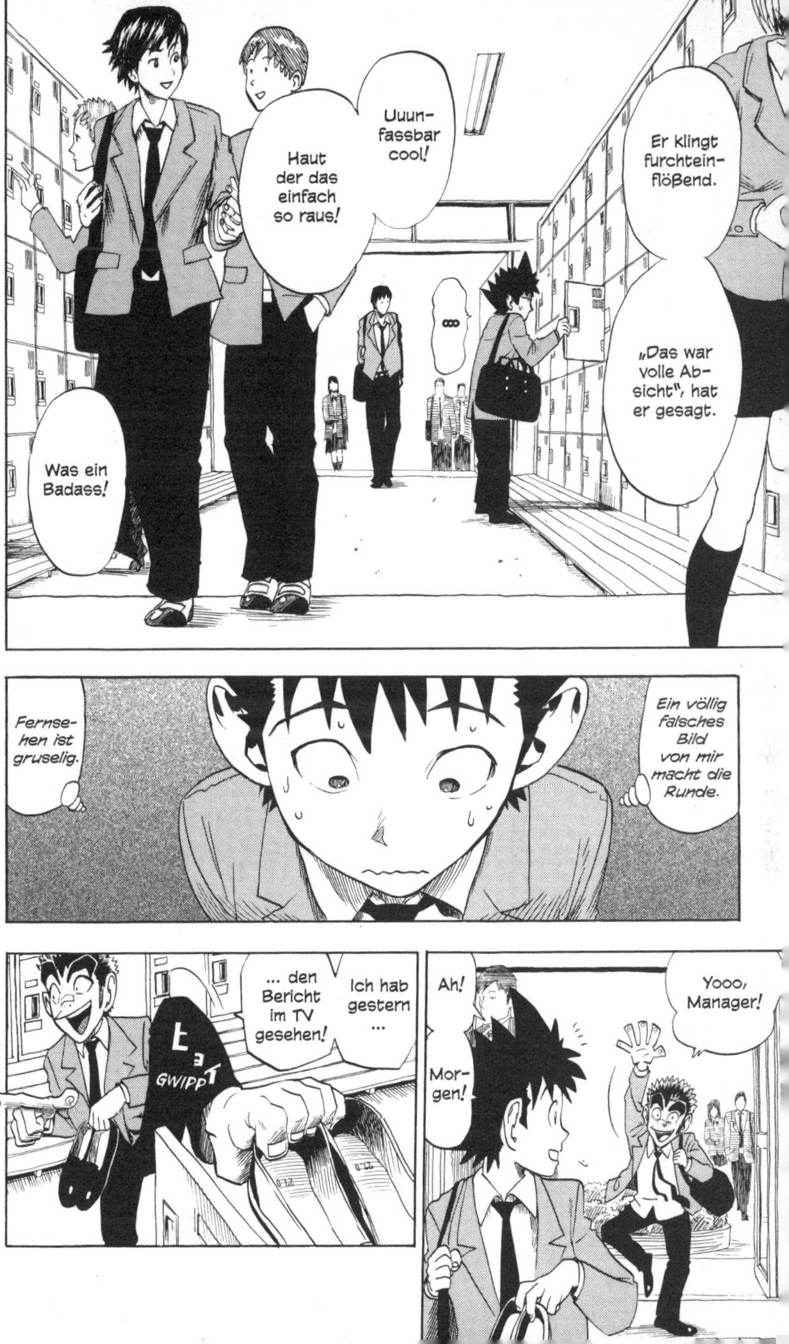
Er klingt furchteinflößend.
„Das war volle Absicht", hat er gesagt.
...
Uuun-fassbar cool!
Haut der das einfach so raus!
Was ein Badass!
Ein völlig falsches Bild von mir macht die Runde.
Fernsehen ist gruselig.
Yooo, Manager!
Ah!
Morgen!
Ich hab gestern ...
... den Bericht im TV gesehen!
GWIPP

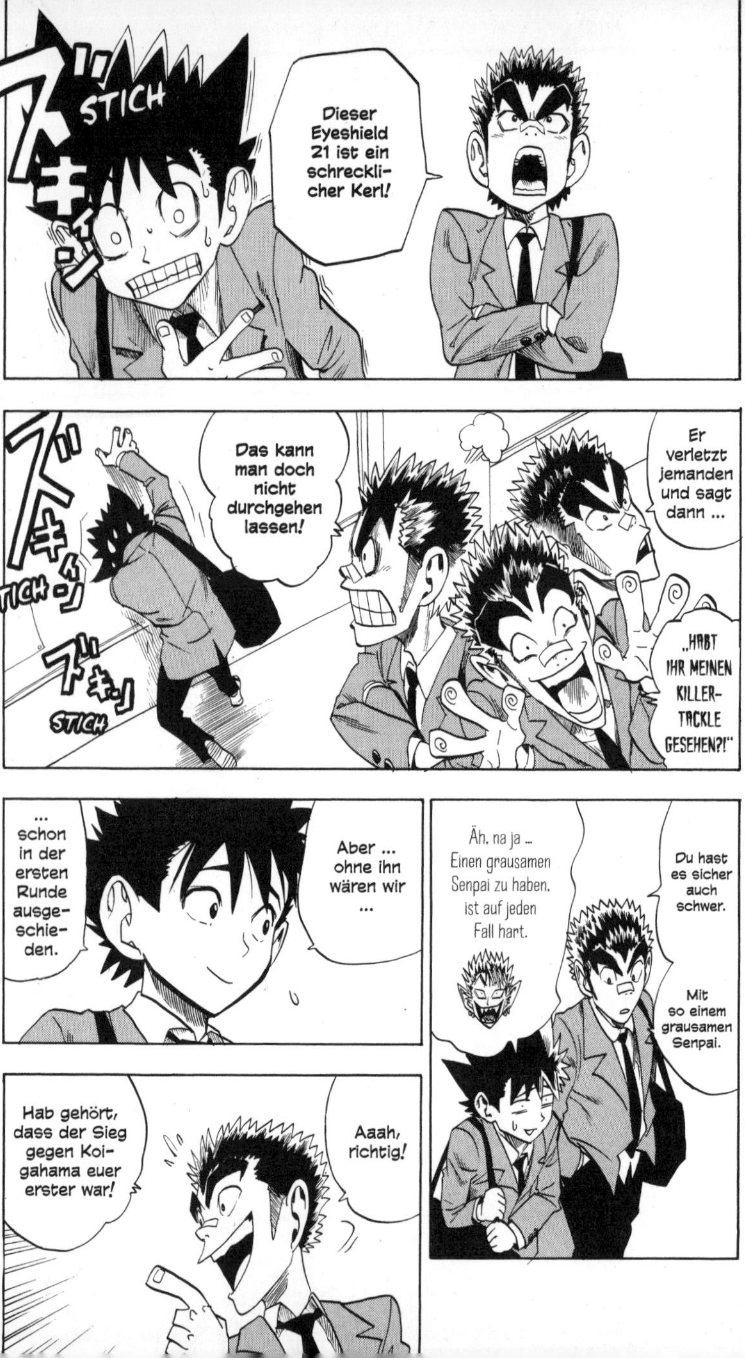

Dieser Eyeshield 21 ist ein schreckli-cher Kerl!
STICH
Er verletzt jemanden und sagt dann ...
„HABT IHR MEINEN KILLER-TACKLE GESEHEN?!"
Das kann man doch nicht durchgehen lassen!
STICH
STICH
Du hast es sicher auch schwer.
Mit so einem grausamen Senpai.
Äh, na ja ... Einen grausamen Senpai zu haben, ist auf jeden Fall hart.
Aber ... ohne ihn wären wir ...
... schon in der ersten Runde ausge-schie-den.
Aaah, richtig!
Hab gehört, dass der Sieg gegen Koi-gahama euer erster war!

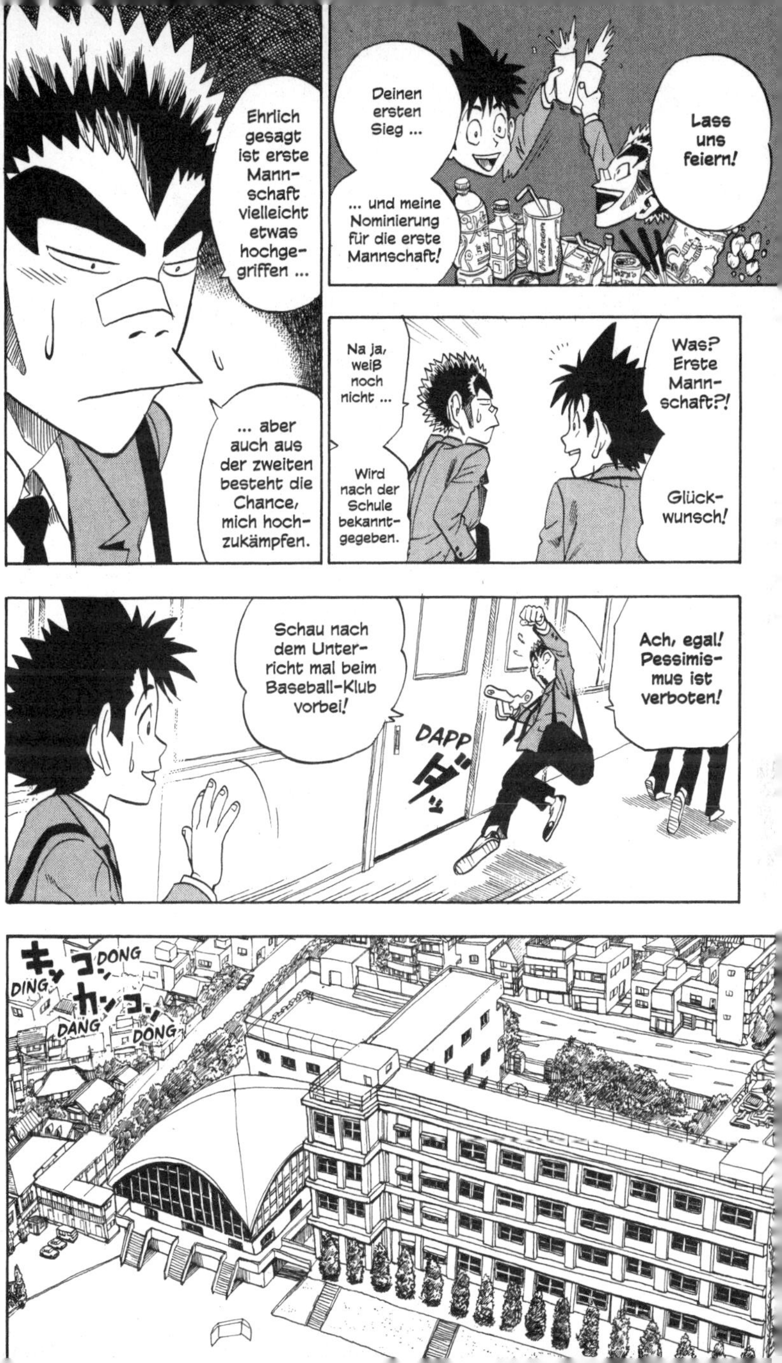
Lass uns feiern!
Deinen ersten Sieg ...
... und meine Nominierung für die erste Mannschaft!
Was? Erste Mannschaft?!
Glückwunsch!
Na ja, weiß noch nicht ...
Wird nach der Schule bekanntgegeben.
Ehrlich gesagt ist erste Mannschaft vielleicht etwas hochgegriffen ...
... aber auch aus der zweiten besteht die Chance, mich hochzukämpfen.
Ach, egal! Pessimismus ist verboten!
DAPP
Schau nach dem Unterricht mal beim Baseball-Klub vorbei!
DING DONG
DANG DONG

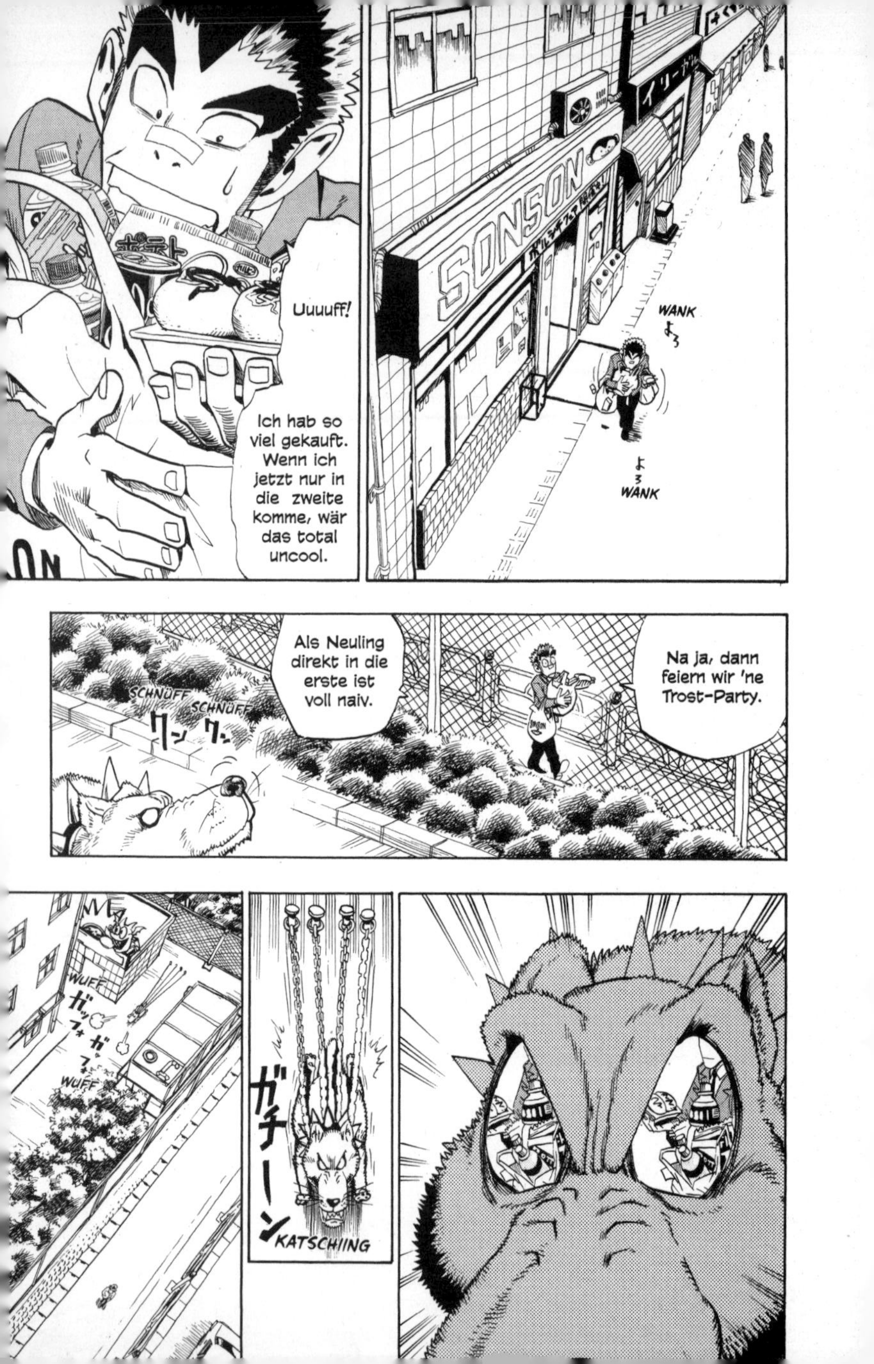

WANK
よろ
よろ
WANK
Uuuuff!
Ich hab so viel gekauft. Wenn ich jetzt nur in die zweite komme, wär das total uncool.
Na ja, dann feiern wir 'ne Trost-Party.
Als Neuling direkt in die erste ist voll naiv.
SCHNÜFF
SCHNÜFF
クン クン
ガチーン
KATSCHIING
WUFF
ガッ
フォ
ガ
フォ
WUFF

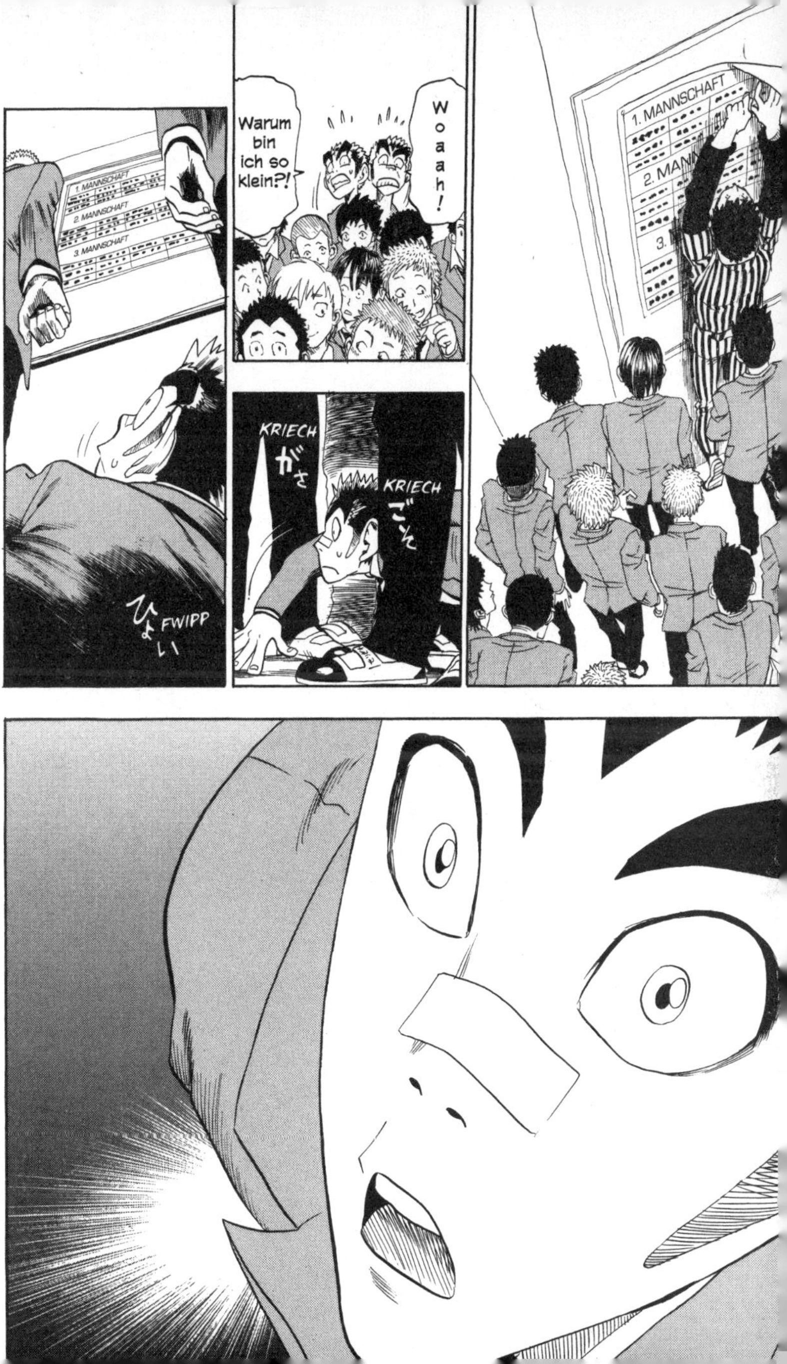
1. MANNSCHAFT
2. MANN
3.
Woaah!
Warum bin ich so klein?!
KRIECH
がさ
KRIECH
ごそ
1. MANNSCHAFT
2. MANNSCHAFT
3. MANNSCHAFT
ひょい
FWIPP

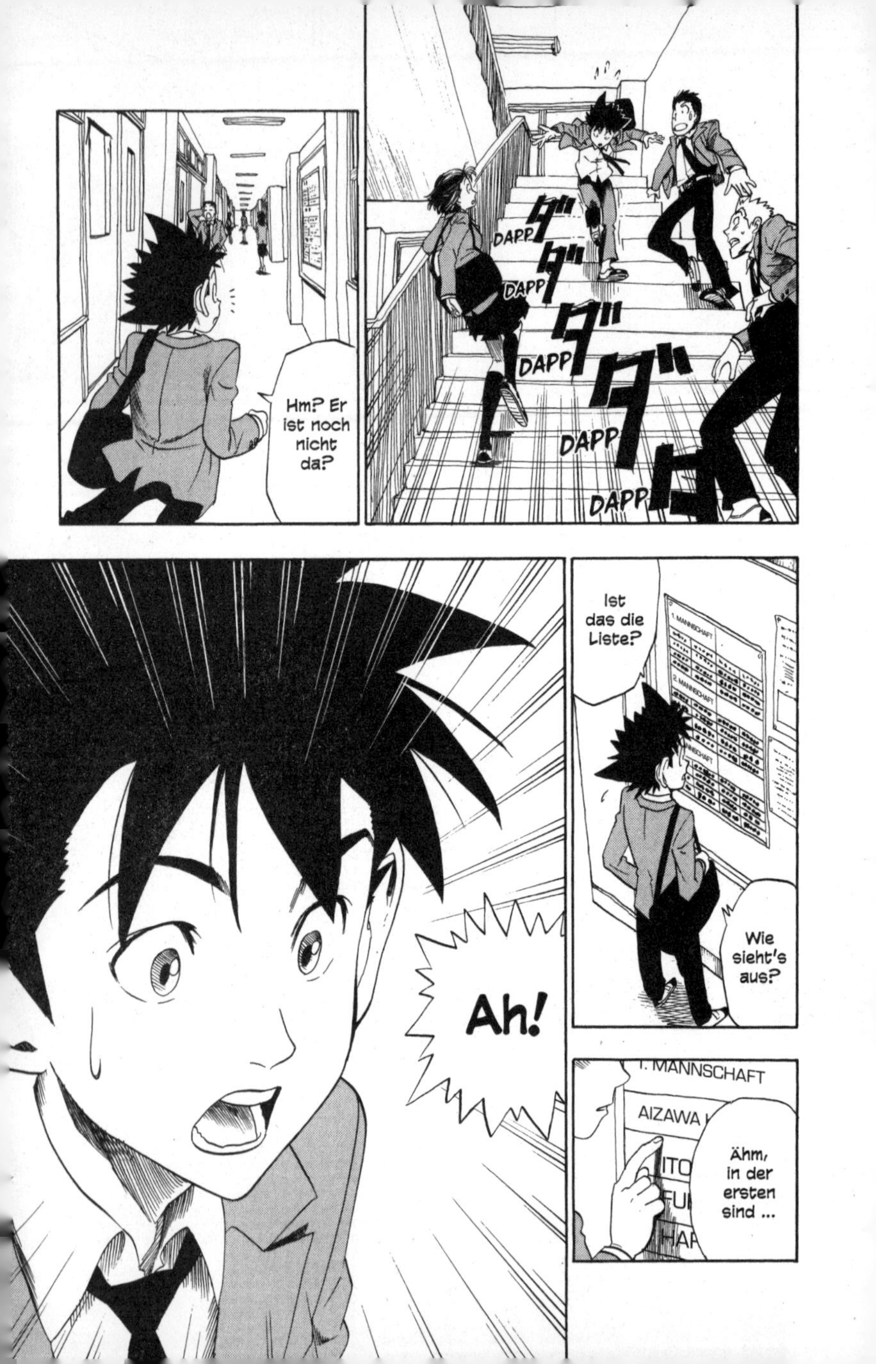
DAPP
DAPP
DAPP
DAPP
DAPP
Hm? Er ist noch nicht da?
Ist das die Liste?
1. MANNSCHAFT
2. MANNSCHAFT
Wie sieht's aus?
1. MANNSCHAFT
AIZAWA
ITO
Ähm, in der ersten sind ...
Ah!

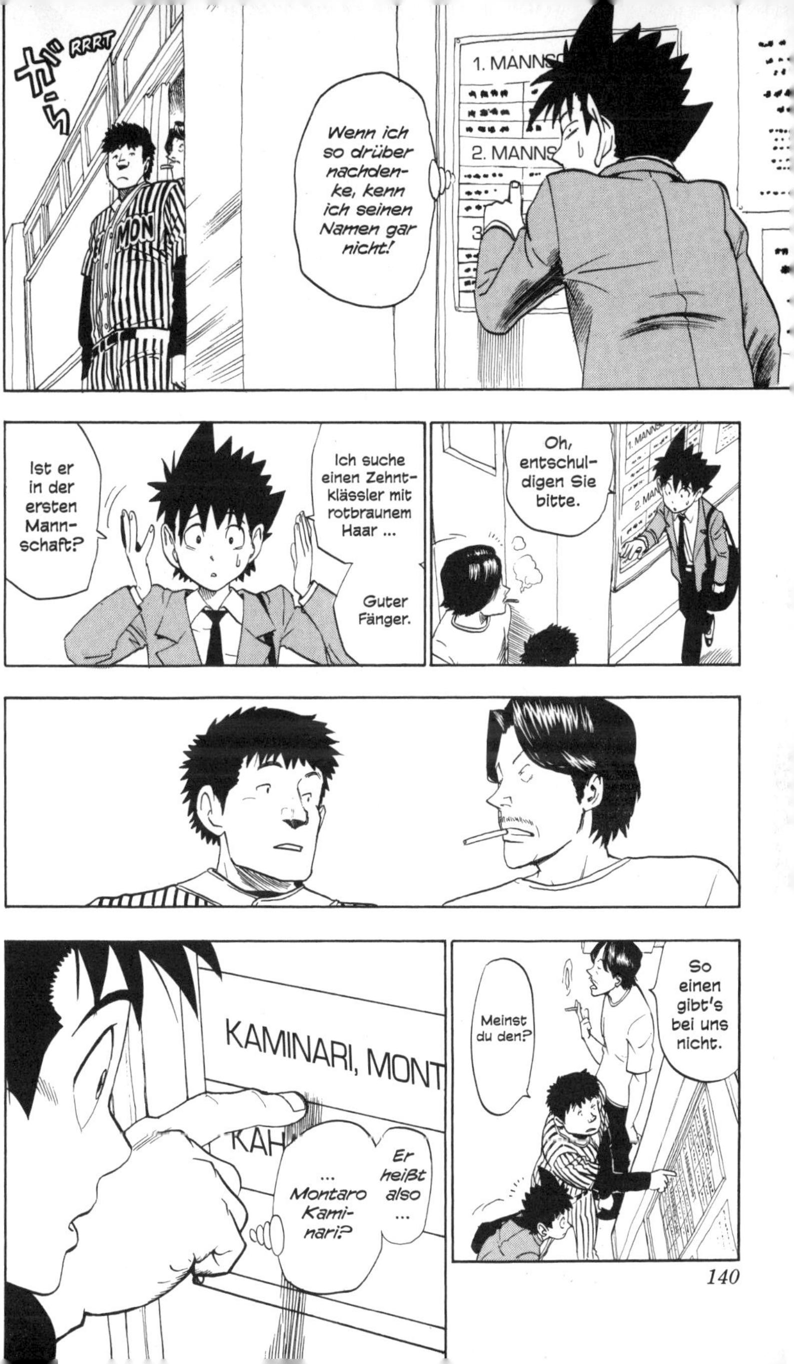
RRRT
1. MANNS
2. MANNS
Wenn ich so drüber nachden-ke, kenn ich seinen Namen gar nicht!
Oh, entschul-digen Sie bitte.
Ich suche einen Zehnt-klässler mit rotbraunem Haar ...
Guter Fänger.
Ist er in der ersten Mann-schaft?
So einen gibt's bei uns nicht.
Meinst du den?
KAMINARI, MONT
KAH
Er heißt also ...
... Montaro Kami-nari?

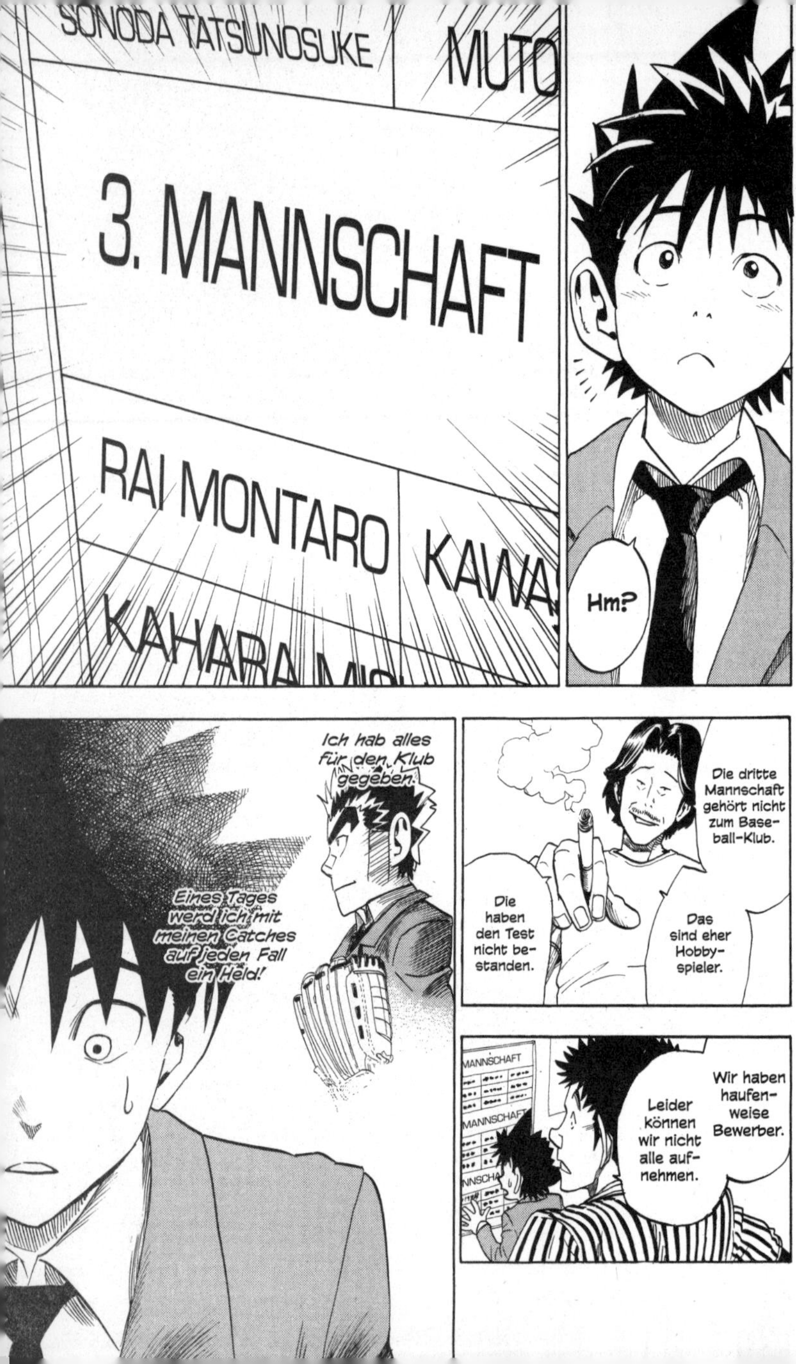
SONODA TATSUNOSUKE
MUTO
3. MANNSCHAFT
RAI MONTARO
KAWA
KAHARA MI
Hm?
Die dritte Mannschaft gehört nicht zum Baseball-Klub.
Das sind eher Hobbyspieler.
Die haben den Test nicht bestanden.
Wir haben haufenweise Bewerber.
Leider können wir nicht alle aufnehmen.
MANNSCHAFT
MANNSCHAFT
Ich hab alles für den Klub gegeben.
Eines Tages werd ich mit meinen Catches auf jeden Fall ein Held!

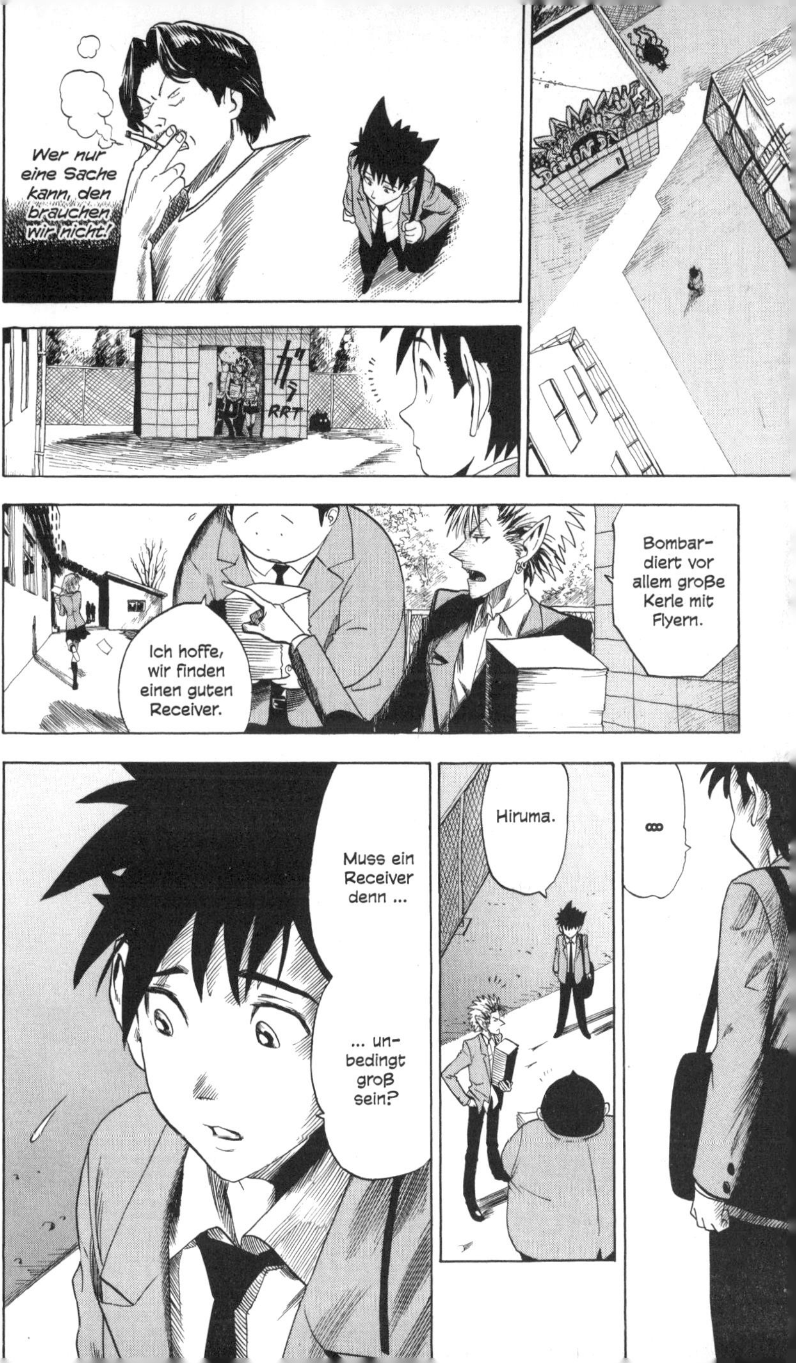
Wer nur eine Sache kann, den brauchen wir nicht!
RRT
Bombardiert vor allem große Kerle mit Flyern.
Ich hoffe, wir finden einen guten Receiver.
...
Hiruma.
Muss ein Receiver denn ...
... unbedingt groß sein?

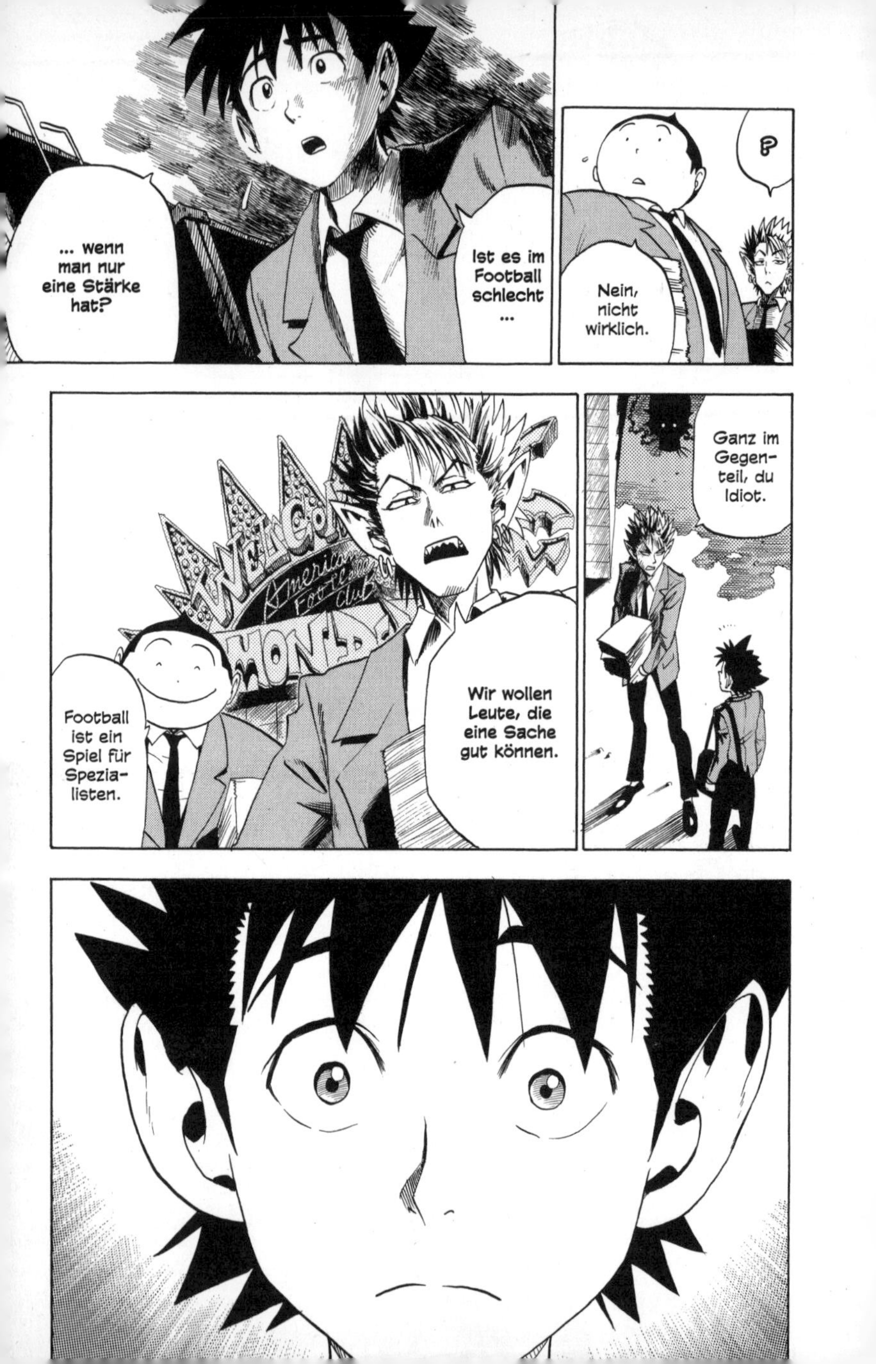
Ist es im Football schlecht ...
... wenn man nur eine Stärke hat?
?
Nein, nicht wirklich.
Ganz im Gegenteil, du Idiot.
Wir wollen Leute, die eine Sache gut können.
Football ist ein Spiel für Spezialisten.

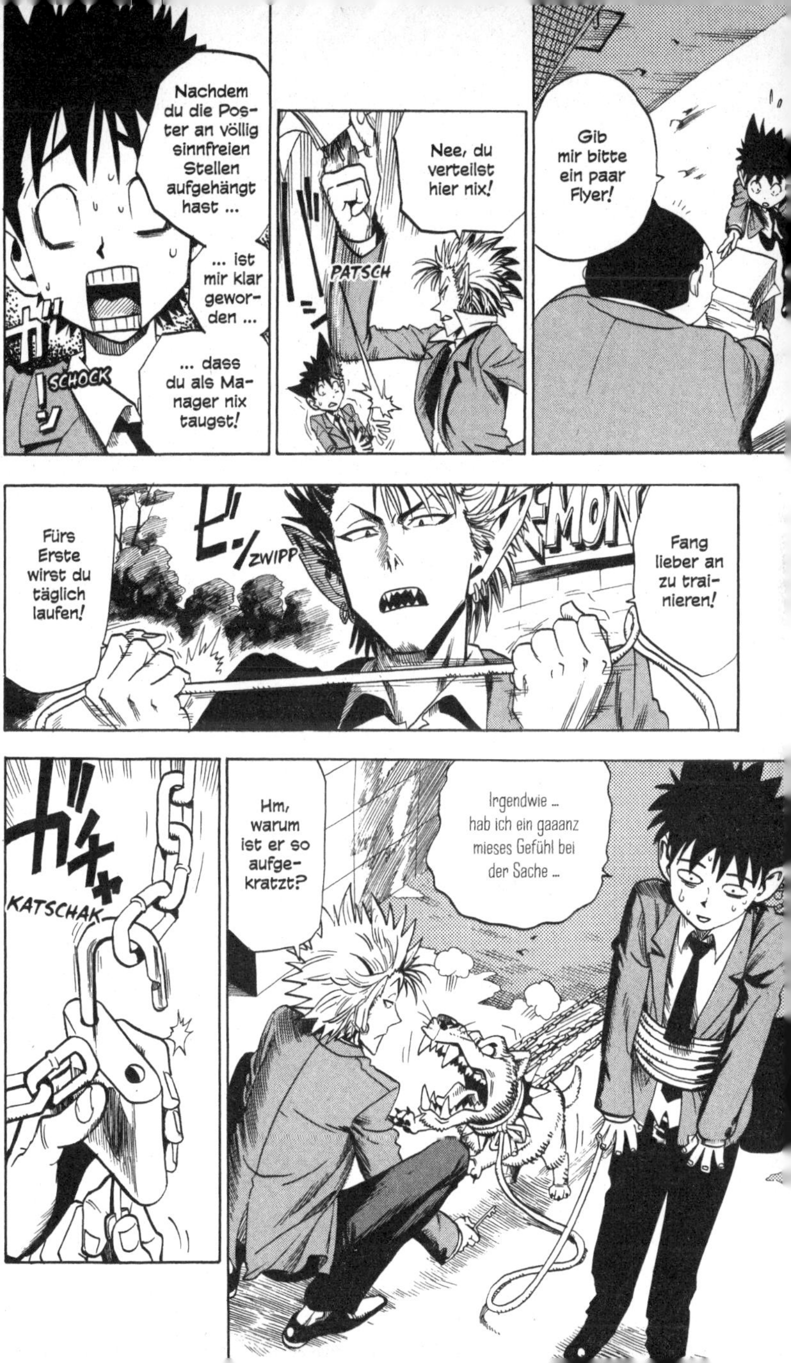
Gib mir bitte ein paar Flyer!
Nee, du verteilst hier nix!
PATSCH
Nachdem du die Poster an völlig sinnfreien Stellen aufgehängt hast ...
... ist mir klar geworden ...
... dass du als Manager nix taugst!
SCHOCK
Fang lieber an zu trainieren!
Fürs Erste wirst du täglich laufen!
ZWIPP
Irgendwie ... hab ich ein gaaanz mieses Gefühl bei der Sache ...
Hm, warum ist er so aufgekratzt?
KATSCHAK

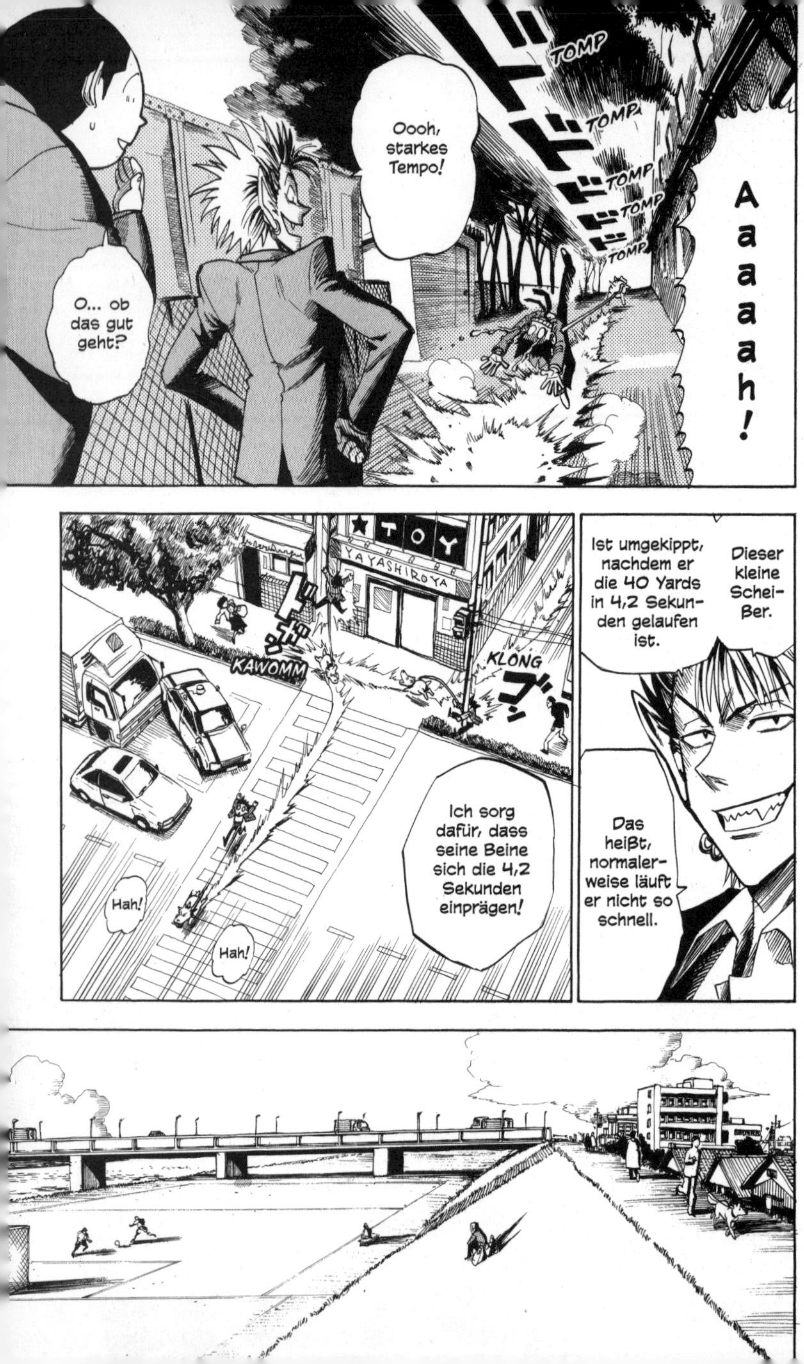
Aaaaaah!
TOMP
TOMP
TOMP
TOMP
TOMP
Oooh, starkes Tempo!
O... ob das gut geht?
Dieser kleine Schei-ßer.
Ist umgekippt, nachdem er die 40 Yards in 4,2 Sekun-den gelaufen ist.
Das heißt, normaler-weise läuft er nicht so schnell.
TOY
YAYASHIROYA
KAWOMM
KLONG
Ich sorg dafür, dass seine Beine sich die 4,2 Sekunden einprägen!
Hah!
Hah!

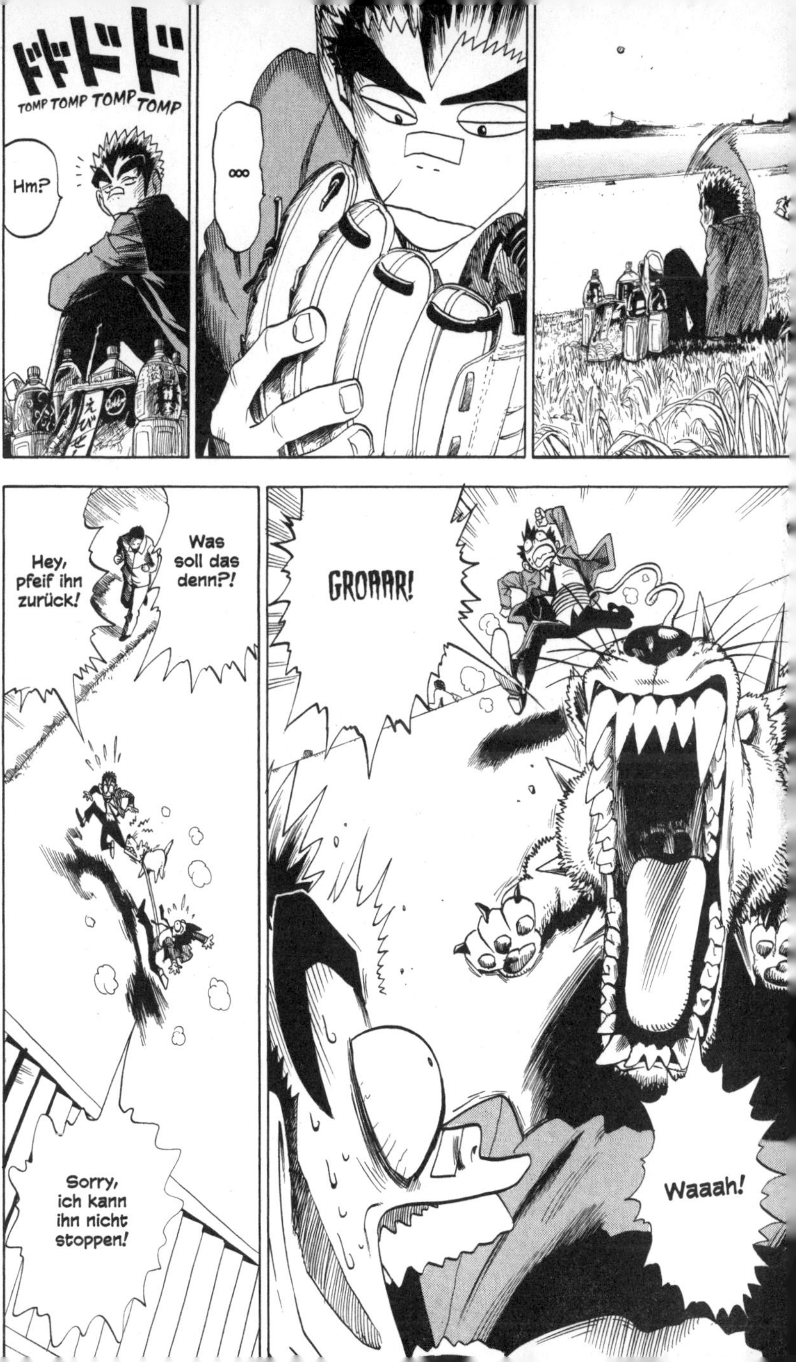

ドドドド
TOMP TOMP TOMP TOMP
Hm?
...
GROAAR!
Was soll das denn?!
Hey, pfeif ihn zurück!
Waaah!
Sorry, ich kann ihn nicht stoppen!

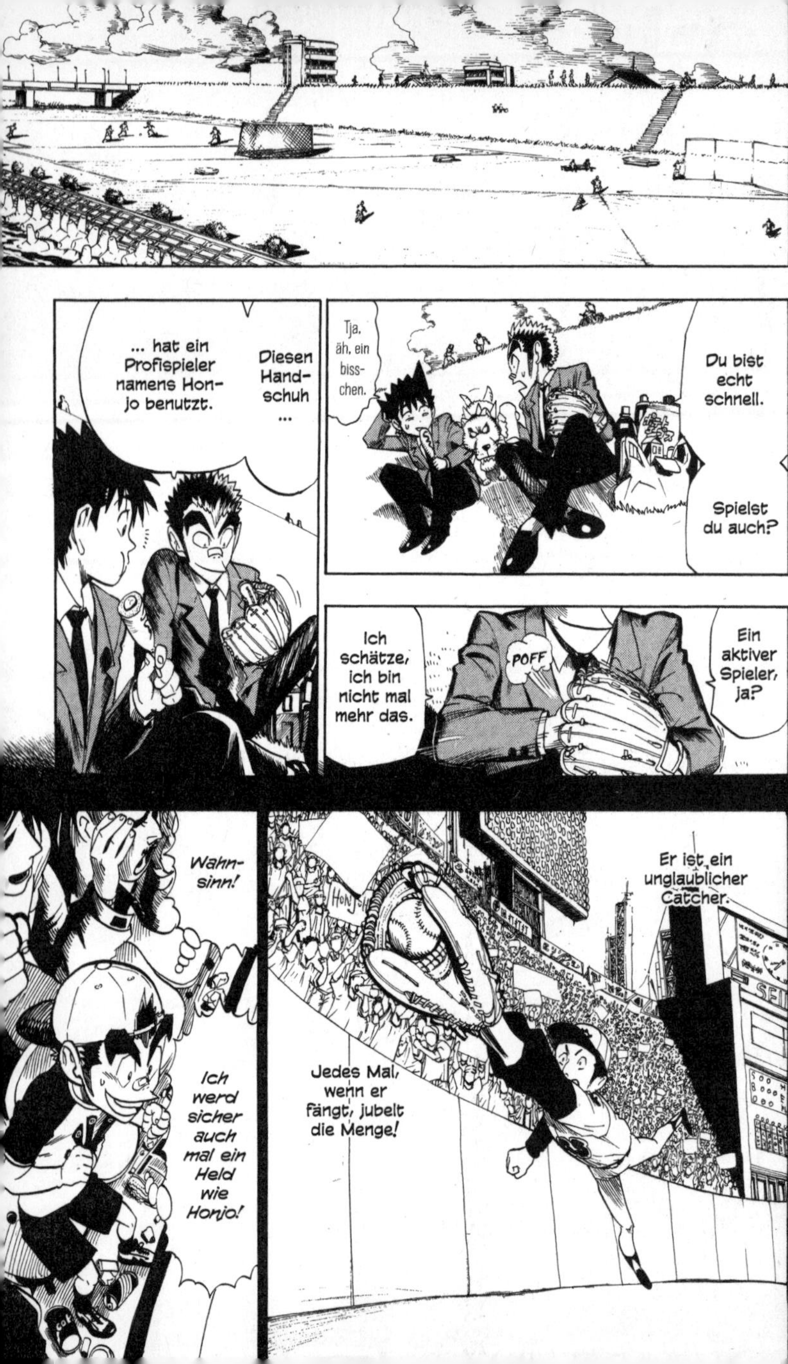
Du bist echt schnell.
Spielst du auch?
Tja, äh, ein bisschen.
Ein aktiver Spieler, ja?
POFF
Ich schätze, ich bin nicht mal mehr das.
Diesen Handschuh ...
... hat ein Profispieler namens Honjo benutzt.
Er ist ein unglaublicher Catcher.
Jedes Mal, wenn er fängt, jubelt die Menge!
Wahnsinn!
Ich werd sicher auch mal ein Held wie Honjo!

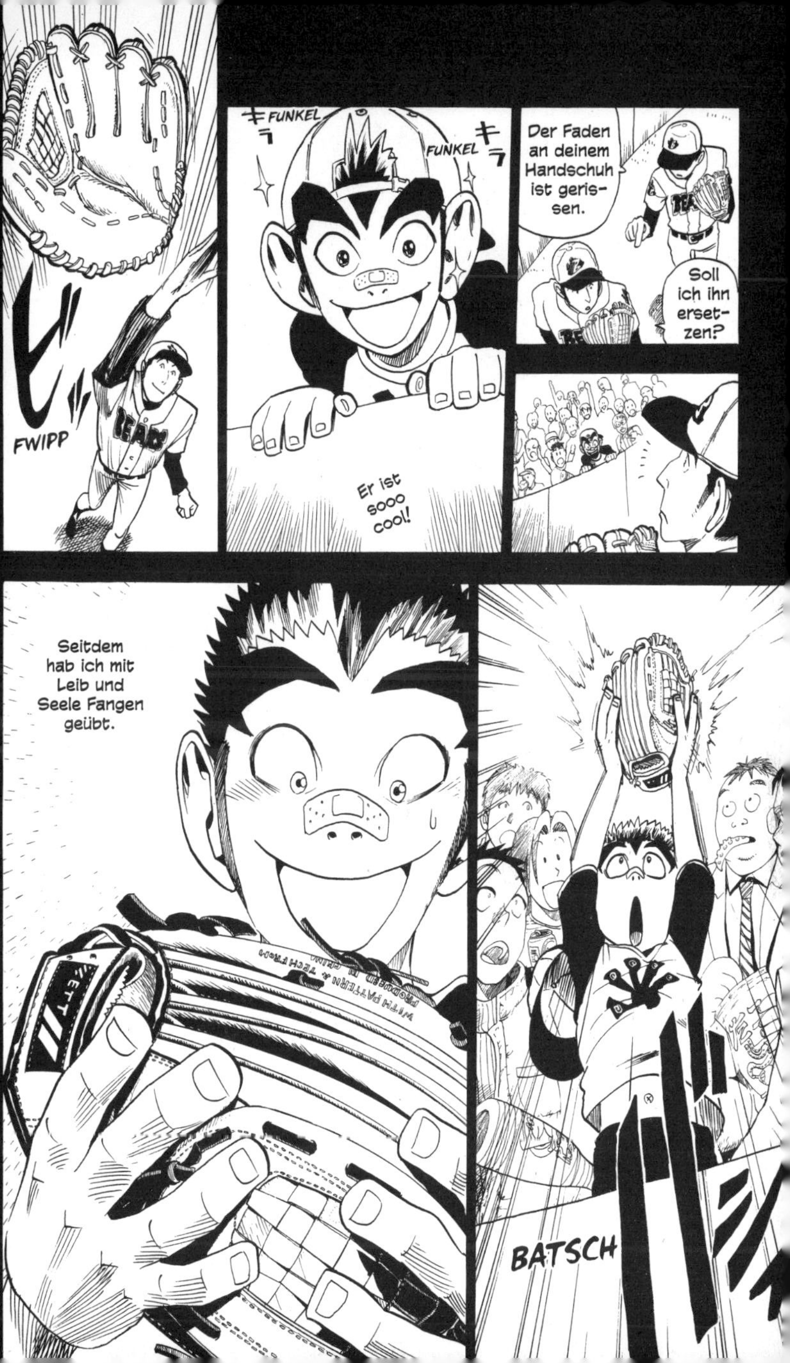
Der Faden an deinem Handschuh ist gerissen.
Soll ich ihn ersetzen?
FUNKEL
FUNKEL
Er ist sooo cool!
FWIPP
BATSCH
Seitdem hab ich mit Leib und Seele Fangen geübt.

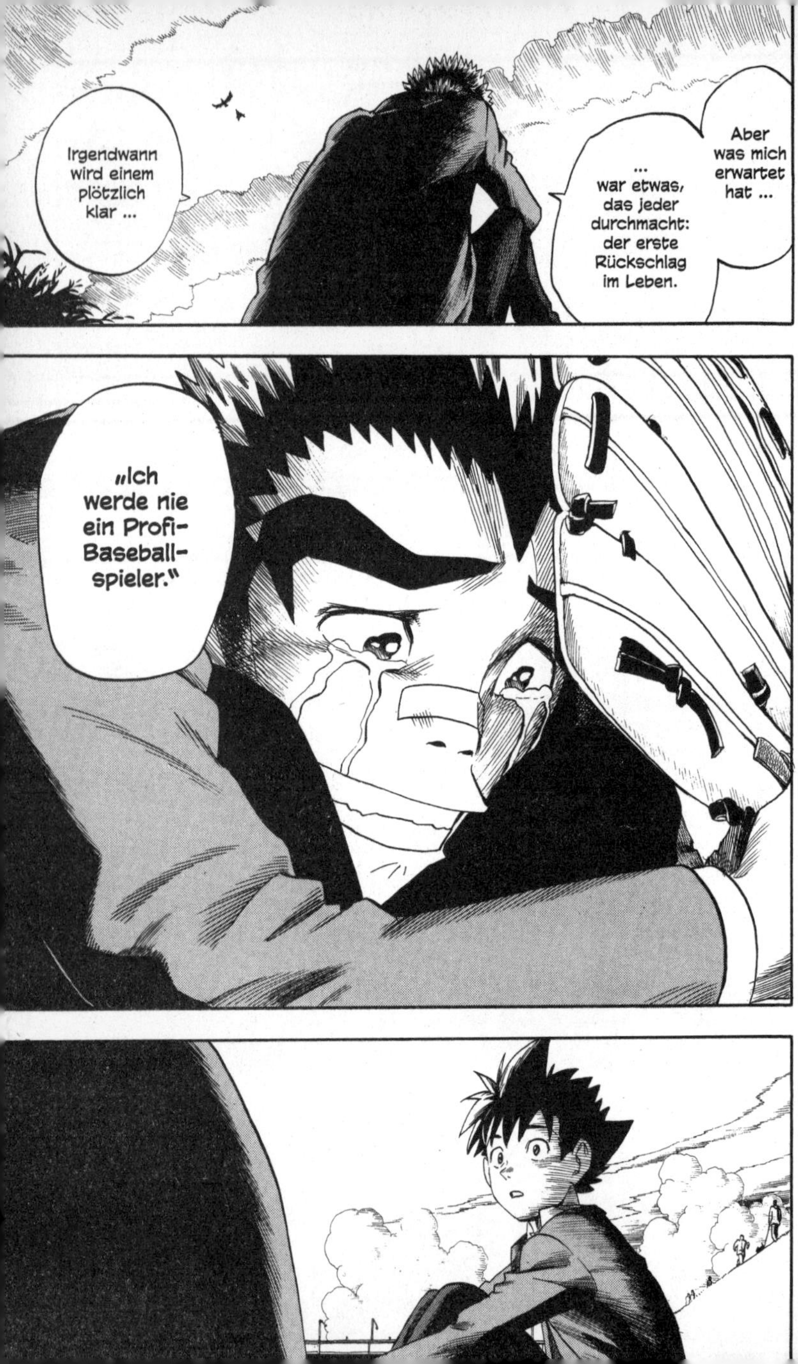
Aber was mich erwartet hat ...
... war etwas, das jeder durchmacht: der erste Rückschlag im Leben.
Irgendwann wird einem plötzlich klar ...
„Ich werde nie ein Profi-Baseball-spieler."

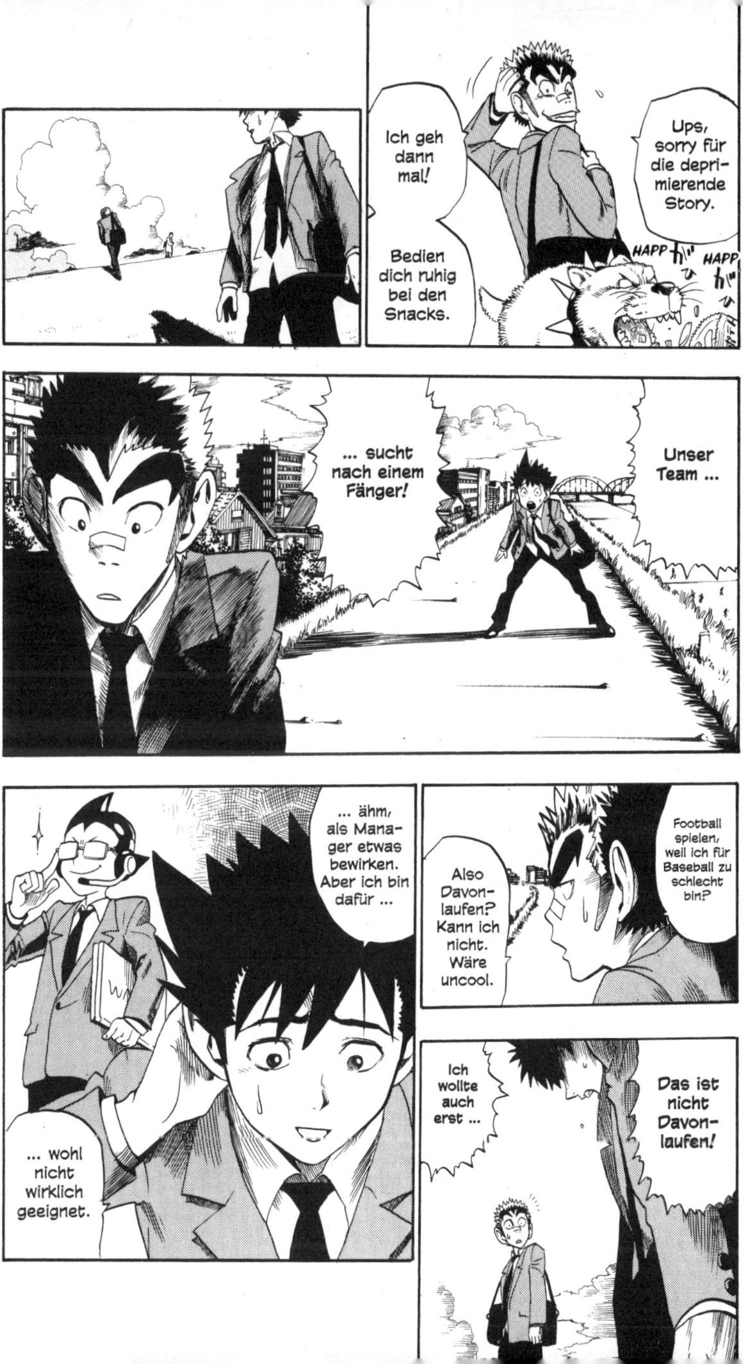

Ups, sorry für die deprimierende Story.
HAPP
HAPP
Ich geh dann mal!
Bedien dich ruhig bei den Snacks.
Unser Team ...
... sucht nach einem Fänger!
Football spielen, weil ich für Baseball zu schlecht bin?
Also Davonlaufen? Kann ich nicht. Wäre uncool.
Das ist nicht Davonlaufen!
Ich wollte auch erst ...
... ähm, als Manager etwas bewirken. Aber ich bin dafür ...
... wohl nicht wirklich geeignet.

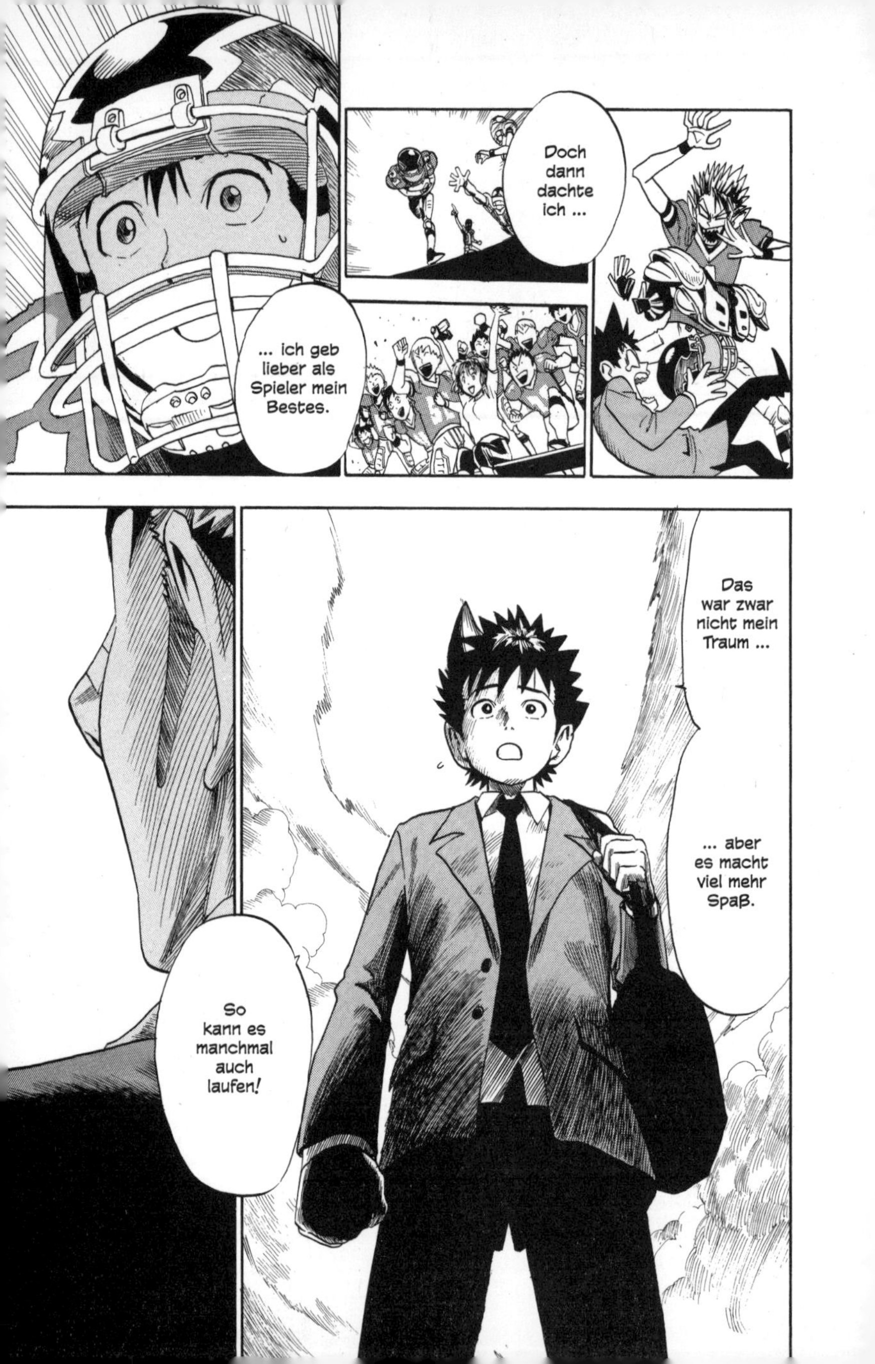
Doch dann dachte ich ...
... ich geb lieber als Spieler mein Bestes.
Das war zwar nicht mein Traum ...
... aber es macht viel mehr Spaß.
So kann es manchmal auch laufen!

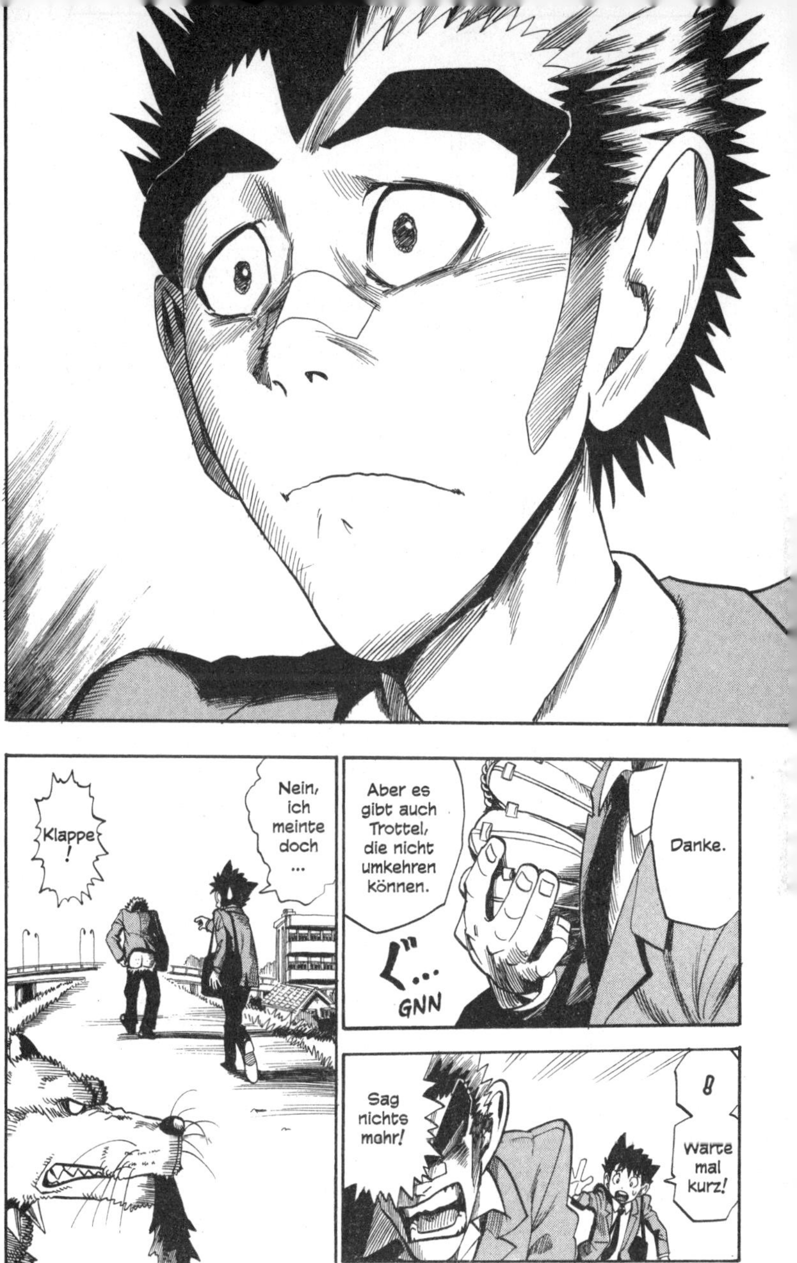
Danke.
Aber es gibt auch Trottel, die nicht umkehren können.
GNN
!
Warte mal kurz!
Sag nichts mehr!
Nein, ich meinte doch ...
Klappe!

24th down
RÜCKENNUMMER 80, MEISTERFÄNGER

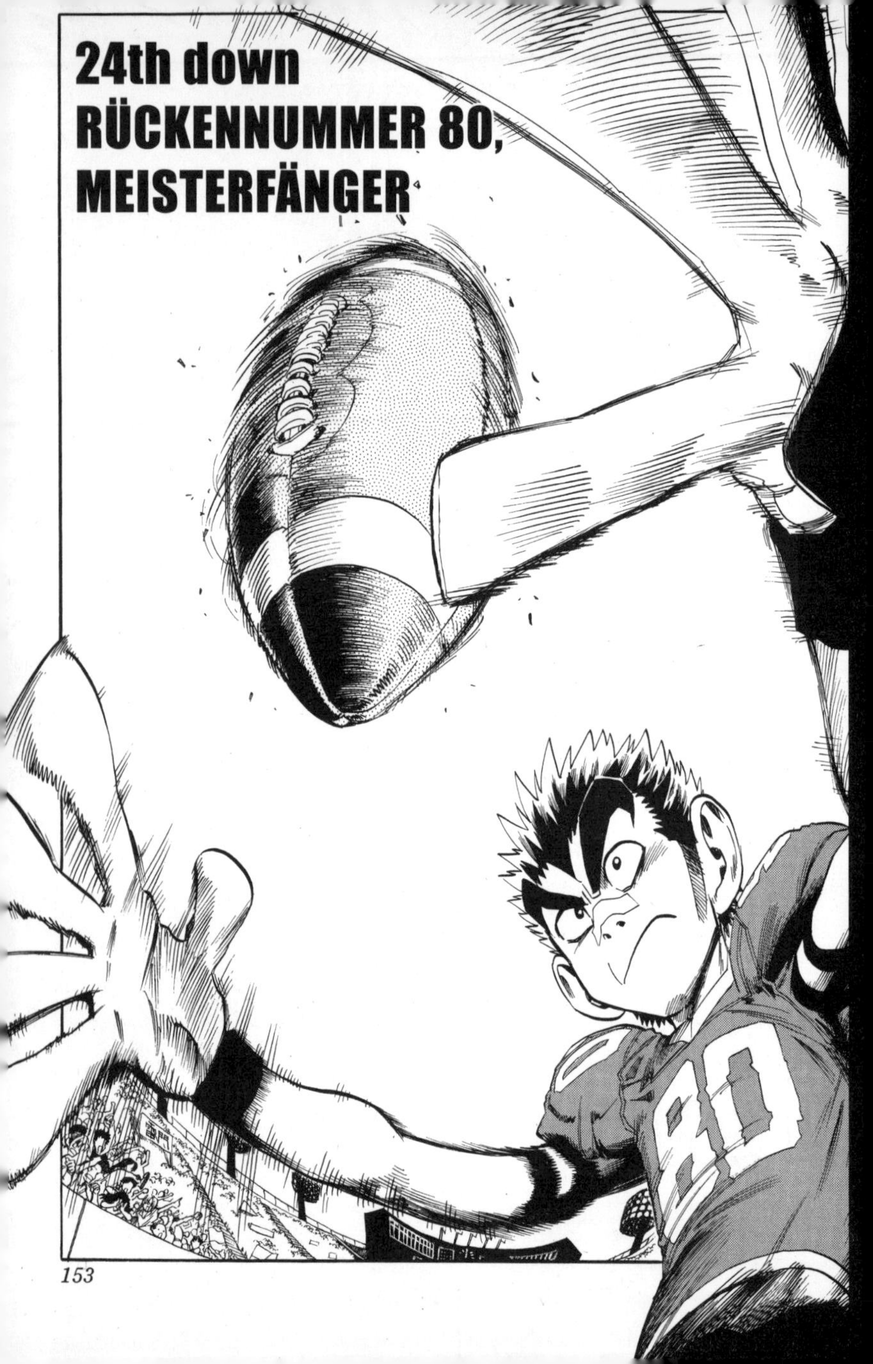

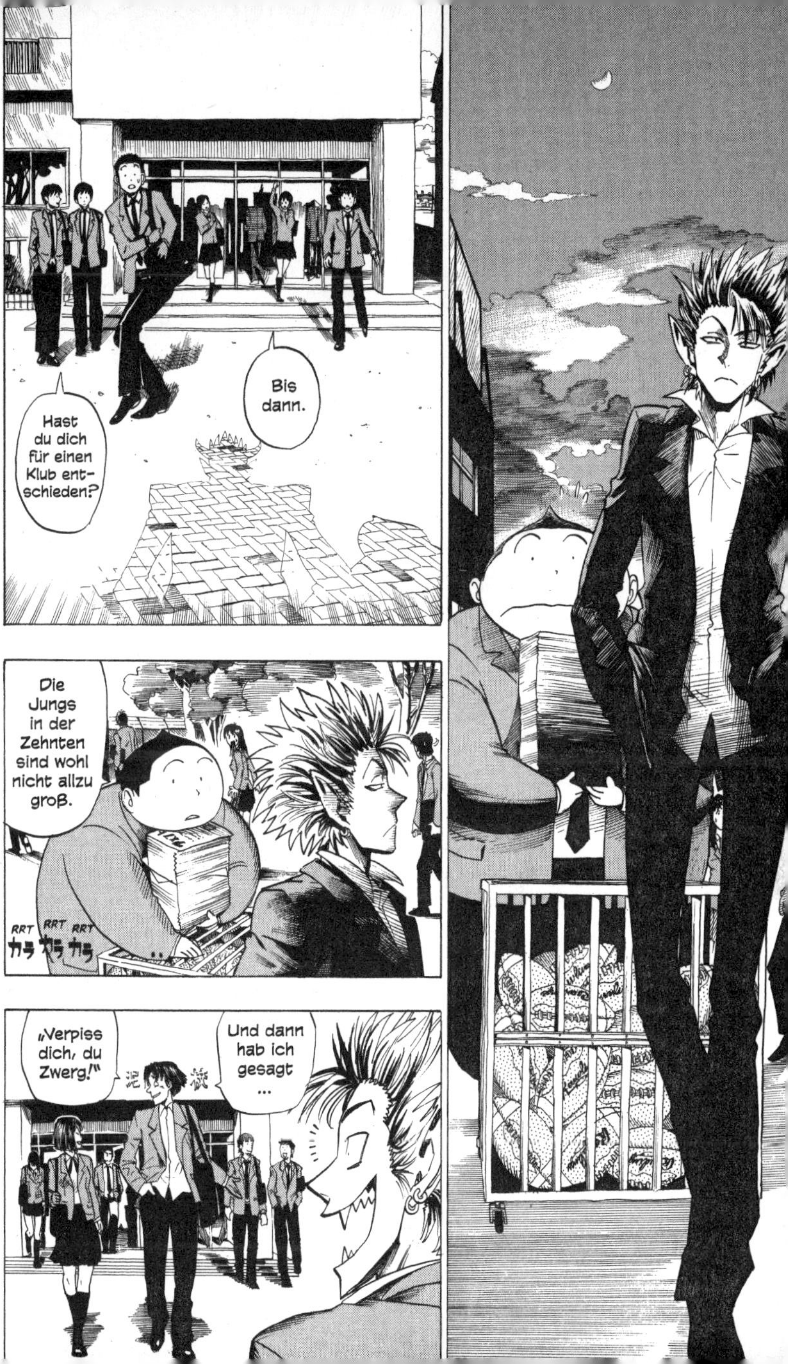
Bis dann.
Hast du dich für einen Klub ent-schieden?
Die Jungs in der Zehnten sind wohl nicht allzu groß.
RRT RRT RRT
カラカラカラ
Und dann hab ich gesagt ...
„Verpiss dich, du Zwerg!"

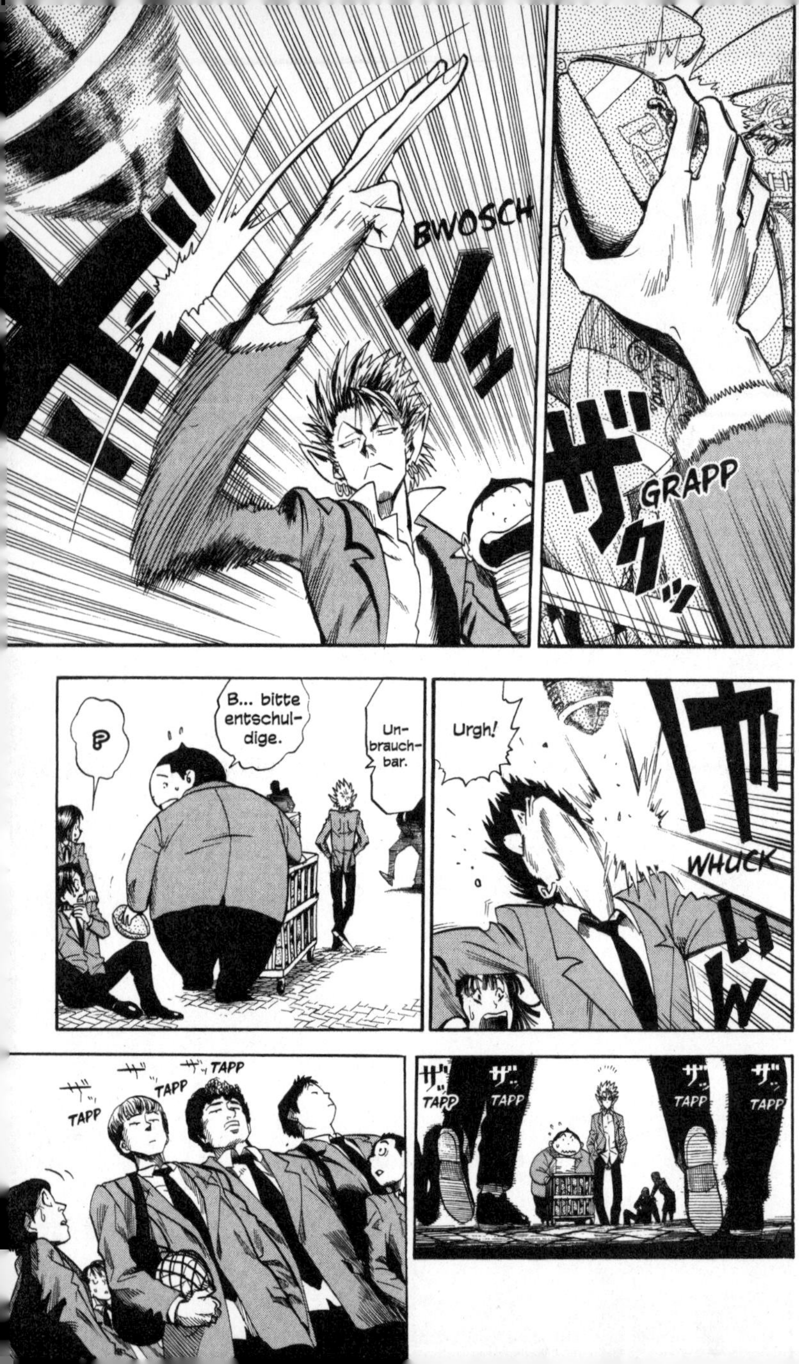
BWOSCH
GRAPP
Urgh!
WHUCK
Unbrauchbar.
B... bitte entschuldige.
?
TAPP
TAPP
TAPP
TAPP
TAPP
TAPP
TAPP

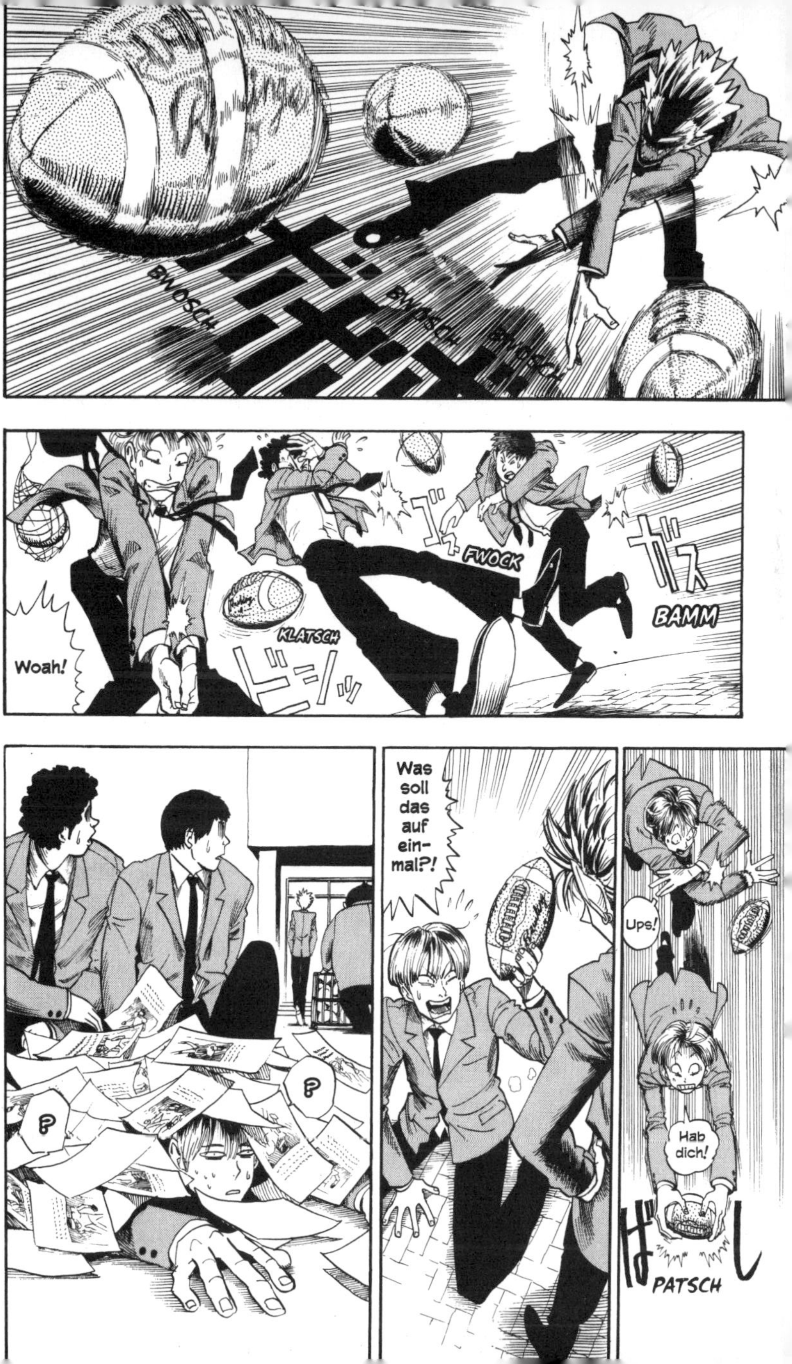
BWOSCH
BWOSCH
BWOSCH
BAMM
FWOCK
KLATSCH
Woah!
Ups!
Hab dich!
PATSCH
Was soll das auf ein-mal?!
?
?

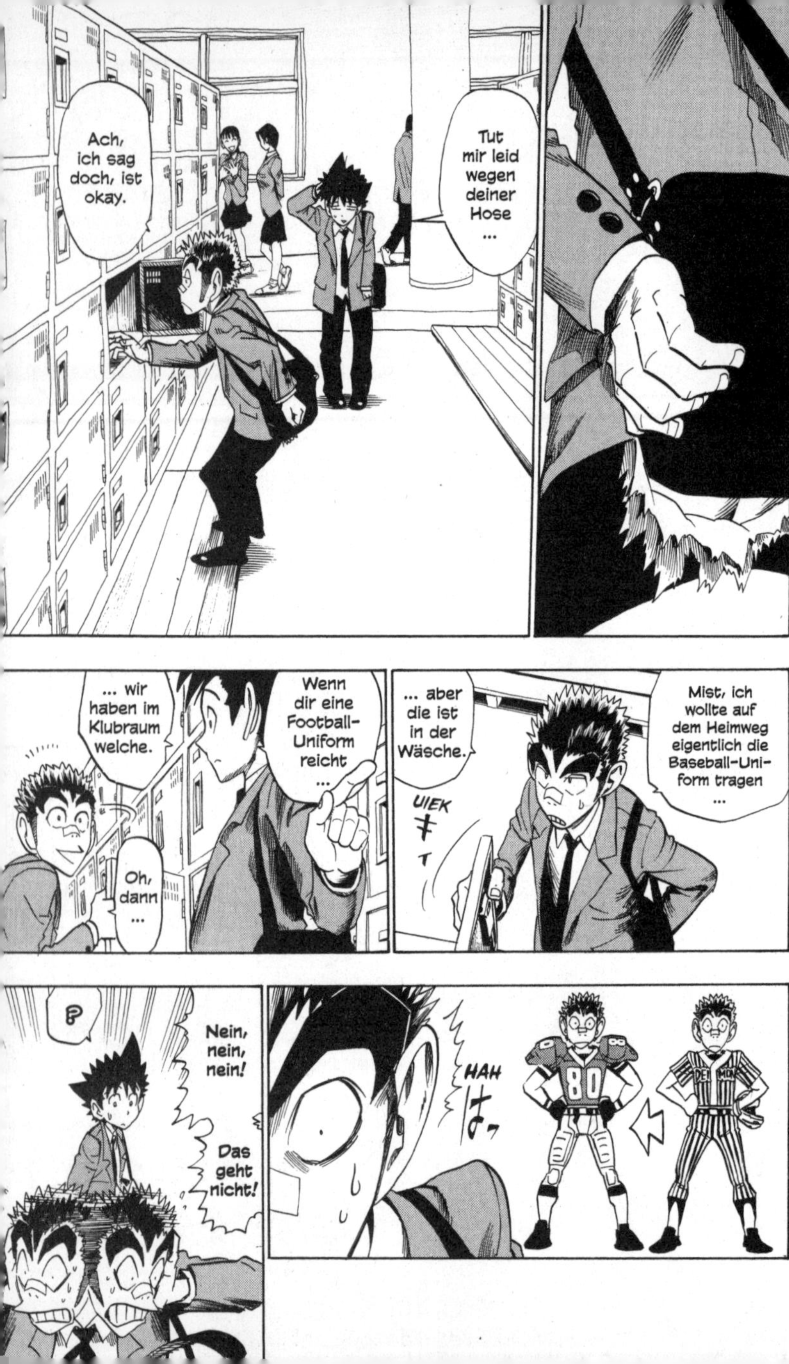

Tut mir leid wegen deiner Hose ...
Ach, ich sag doch, ist okay.
Mist, ich wollte auf dem Heimweg eigentlich die Baseball-Uniform tragen ...
... aber die ist in der Wäsche.
UIEK
Wenn dir eine Football-Uniform reicht ...
... wir haben im Klubraum welche.
Oh, dann ...
HAH
80
DEIMON
?
Nein, nein, nein!
Das geht nicht!

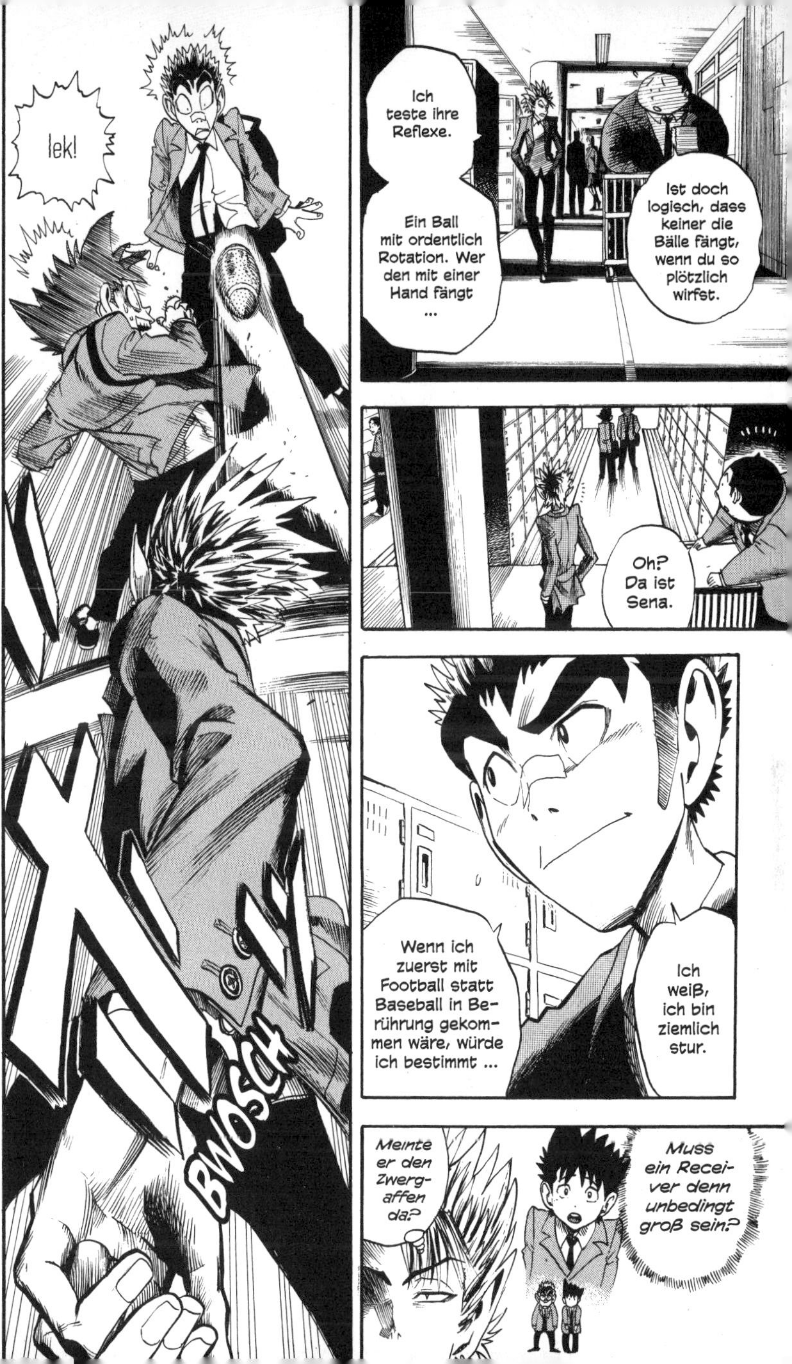
Iek!
BWOSCH
Ist doch logisch, dass keiner die Bälle fängt, wenn du so plötzlich wirfst.
Ich teste ihre Reflexe.
Ein Ball mit ordentlich Rotation. Wer den mit einer Hand fängt ...
Oh? Da ist Sena.
Ich weiß, ich bin ziemlich stur.
Wenn ich zuerst mit Football statt Baseball in Berührung gekommen wäre, würde ich bestimmt ...
Muss ein Receiver denn unbedingt groß sein?
Meinte er den Zwergaffen da?

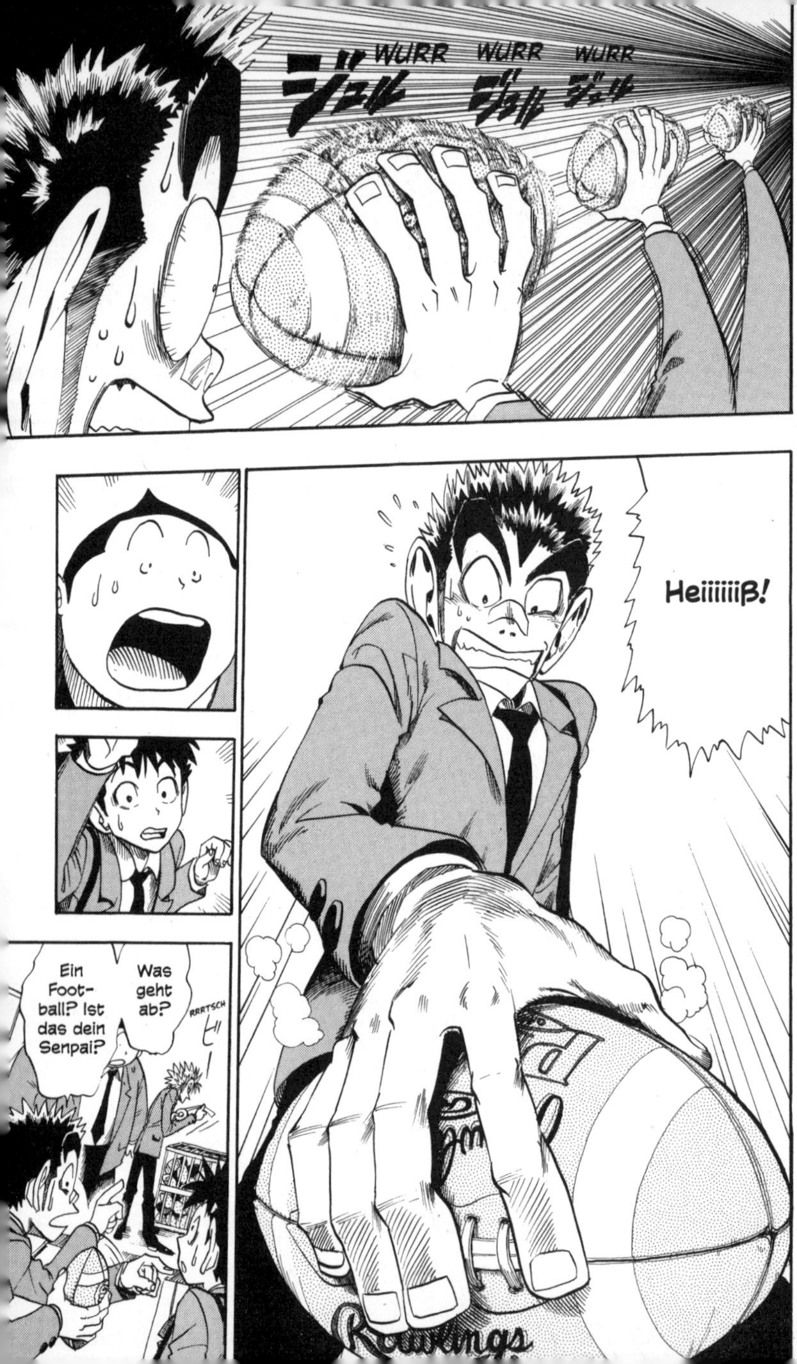

WURR WURR WURR
Heiiiiiiß!
Was geht ab?
Ein Foot-ball? Ist das dein Senpai?
RRRTSCH

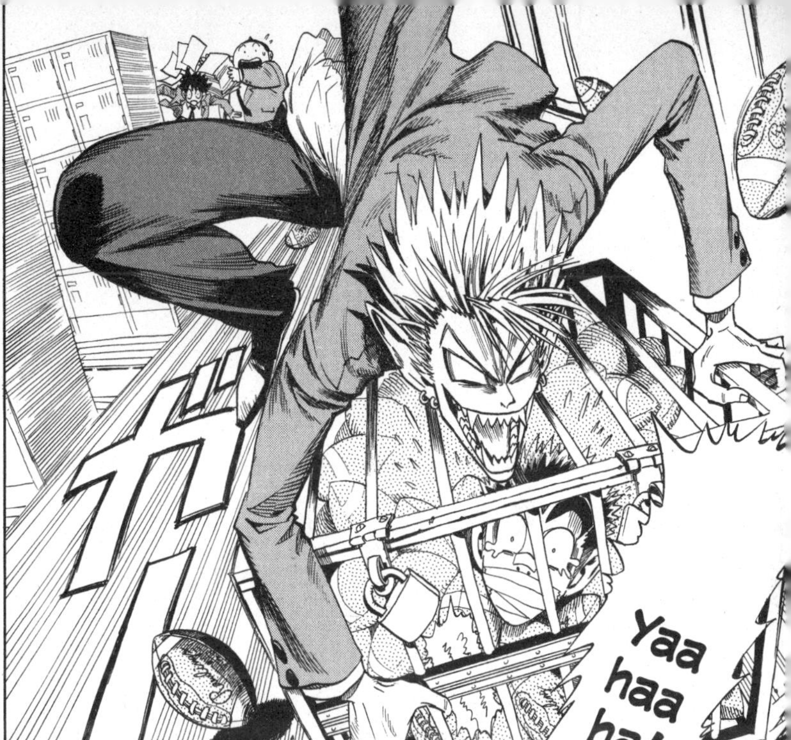
ガ
Yaa haa ha!
WAAAAMM

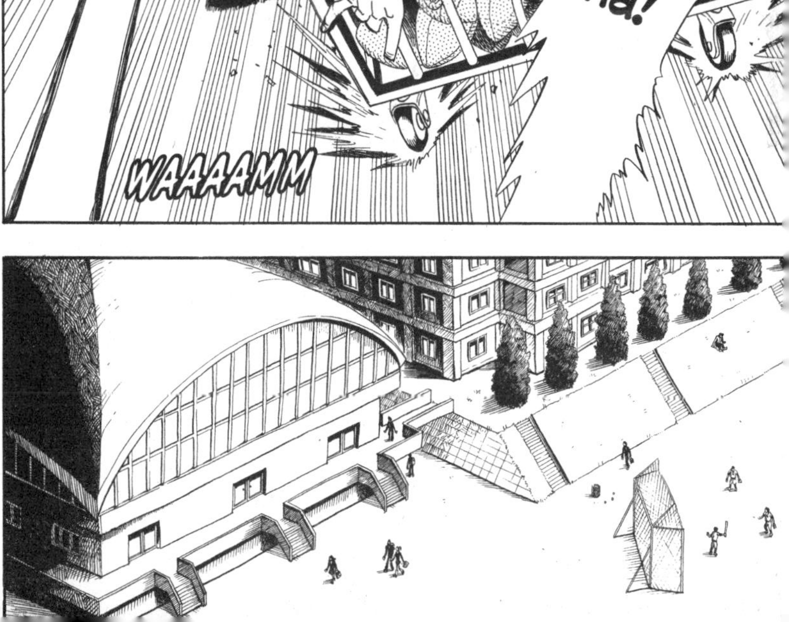

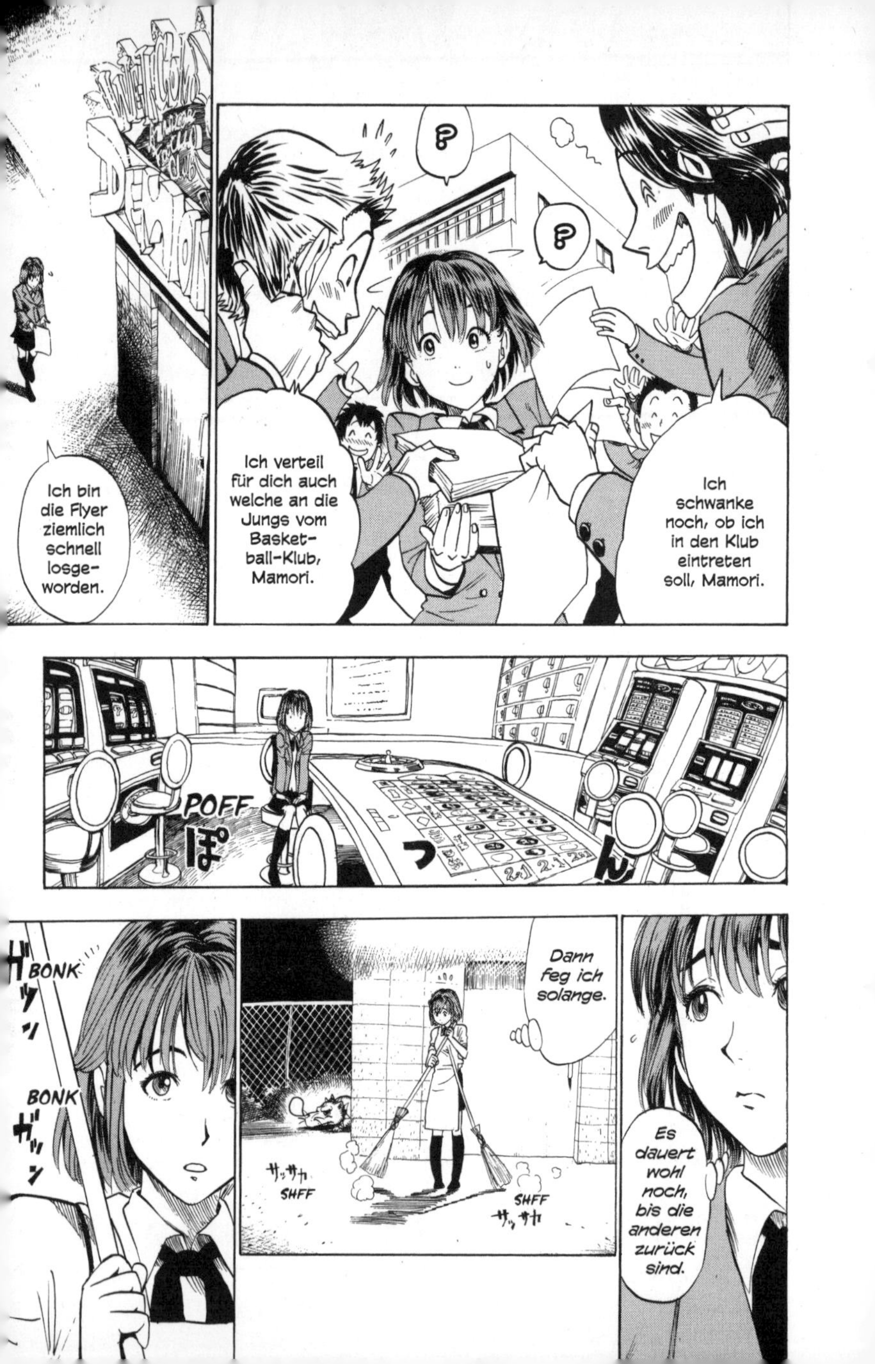

?
?
Ich schwanke noch, ob ich in den Klub eintreten soll, Mamori.
Ich verteil für dich auch welche an die Jungs vom Basketball-Klub, Mamori.
Ich bin die Flyer ziemlich schnell losgeworden.
POFF
ぽつん
Es dauert wohl noch, bis die anderen zurück sind.
Dann feg ich solange.
サッサカ SHFF
SHFF サッサカ
BONK ガッツ
BONK ガッツ

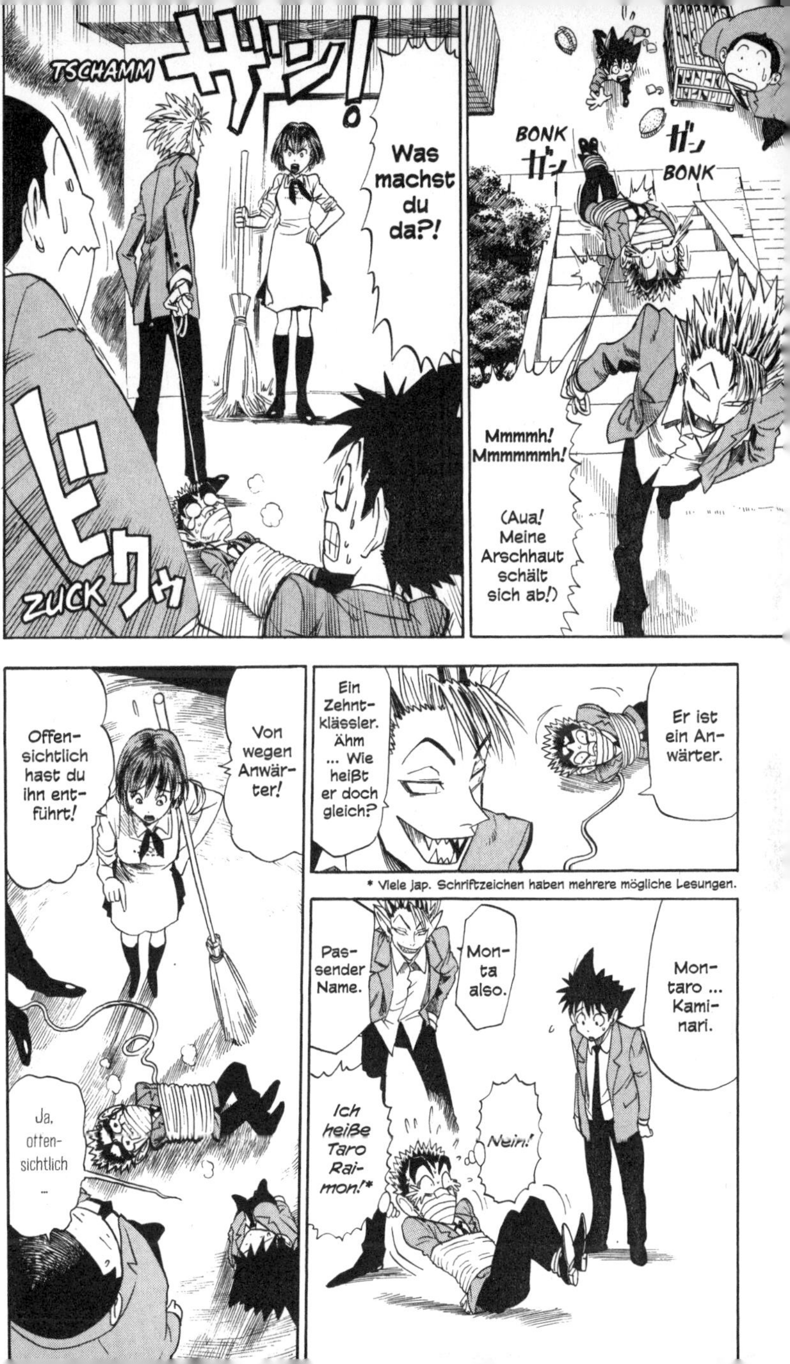

* Viele jap. Schriftzeichen haben mehrere mögliche Lesungen.

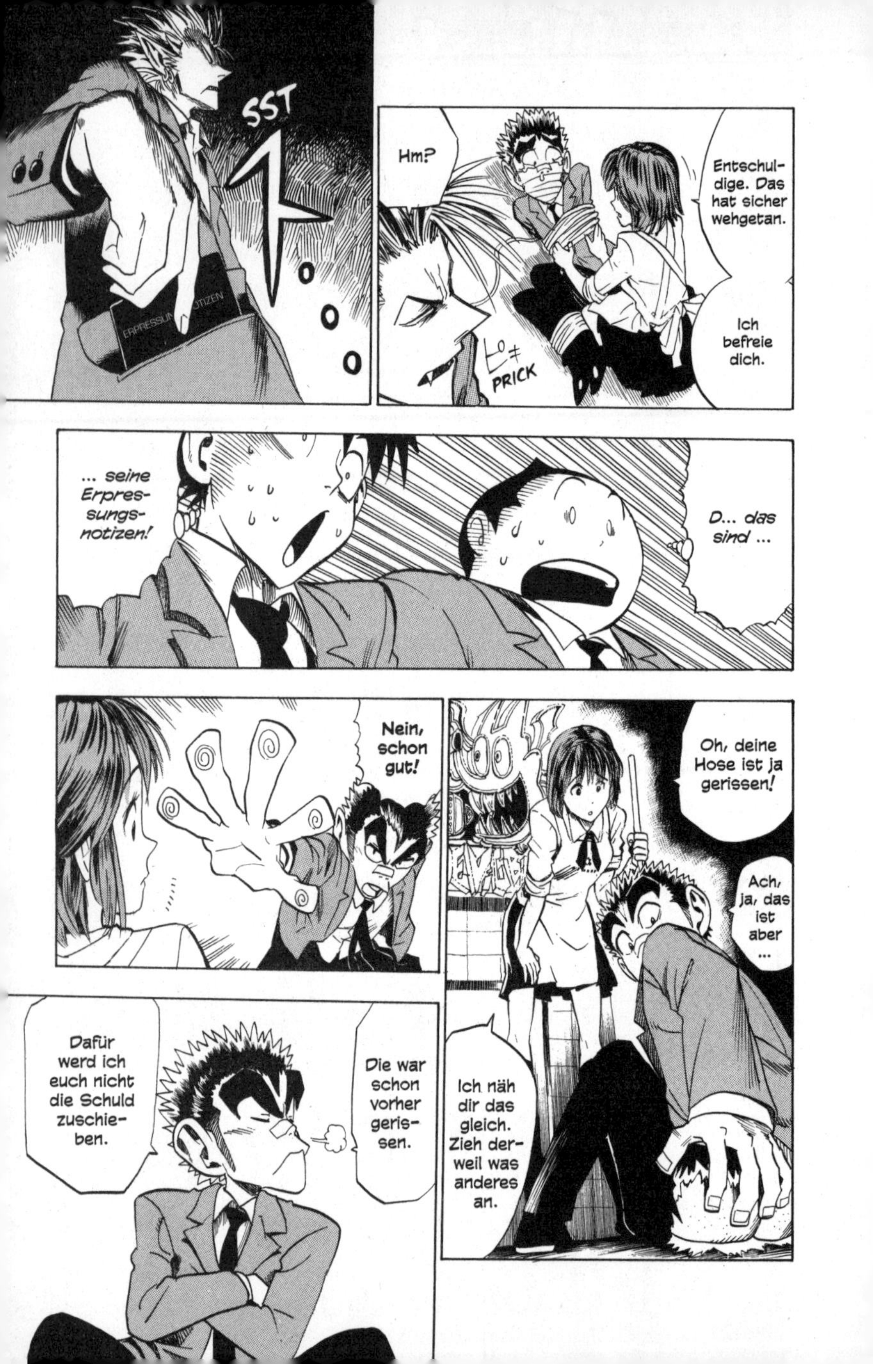
Entschuldige. Das hat sicher wehgetan.
Ich befreie dich.
PRICK
Hm?
SST
D... das sind ...
... seine Erpressungsnotizen!
Oh, deine Hose ist ja gerissen!
Ach, ja, das ist aber ...
Ich näh dir das gleich. Zieh derweil was anderes an.
Nein, schon gut!
Die war schon vorher gerissen.
Dafür werd ich euch nicht die Schuld zuschieben.

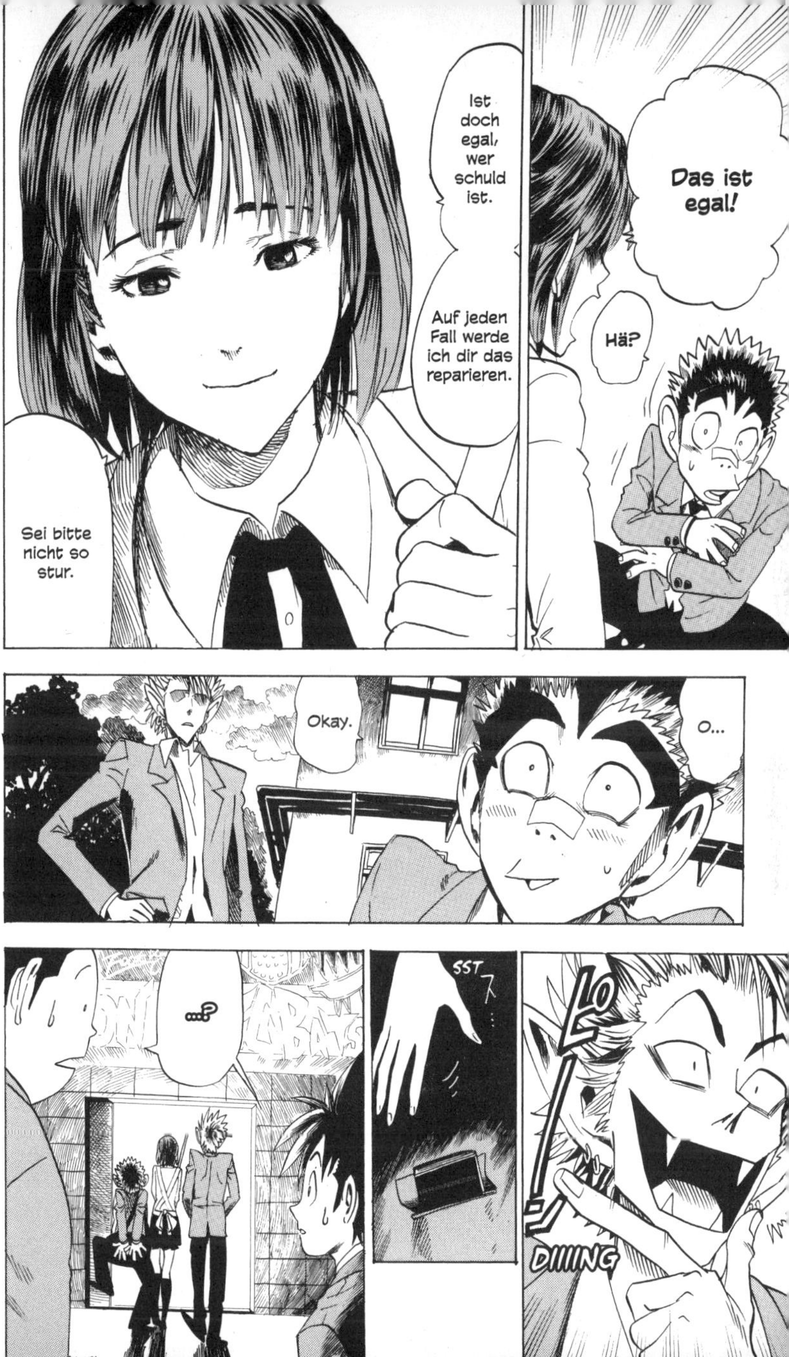
Das ist egal!
Hä?
Ist doch egal, wer schuld ist.
Auf jeden Fall werde ich dir das reparieren.
Sei bitte nicht so stur.
O...
Okay.
DIIING
SST
...?

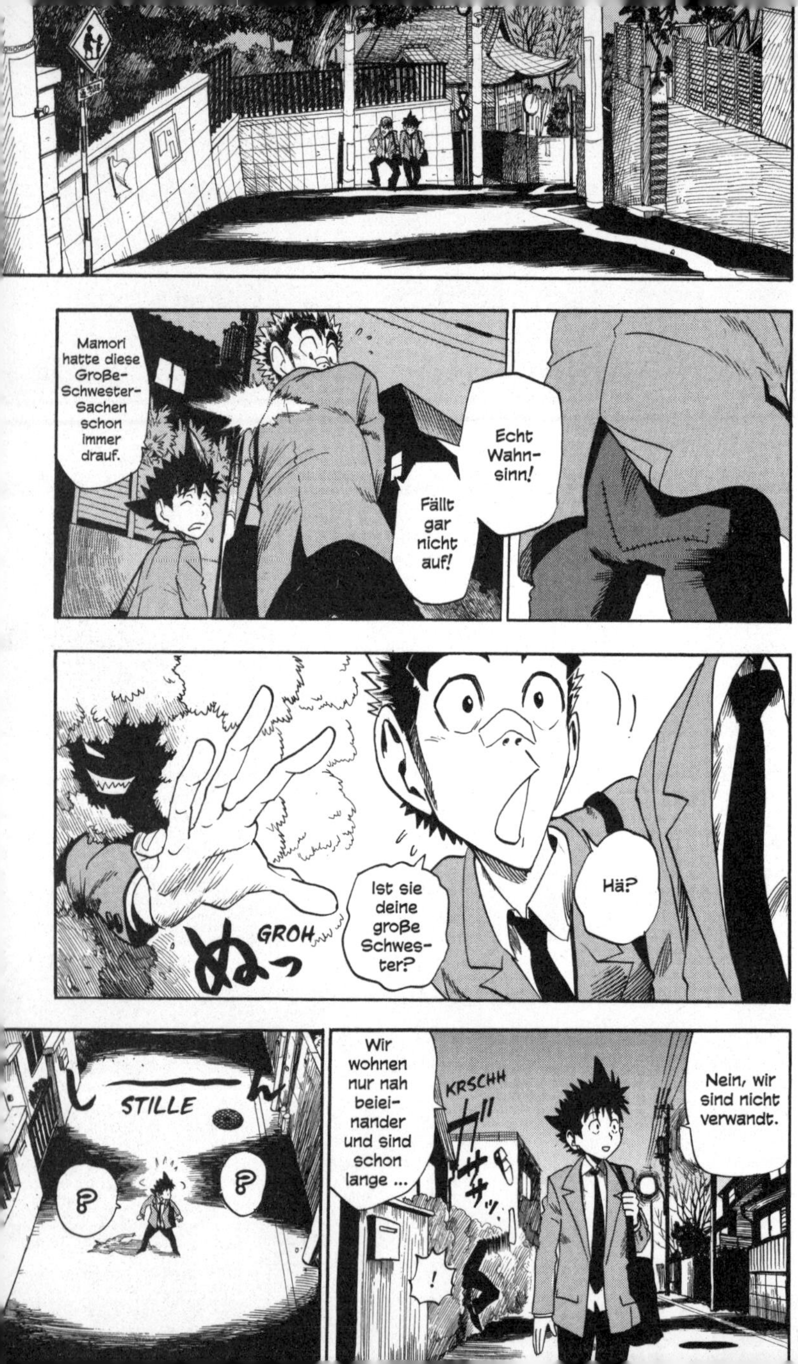
Echt Wahnsinn!
Fällt gar nicht auf!
Mamori hatte diese Große-Schwester-Sachen schon immer drauf.
Hä?
Ist sie deine große Schwester?
GROH
ぬっ
Nein, wir sind nicht verwandt.
Wir wohnen nur nah beieinander und sind schon lange ...
KRSCHH
!
しーーん
STILLE
?
?

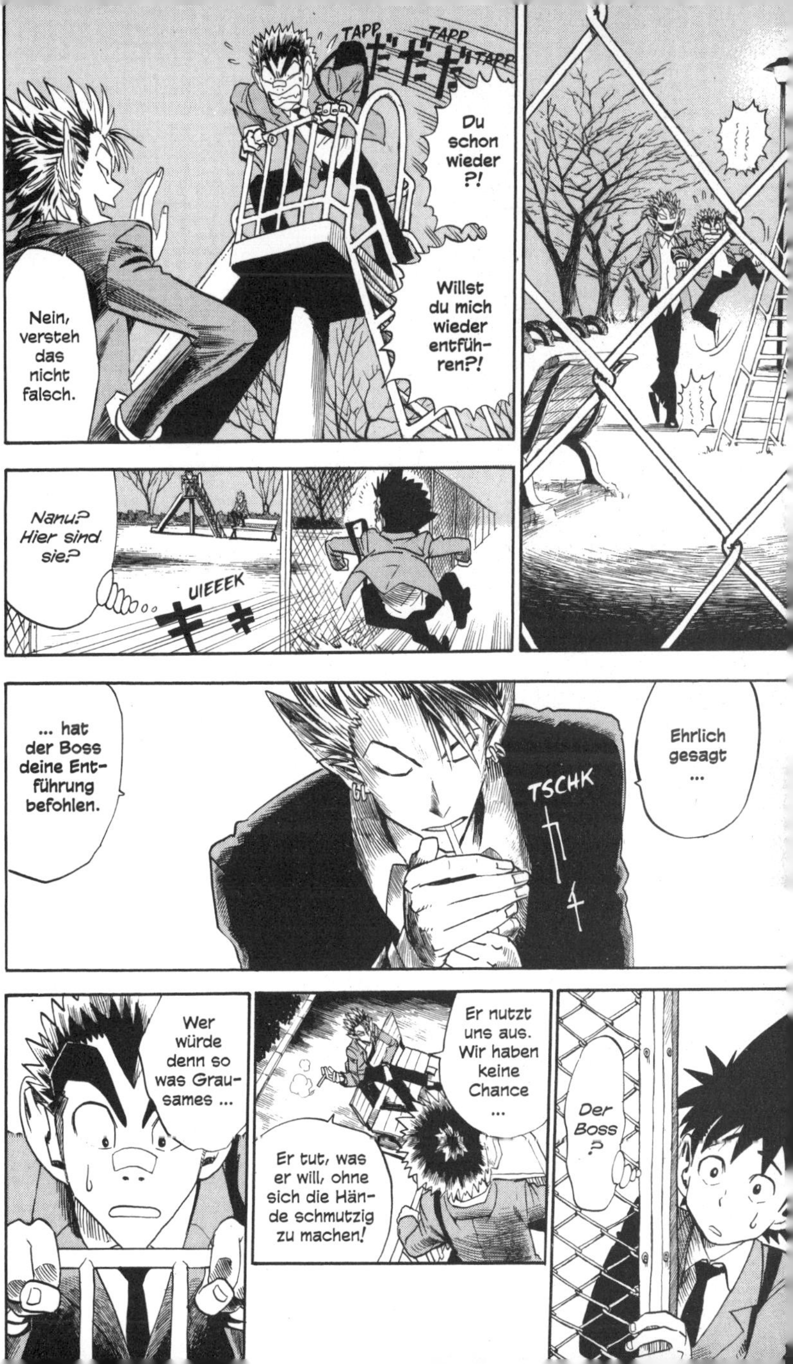
TAPP
TAPP
TAPP
Du schon wieder ?!
Willst du mich wieder entführen?!
Nein, versteh das nicht falsch.
UIEEEK
Nanu? Hier sind sie?
Ehrlich gesagt ...
TSCHK
... hat der Boss deine Entführung befohlen.
Der Boss ?
Er nutzt uns aus. Wir haben keine Chance ...
Er tut, was er will, ohne sich die Hände schmutzig zu machen!
Wer würde denn so was Grausames ...

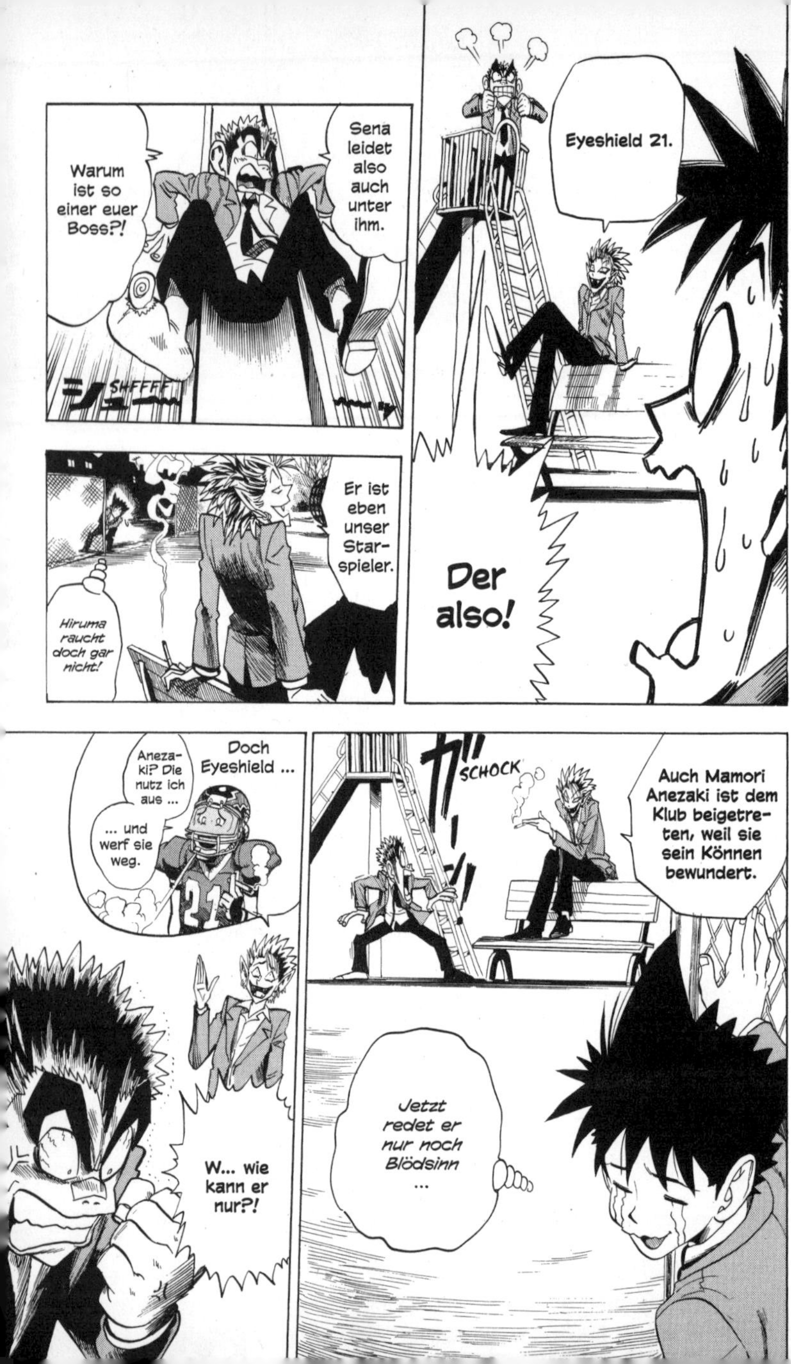
Eyeshield 21.
Der also!
Sena leidet also auch unter ihm.
Warum ist so einer euer Boss?!
SHFFFF
Er ist eben unser Starspieler.
Hiruma raucht doch gar nicht!
SCHOCK
Auch Mamori Anezaki ist dem Klub beigetreten, weil sie sein Können bewundert.
Doch Eyeshield ...
Anezaki? Die nutz ich aus ...
... und werf sie weg.
W... wie kann er nur?!
Jetzt redet er nur noch Blödsinn ...

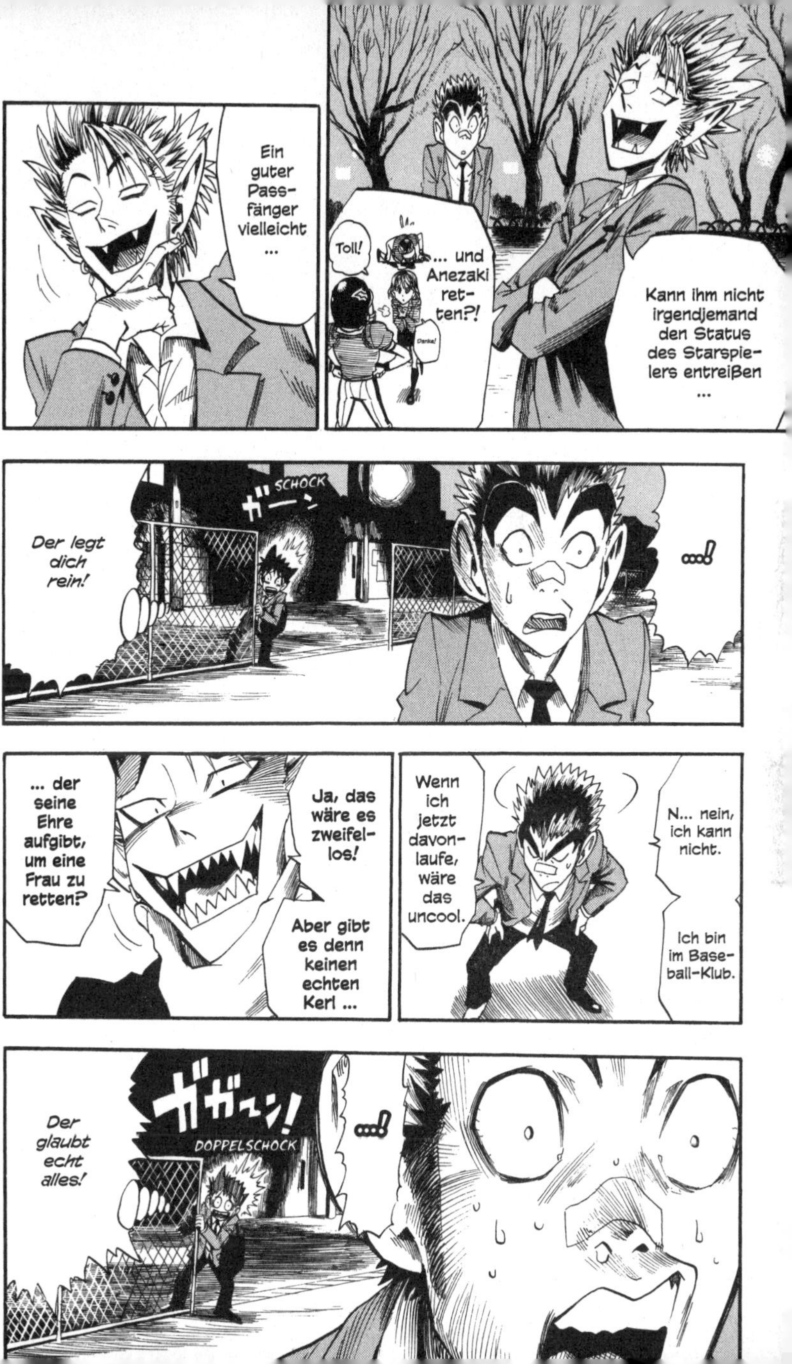
Kann ihm nicht irgendjemand den Status des Starspielers entreißen ...
... und Anezaki retten?!
Toll!
Danke!
Ein guter Passfänger vielleicht ...
...!
SCHOCK
ガーン
Der legt dich rein!
N... nein, ich kann nicht.
Ich bin im Baseball-Klub.
Wenn ich jetzt davonlaufe, wäre das uncool.
Ja, das wäre es zweifellos!
Aber gibt es denn keinen echten Kerl ...
... der seine Ehre aufgibt, um eine Frau zu retten?
...!
ガガーン!
DOPPELSCHOCK
Der glaubt echt alles!

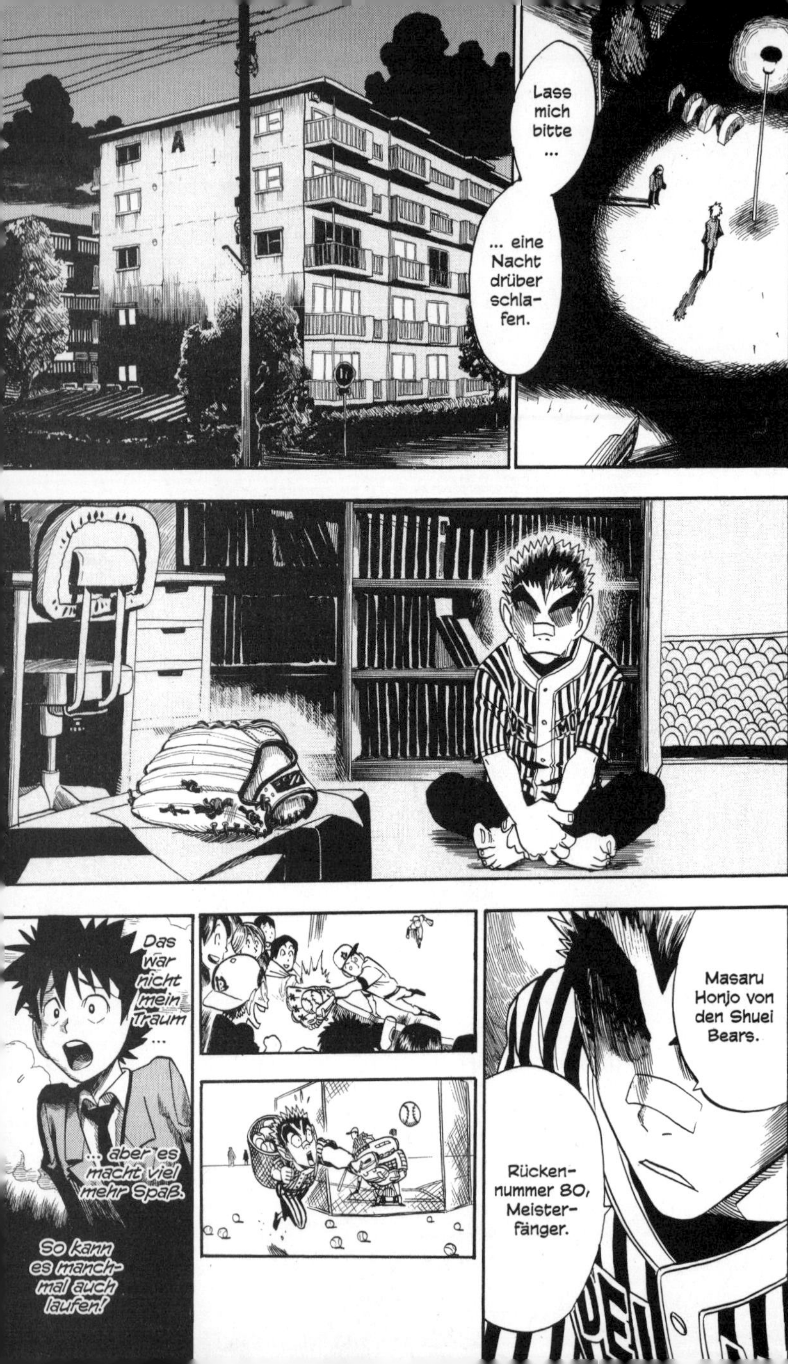

Lass mich bitte ...
... eine Nacht drüber schla-fen.
Masaru Honjo von den Shuei Bears.
Rücken-nummer 80, Meister-fänger.
Das war nicht mein Traum ...
... aber es macht viel mehr Spaß.
So kann es manch-mal auch laufen!

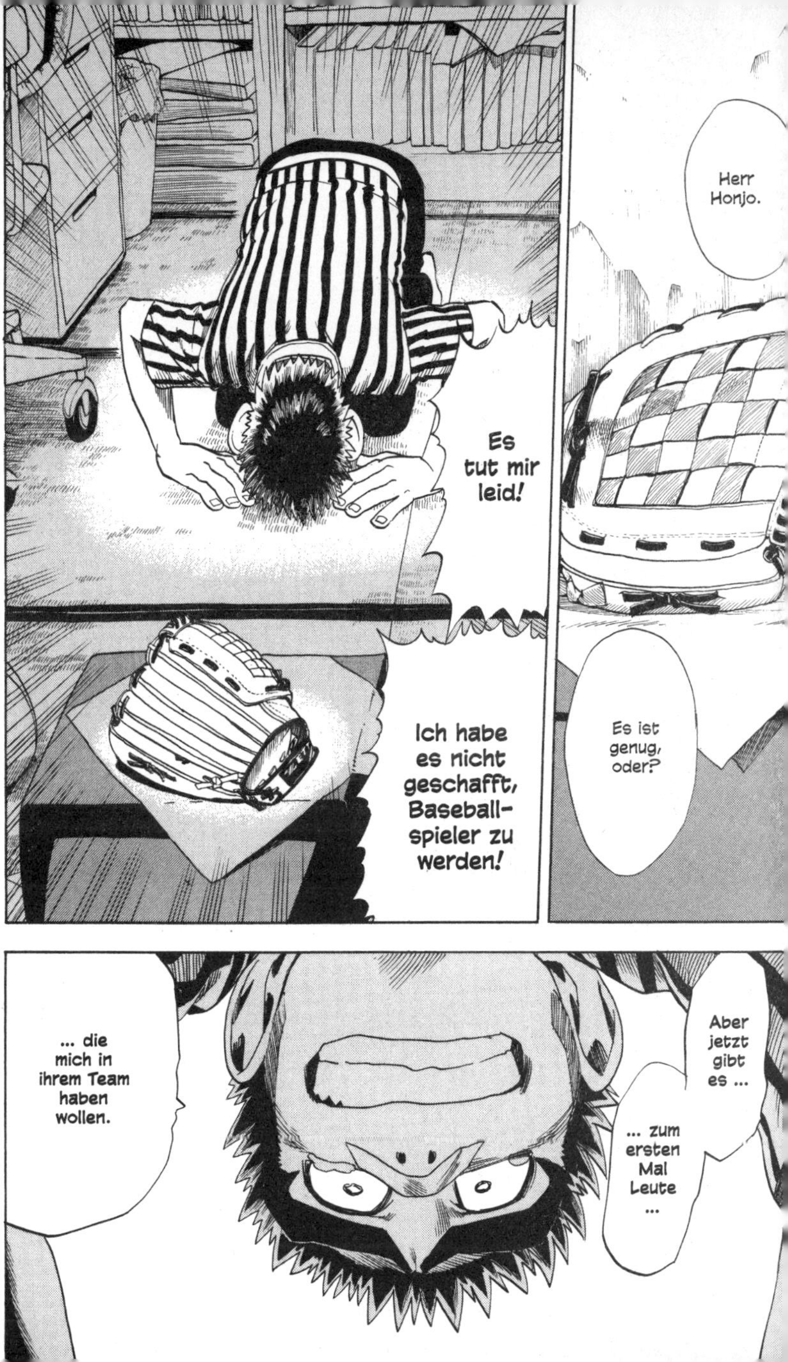
Herr Honjo.
Es tut mir leid!
Es ist genug, oder?
Ich habe es nicht geschafft, Baseball-spieler zu werden!
Aber jetzt gibt es ...
... zum ersten Mal Leute ...
... die mich in ihrem Team haben wollen.

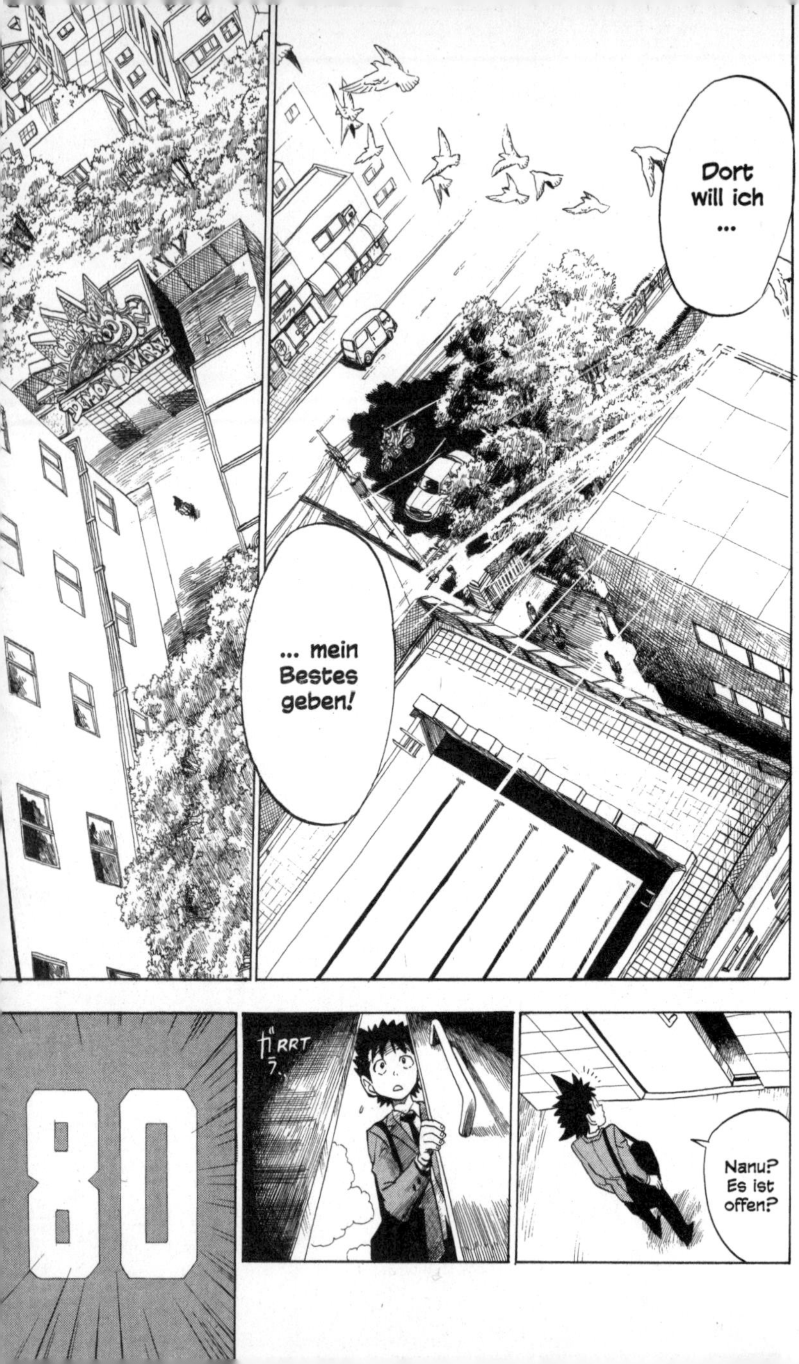
Dort will ich ...
... mein Bestes geben!
Nanu? Es ist offen?
RRT
80

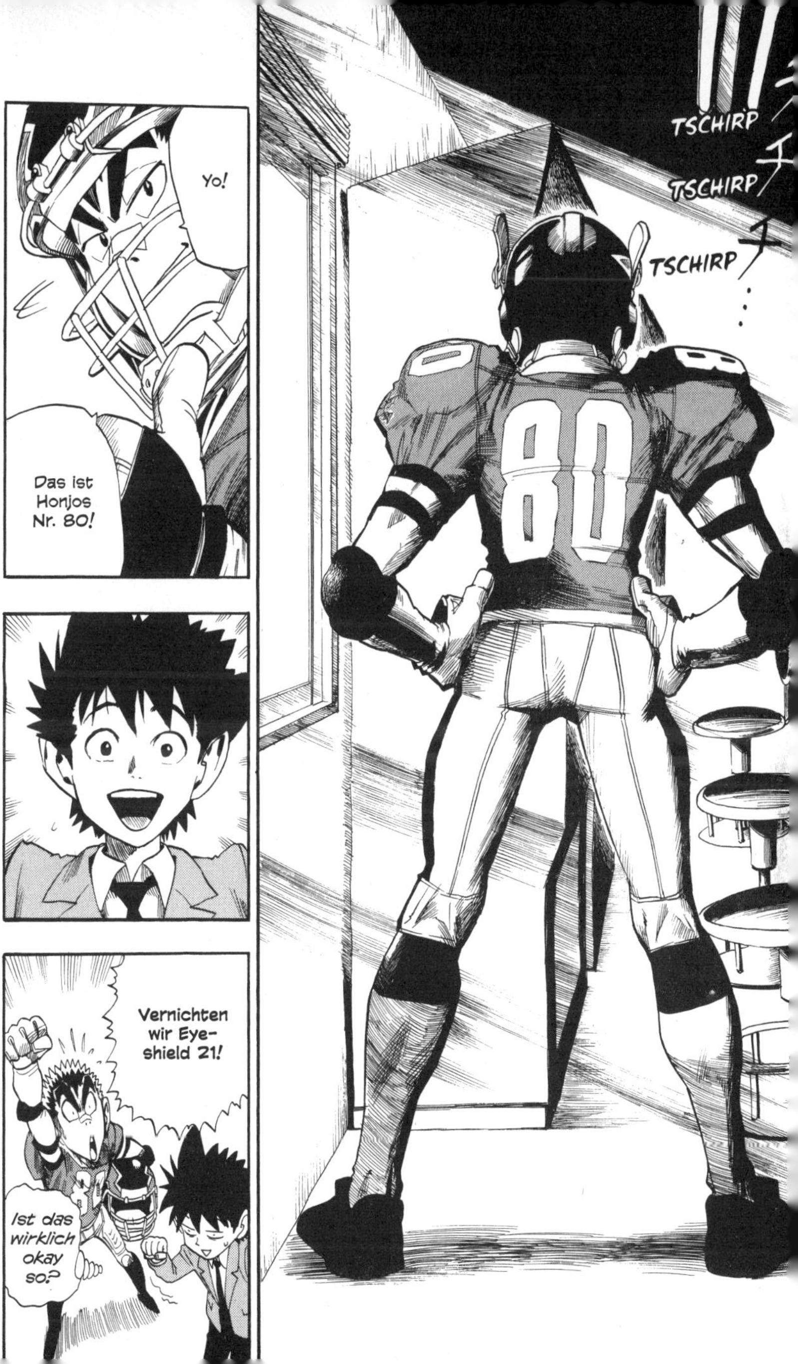
TSCHIRP
TSCHIRP
TSCHIRP
Yo!
Das ist Honjos Nr. 80!
Vernichten wir Eye-shield 21!
Ist das wirklich okay so?

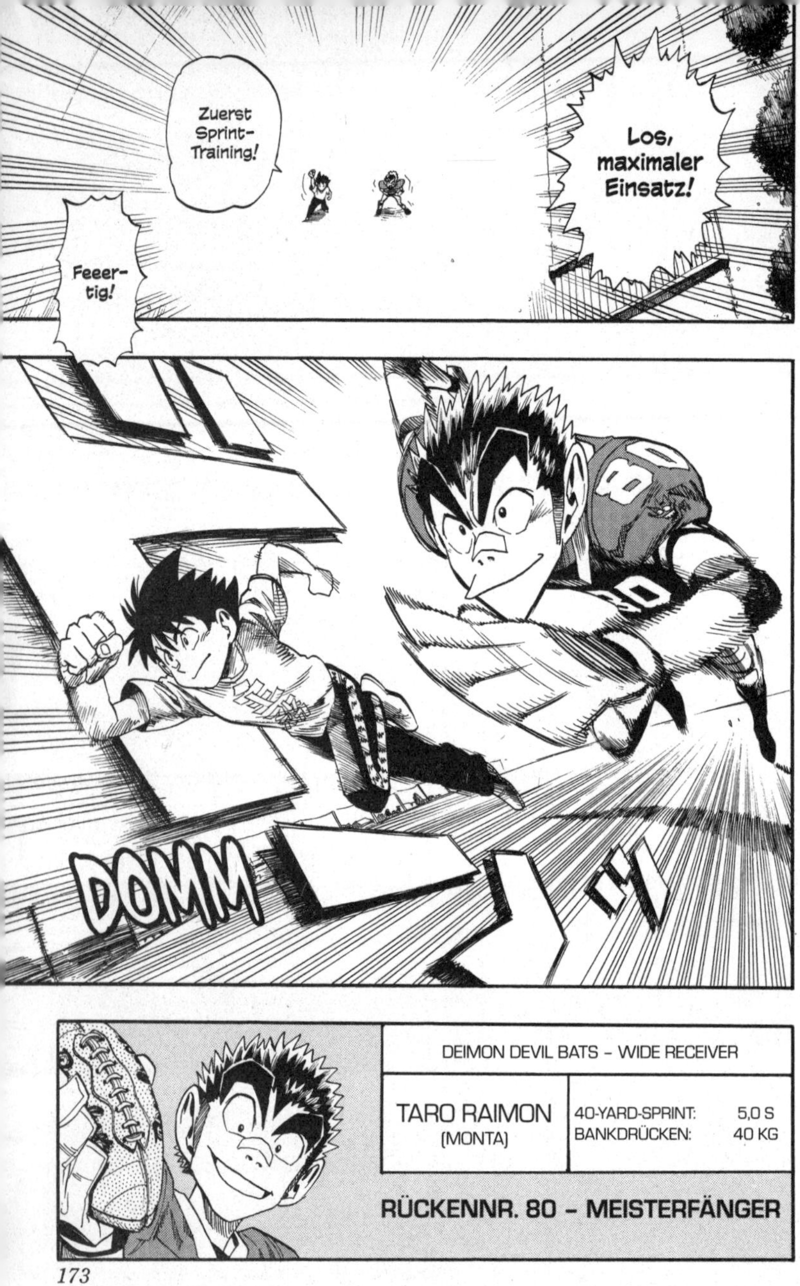
Los, maximaler Einsatz!
Zuerst Sprint-Training!
Feeer-tig!
DOMM
DEIMON DEVIL BATS – WIDE RECEIVER
TARO RAIMON
(MONTA)
40-YARD-SPRINT: 5,0 S
BANKDRÜCKEN: 40 KG
RÜCKENNR. 80 – MEISTERFÄNGER

WEM GEHÖREN DIESE HÄNDE? AUFLÖSUNG

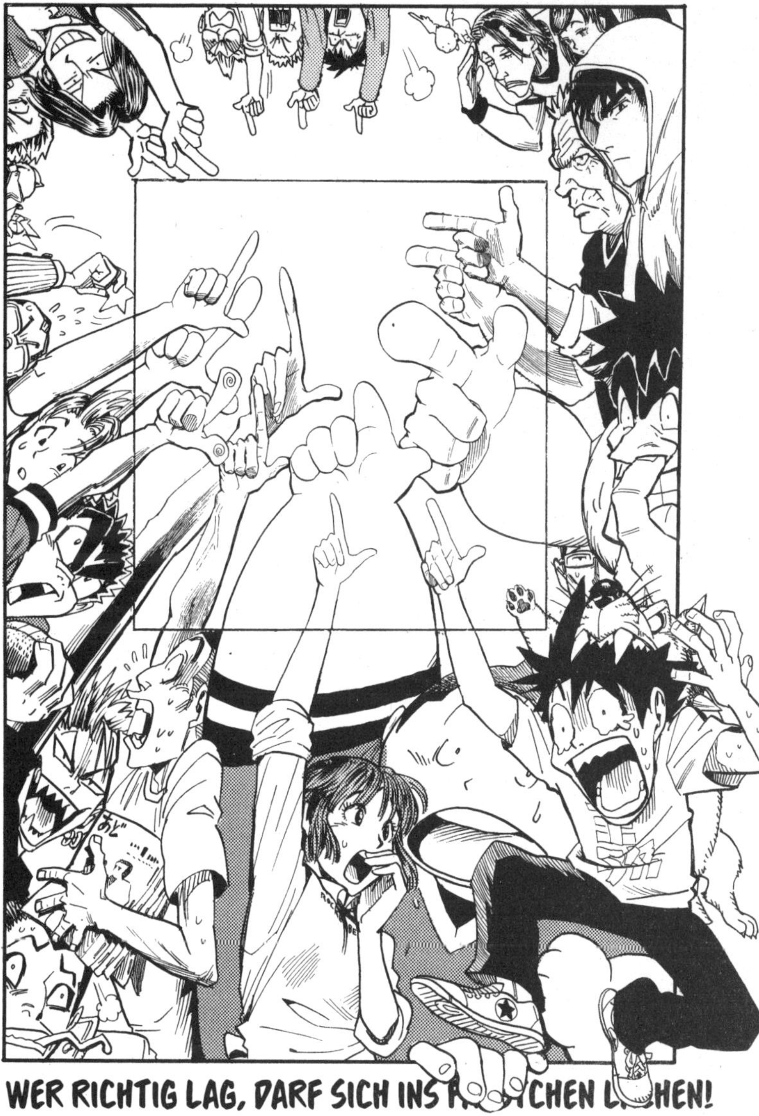

WER RICHTIG LAG, DARF SICH INS F[illegible]TCHEN L[illegible]CHEN!

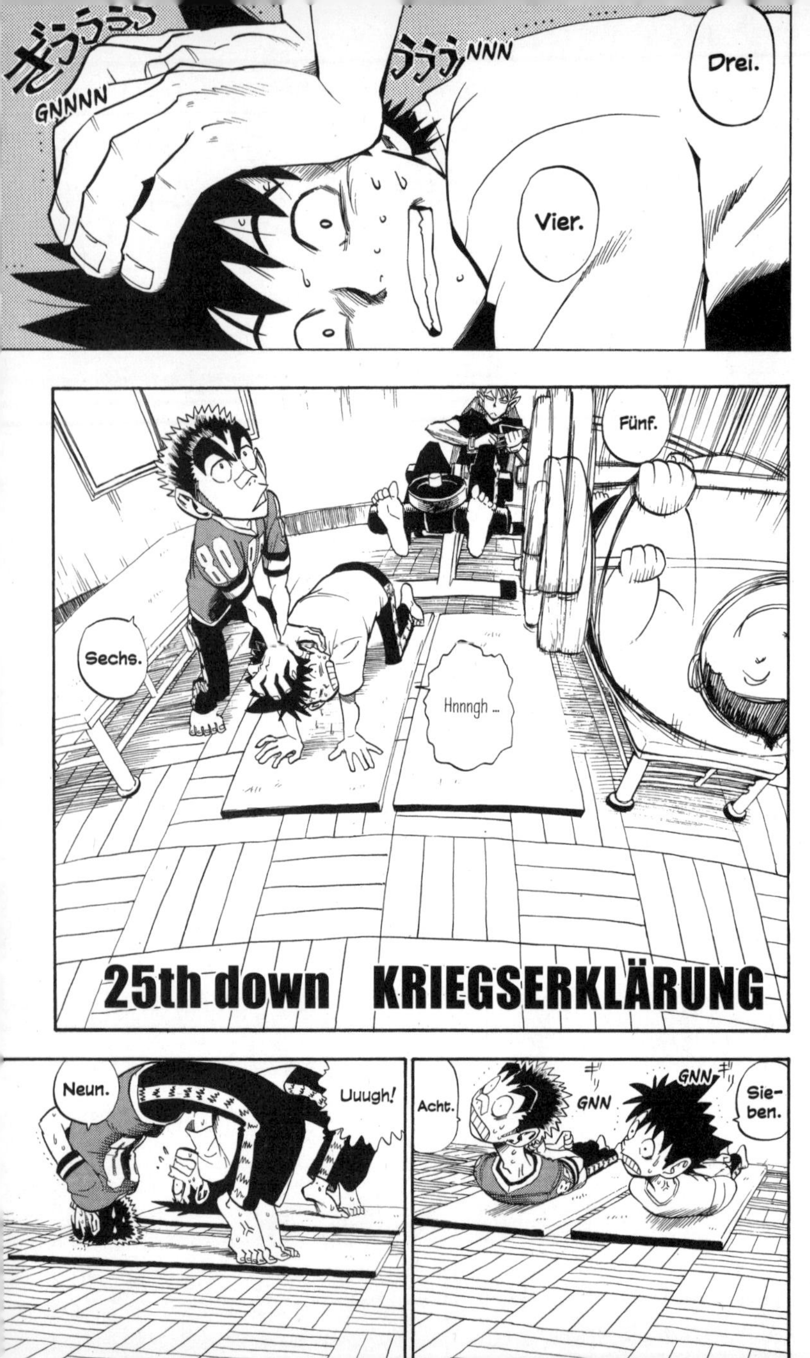

NNN
GNNNN
Drei.
Vier.
Fünf.
Sechs.
Hnnngh ...
25th down KRIEGSERKLÄRUNG
Sie-
ben.
GNN
GNN
Acht.
Uuugh!
Neun.

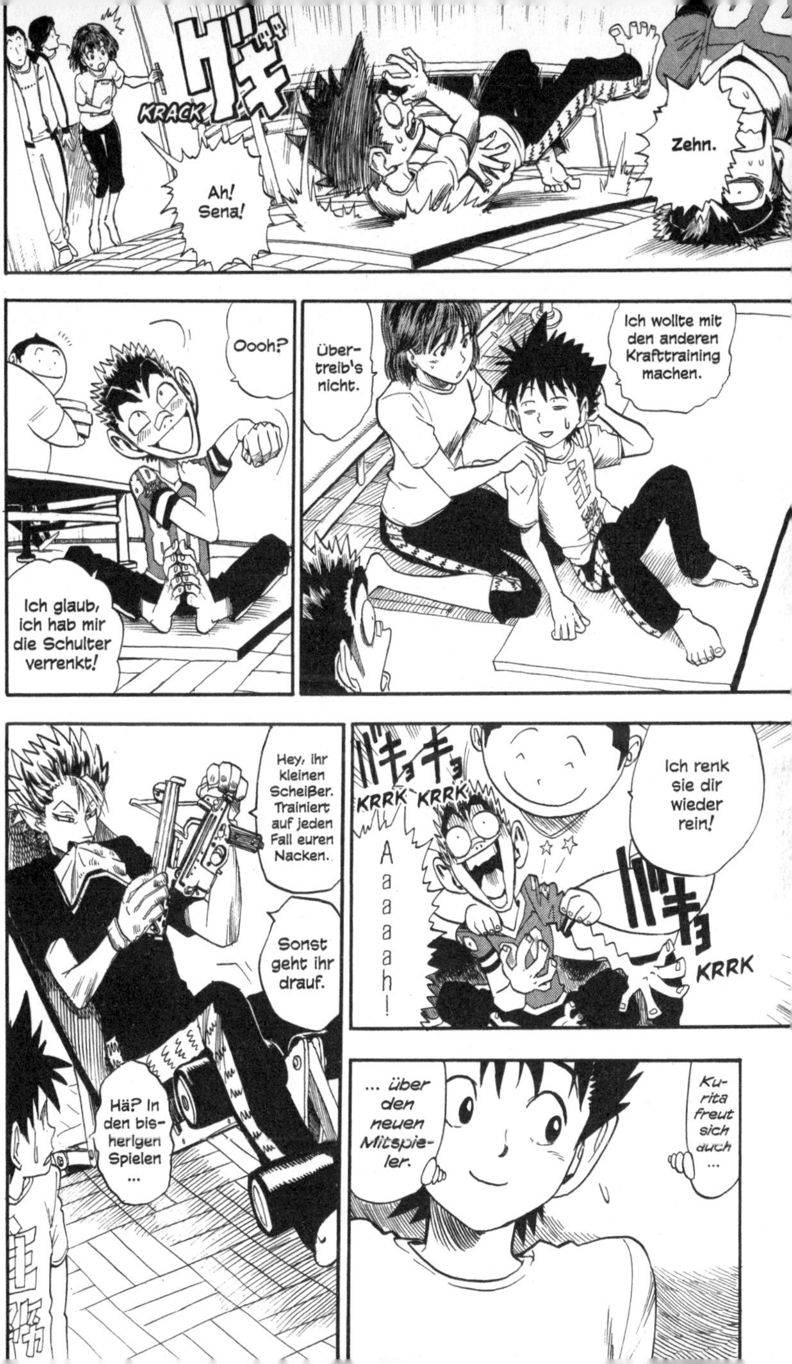
KRACK
Ah! Sena!
Zehn.
Ich wollte mit den anderen Krafttraining machen.
Über-treib's nicht.
Oooh?
Ich glaub, ich hab mir die Schulter verrenkt!
Ich renk sie dir wieder rein!
KRRK KRRK
Aaaaaah!
KRRK
Hey, ihr kleinen Scheißer. Trainiert auf jeden Fall euren Nacken.
Sonst geht ihr drauf.
Kurita freut sich auch ...
... über den neuen Mitspieler.
Hä? In den bisherigen Spielen ...

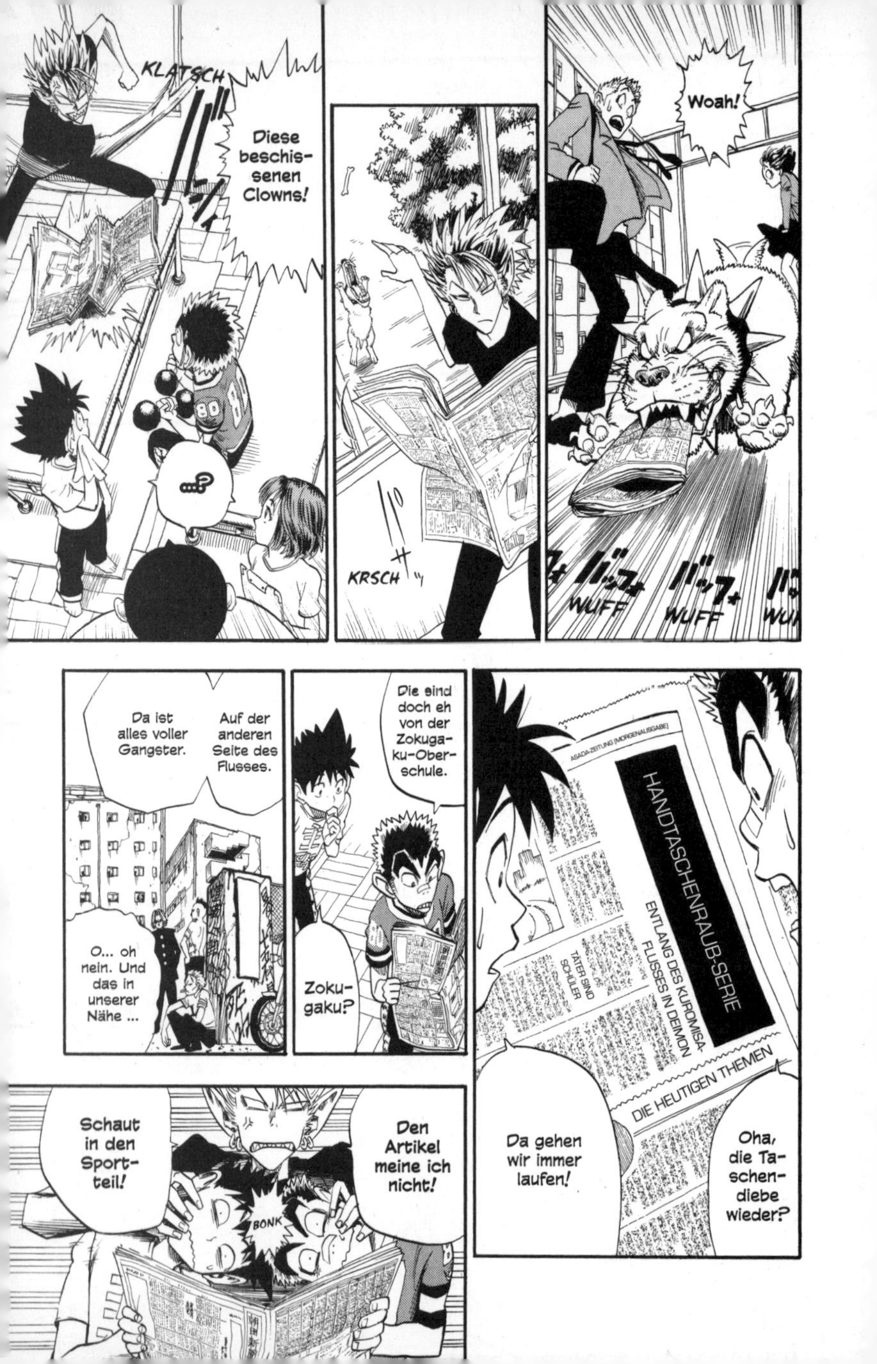

Woah!
WUFF
WUFF
WUFF
KRSCH
KLATSCH
Diese beschissenen Clowns!
...?
ASADA-ZEITUNG (MORGENAUSGABE)
HANDTASCHENRAUB-SERIE
ENTLANG DES KUROMISA-FLUSSES IN DEIMON
TÄTER SIND SCHÜLER
DIE HEUTIGEN THEMEN
Oha, die Taschendiebe wieder?
Da gehen wir immer laufen!
Die sind doch eh von der Zokugaku-Oberschule.
Zokugaku?
Auf der anderen Seite des Flusses.
Da ist alles voller Gangster.
O... oh nein. Und das in unserer Nähe ...
Den Artikel meine ich nicht!
Schaut in den Sportteil!
BONK

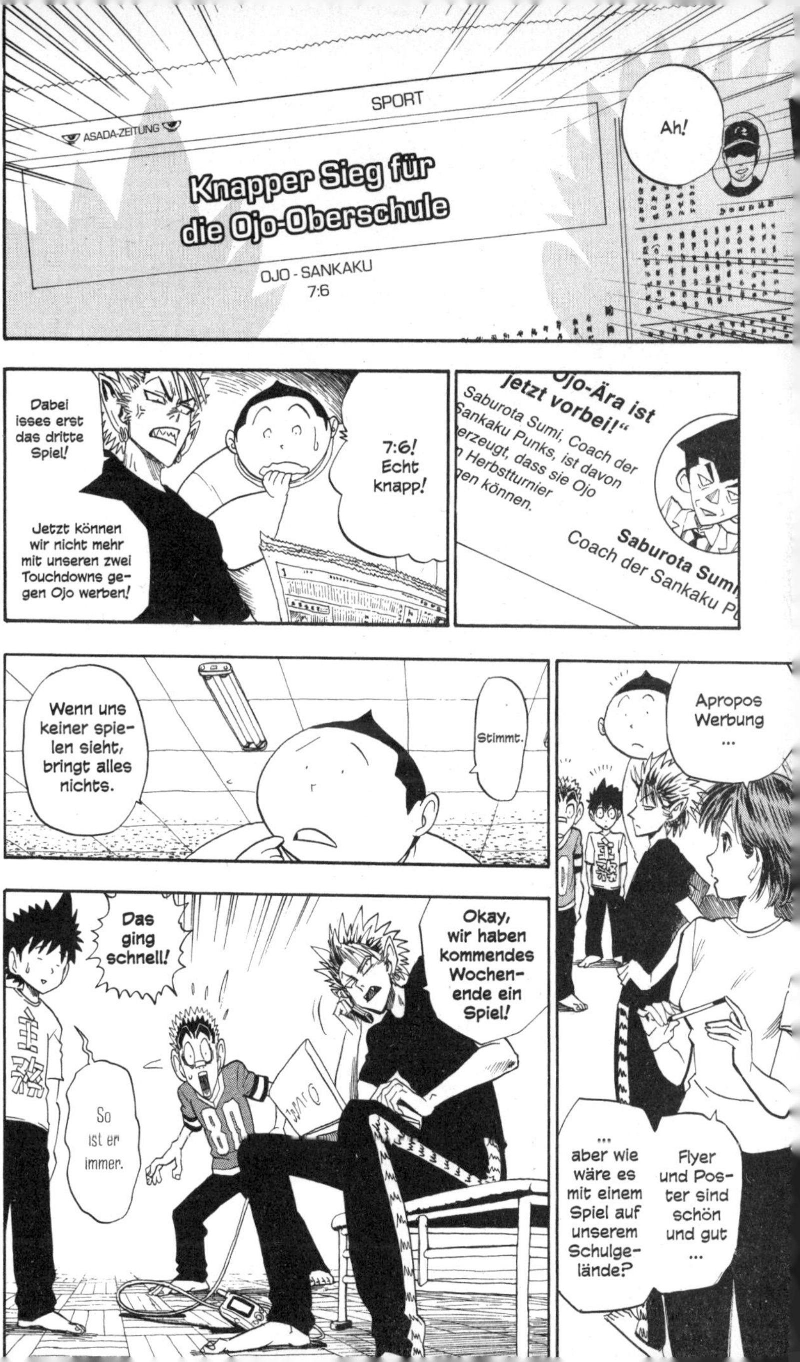
SPORT
ASADA-ZEITUNG
Knapper Sieg für die Ojo-Oberschule
OJO - SANKAKU 7:6
Ah!
„Ojo-Ära ist jetzt vorbei!“
Saburota Sumi, Coach der Sankaku Punks, ist davon überzeugt, dass sie Ojo im Herbstturnier besiegen können.
Saburota Sumi
Coach der Sankaku P
7:6! Echt knapp!
Dabei isses erst das dritte Spiel!
Jetzt können wir nicht mehr mit unseren zwei Touchdowns gegen Ojo werben!
Apropos Werbung ...
Stimmt.
Wenn uns keiner spielen sieht, bringt alles nichts.
Flyer und Poster sind schön und gut ...
... aber wie wäre es mit einem Spiel auf unserem Schulgelände?
Okay, wir haben kommendes Wochenende ein Spiel!
Das ging schnell!
So ist er immer.

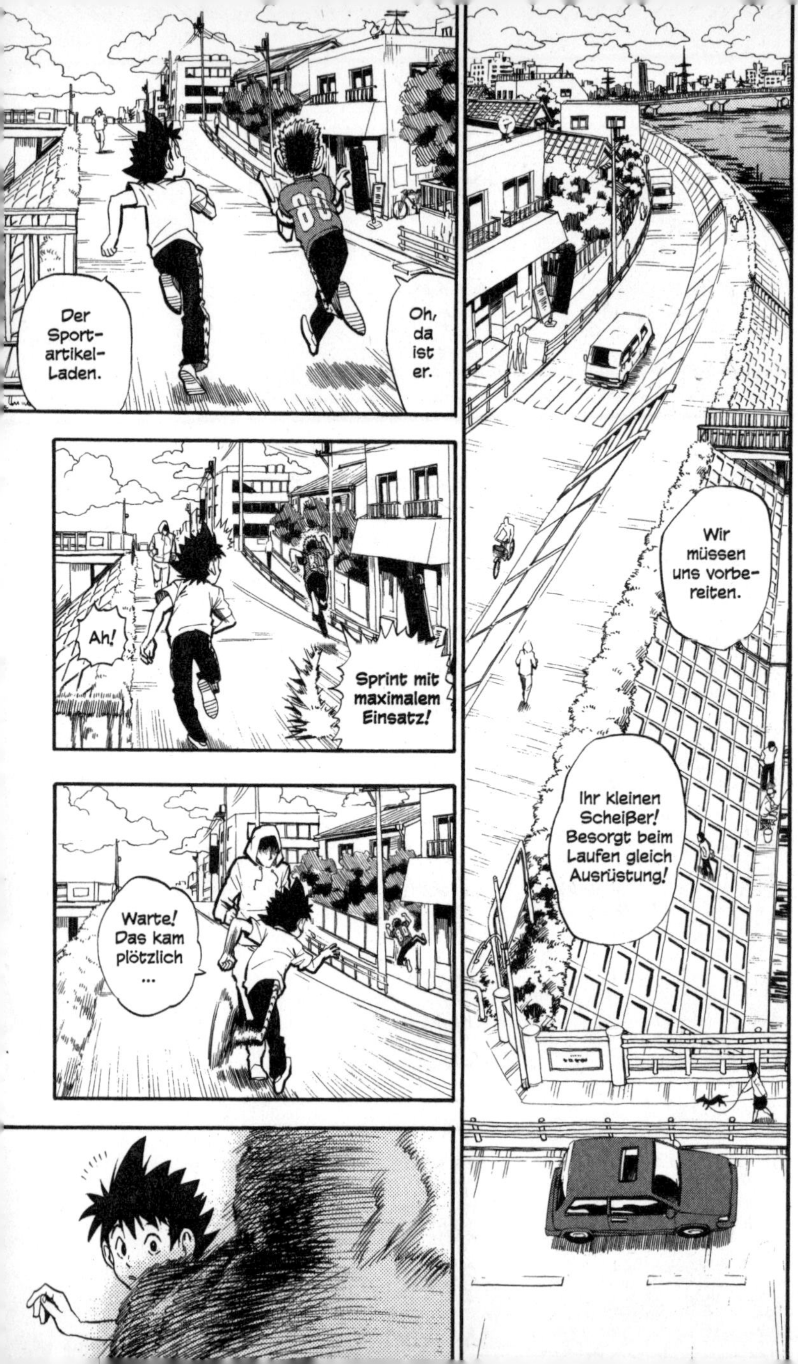
Wir müssen uns vorbereiten.
Ihr kleinen Scheißer! Besorgt beim Laufen gleich Ausrüstung!
Oh, da ist er.
Der Sportartikel-Laden.
Sprint mit maximalem Einsatz!
Ah!
Warte! Das kam plötzlich ...

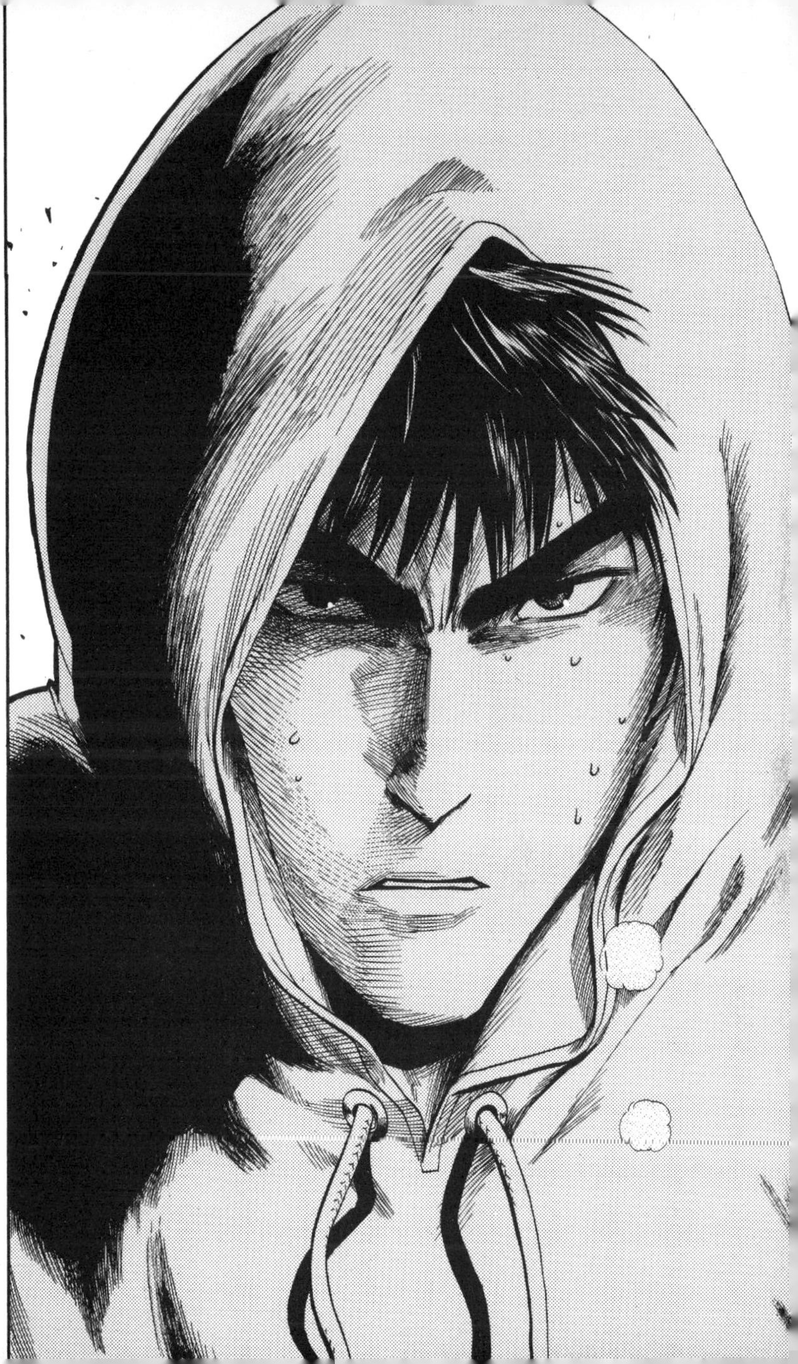

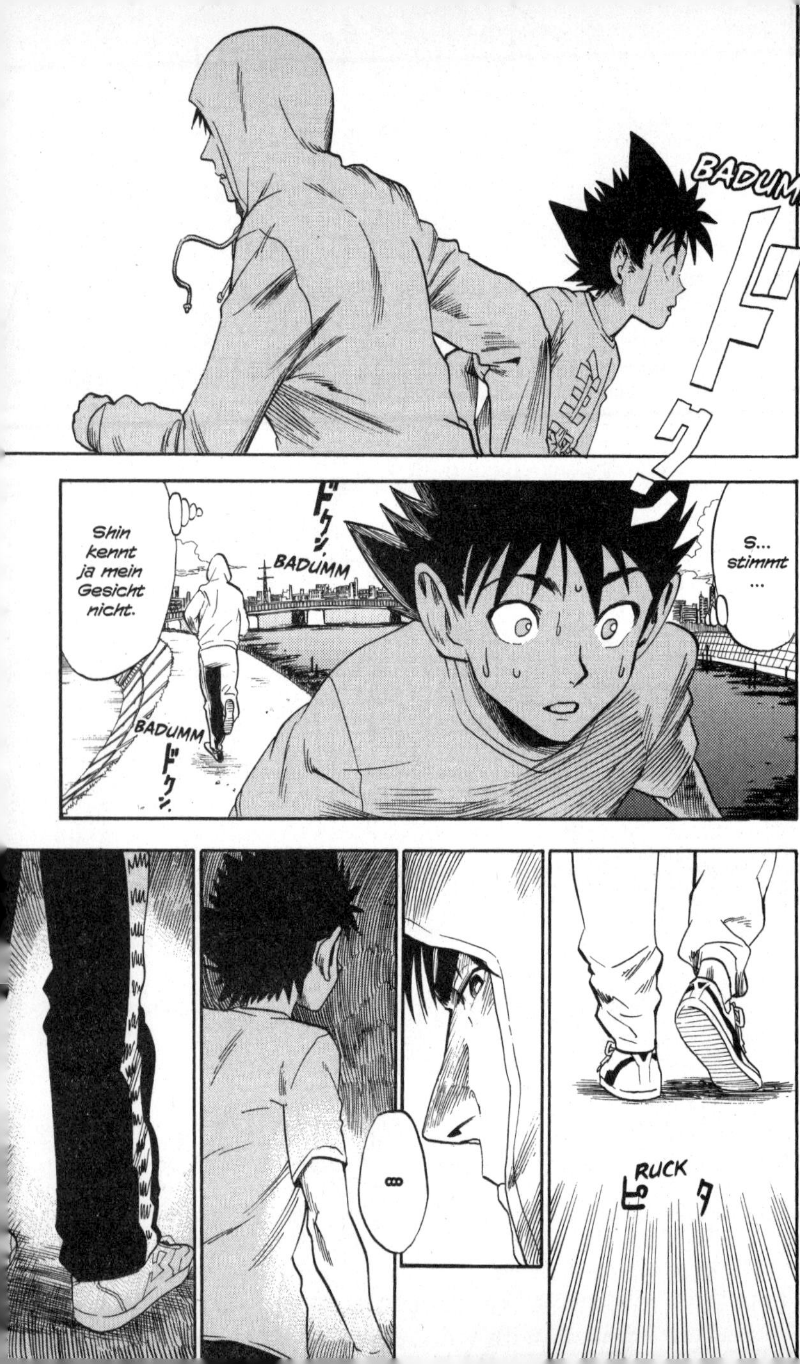
BADUMM
ドクン
S... stimmt ...
BADUMM
ドクン
Shin kennt ja mein Gesicht nicht.
BADUMM
ドクン
RUCK
ピタ
...

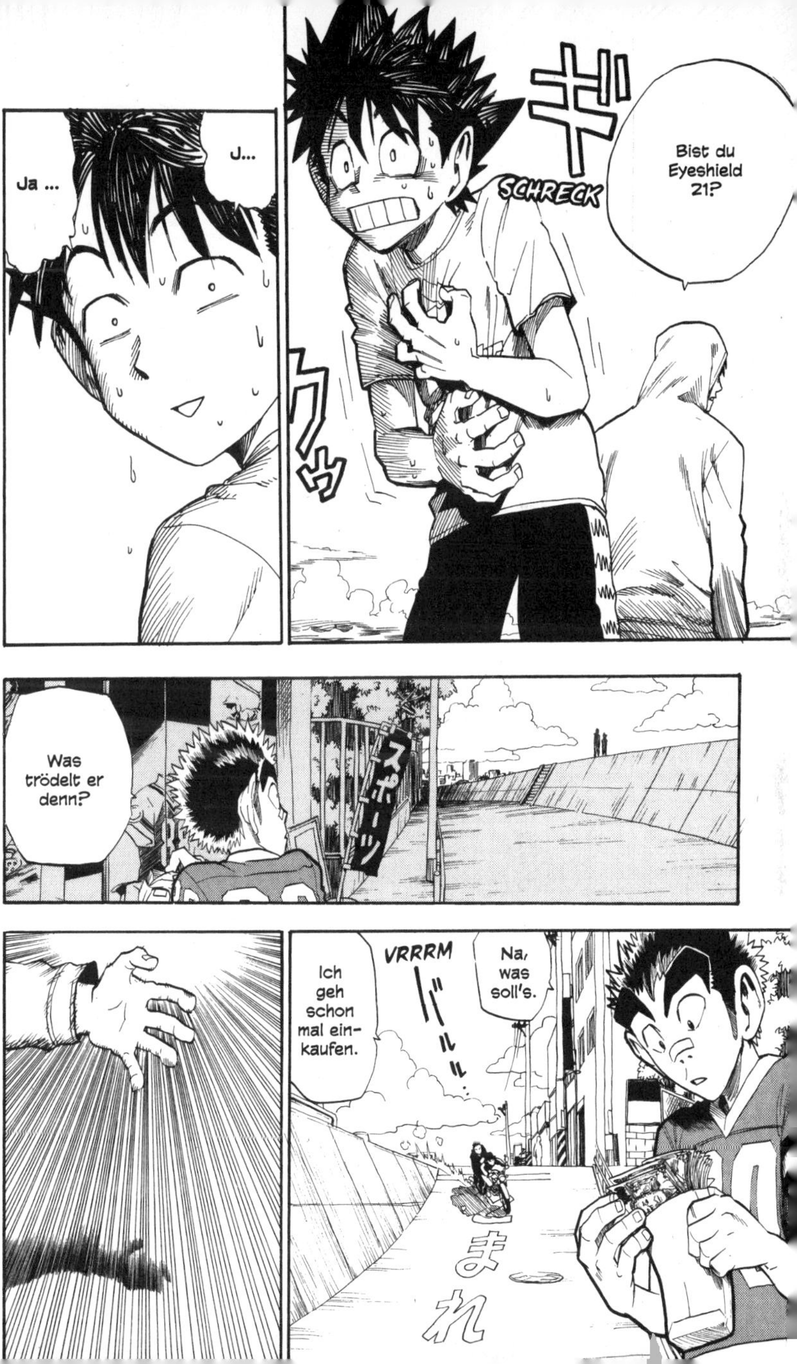
Bist du Eyeshield 21?
ギ
SCHRECK
J...
Ja ...
Was trödelt er denn?
スポーツ
Na, was soll's.
VRRRM
バルル
Ich geh schon mal ein-kaufen.
まれ

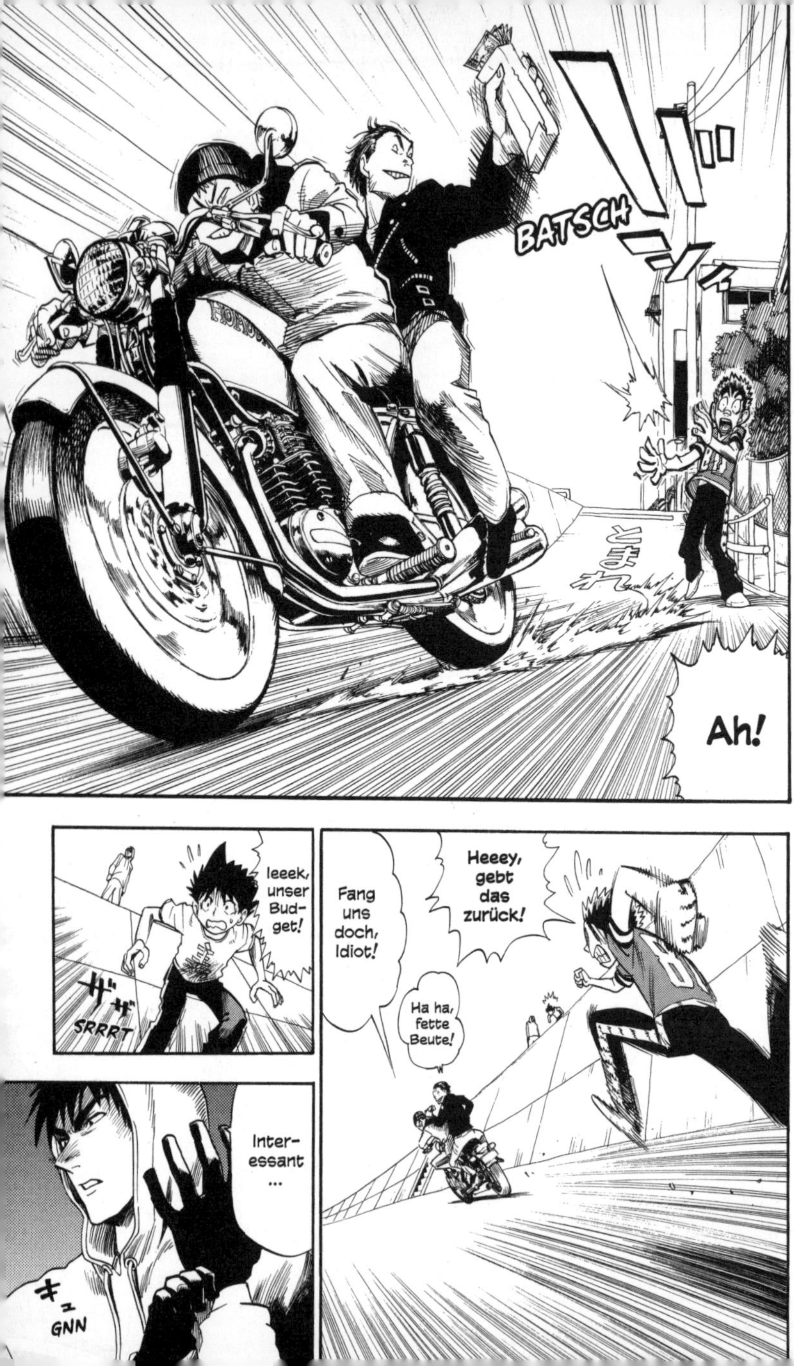
BATSCH
Ah!
Heeey, gebt das zurück!
Fang uns doch, Idiot!
Ha ha, fette Beute!
Ieeek, unser Bud-get!
SRRRT
Inter-essant …
GNN

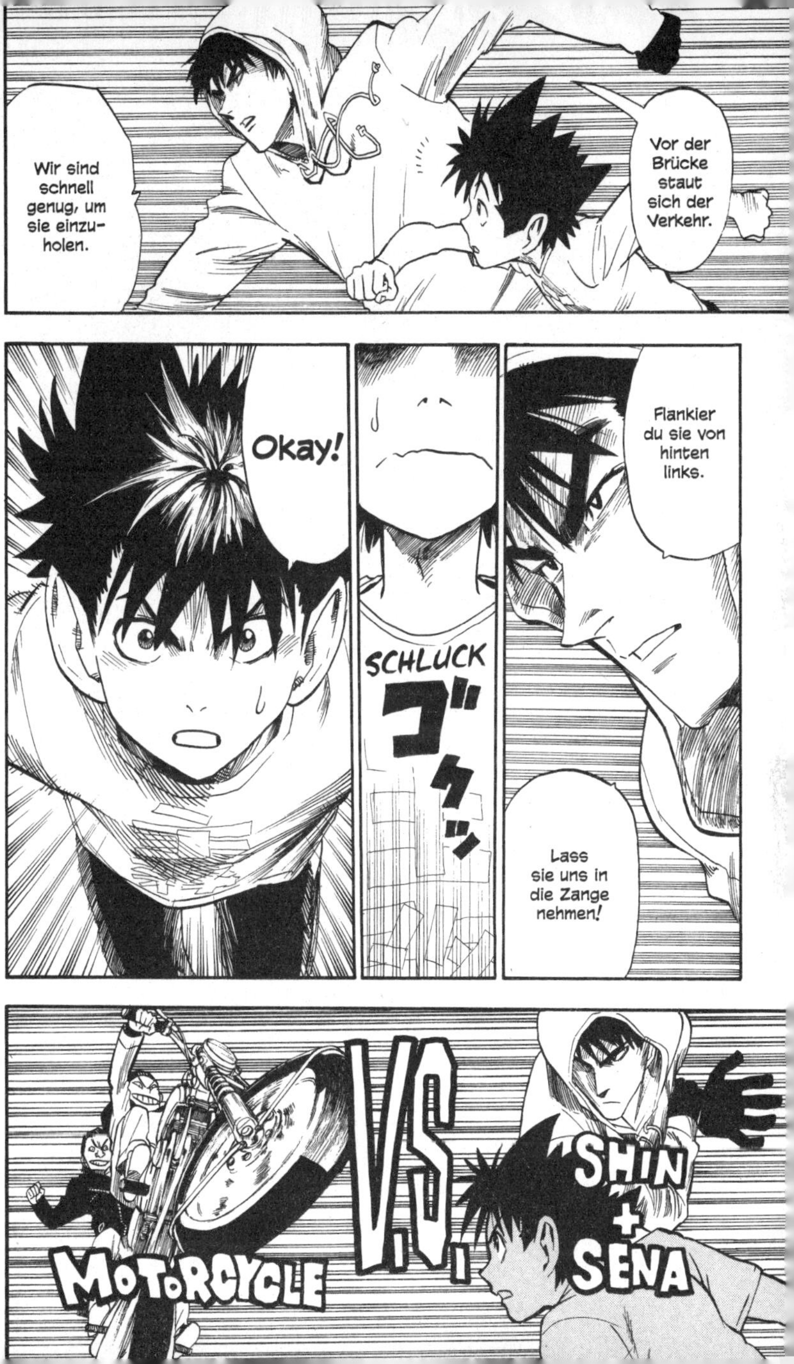

Vor der Brücke staut sich der Verkehr.
Wir sind schnell genug, um sie einzuholen.
Flankier du sie von hinten links.
Lass sie uns in die Zange nehmen!
SCHLUCK
ゴクッ
Okay!
SHIN + SENA
V.S.
MOTORCYCLE

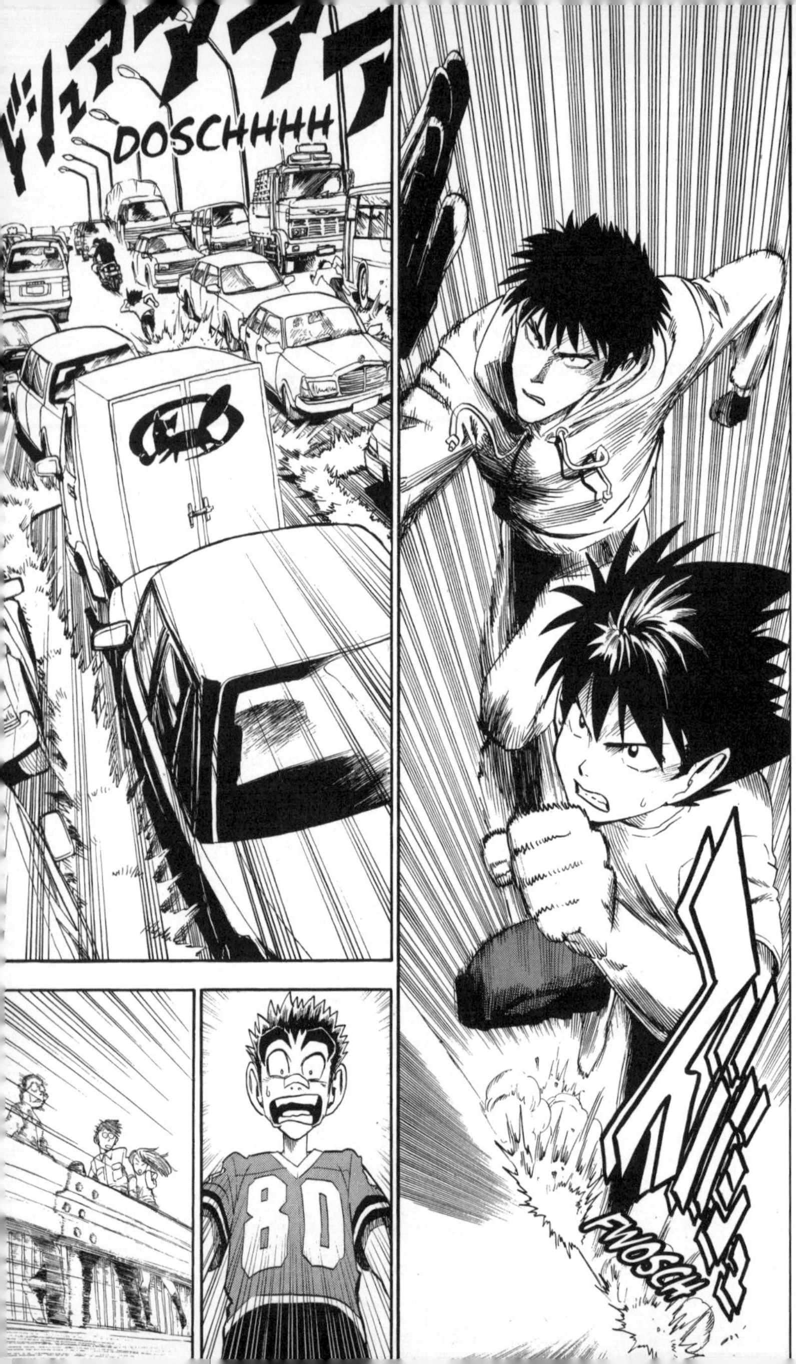
DOSCHHHH
FWOSCH

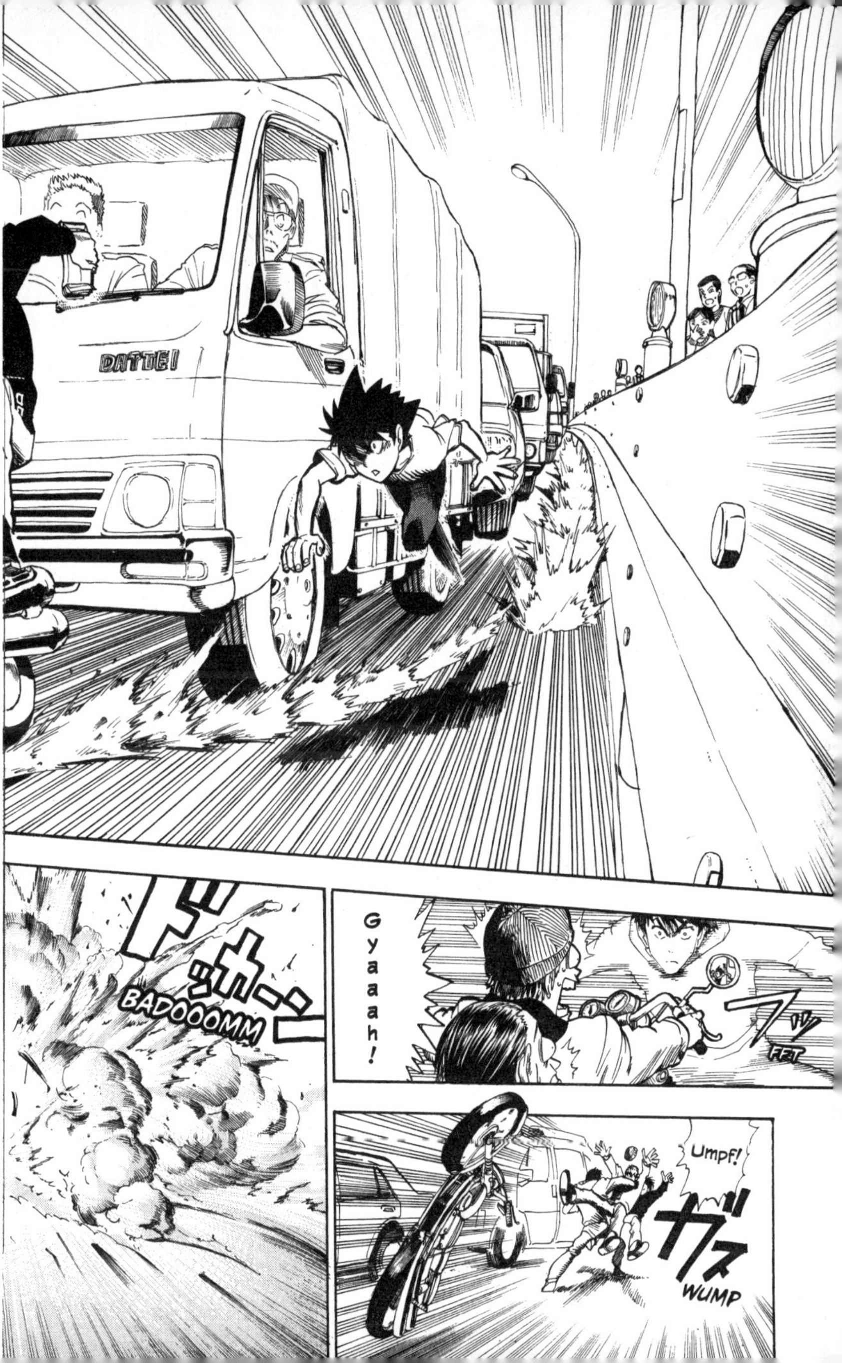
DATTEI
BADOOOMM
Gyaaah!
フッ
FFT
Umpf!
ガス
WUMP

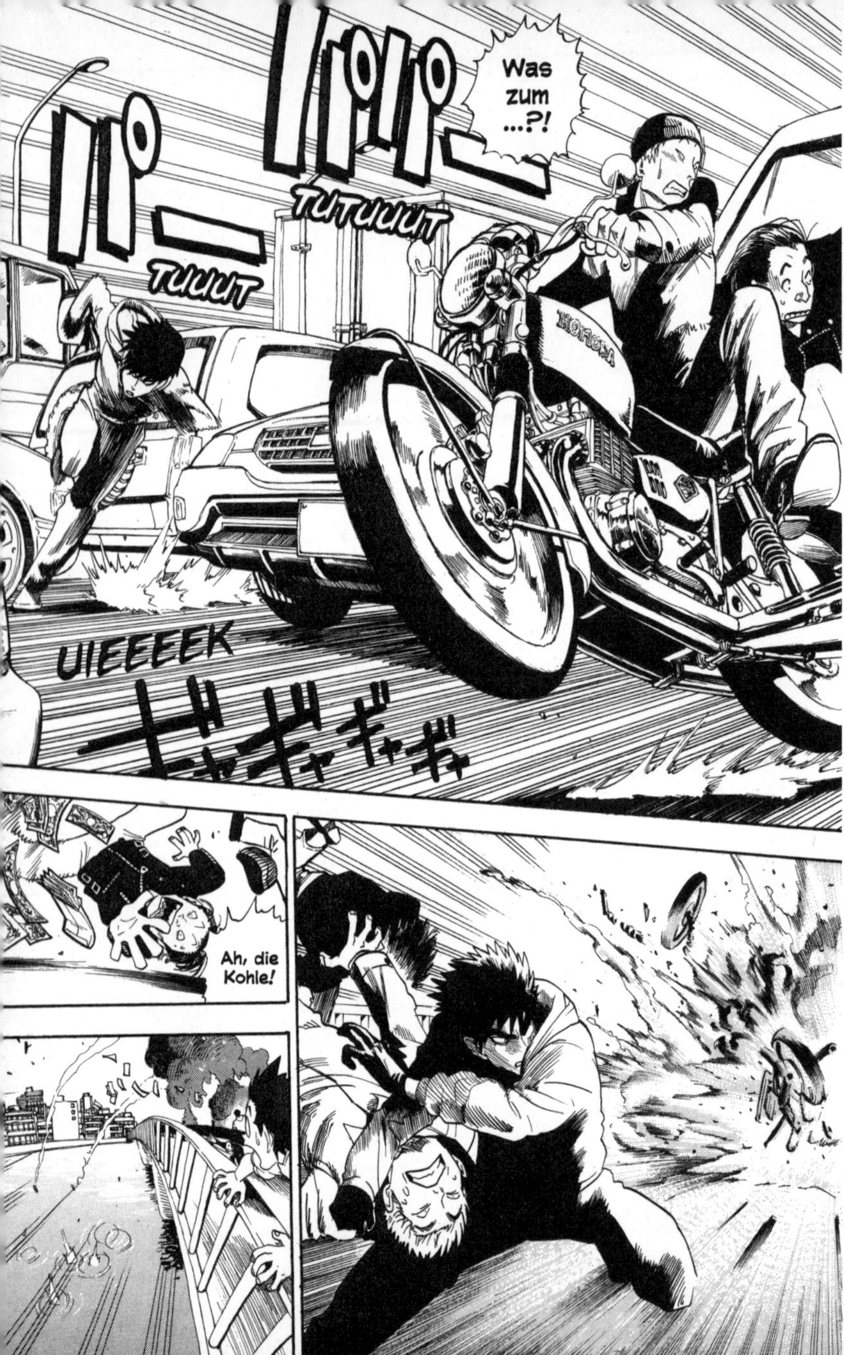

Was zum ...?!
TUTUUUT
TUUUT
UIEEEEK
Ah, die Kohle!

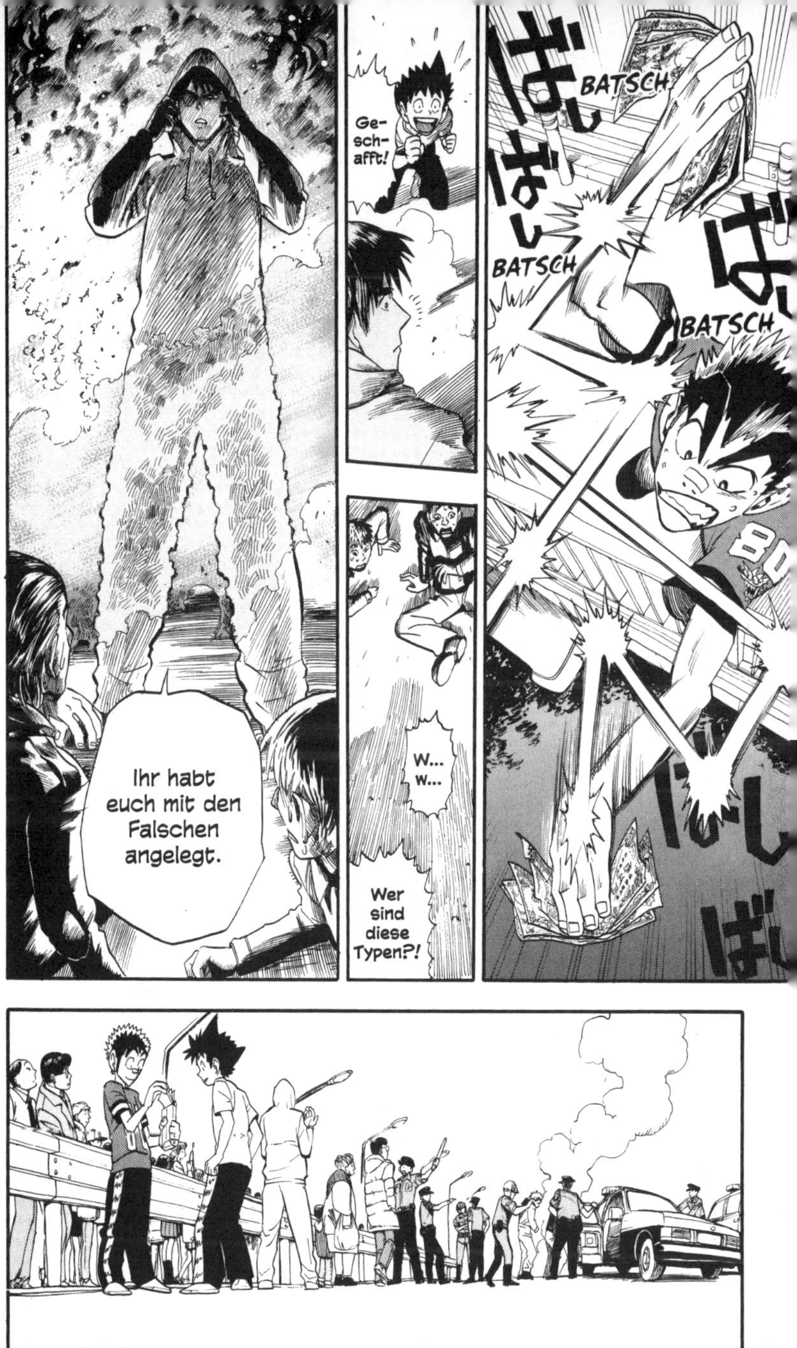

BATSCH
BATSCH
BATSCH
Ge-sch-afft!
W... w...
Wer sind diese Typen?!
Ihr habt euch mit den Falschen angelegt.

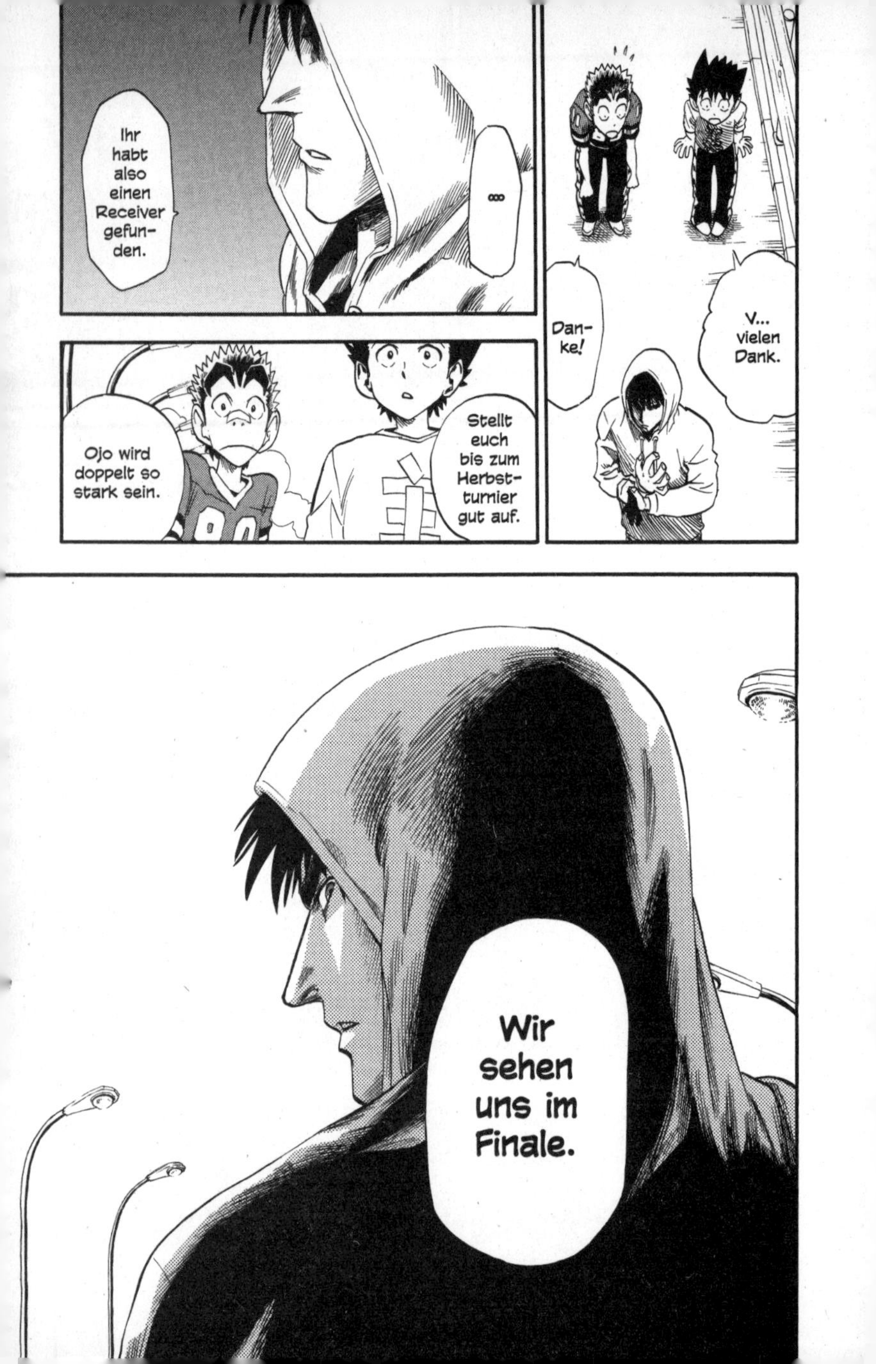
V... vielen Dank.
Dan-ke!
...
Ihr habt also einen Receiver gefun-den.
Stellt euch bis zum Herbst-turnier gut auf.
Ojo wird doppelt so stark sein.
Wir sehen uns im Finale.

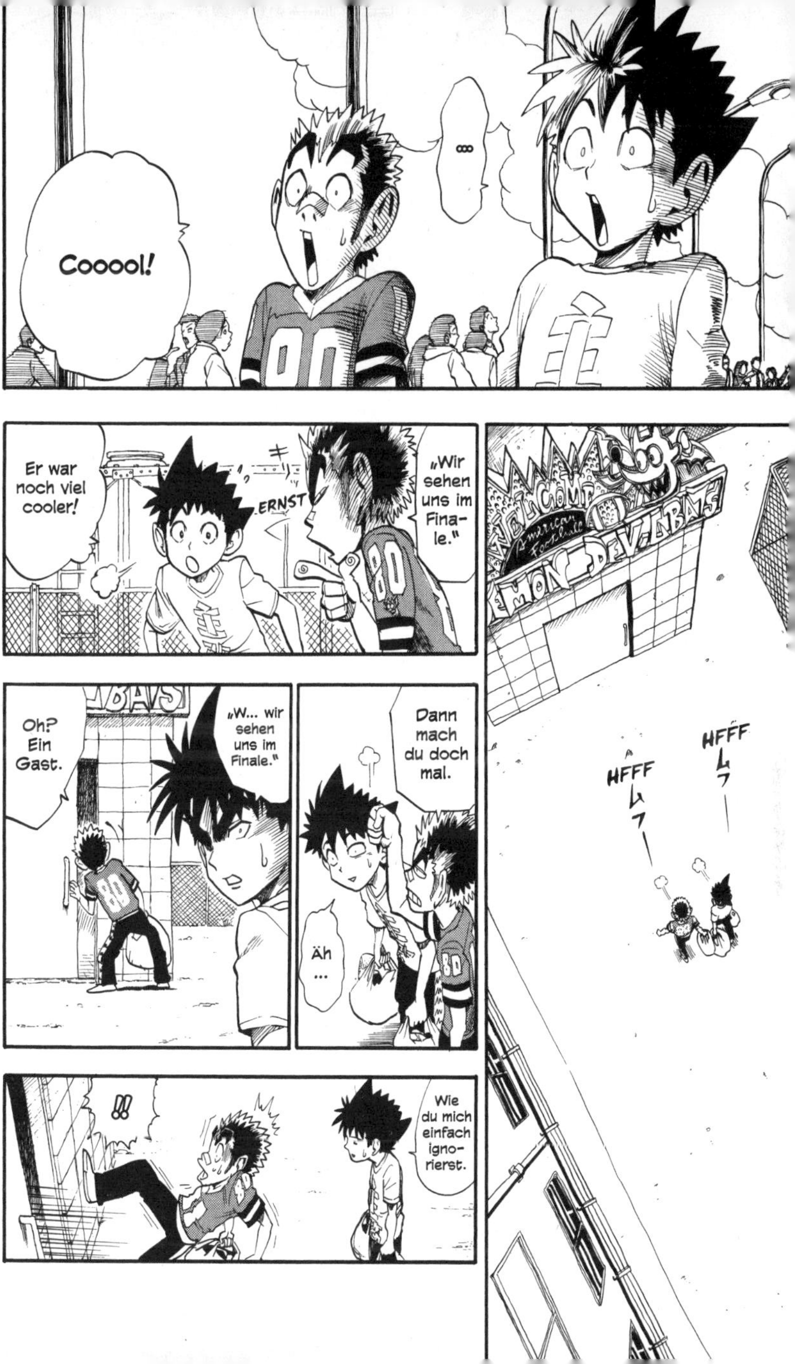
...
Cooool!
HFFF
HFFF
„Wir sehen uns im Finale."
ERNST
Er war noch viel cooler!
Dann mach du doch mal.
Äh ...
„W... wir sehen uns im Finale."
Oh? Ein Gast.
Wie du mich einfach ignorierst.
!!

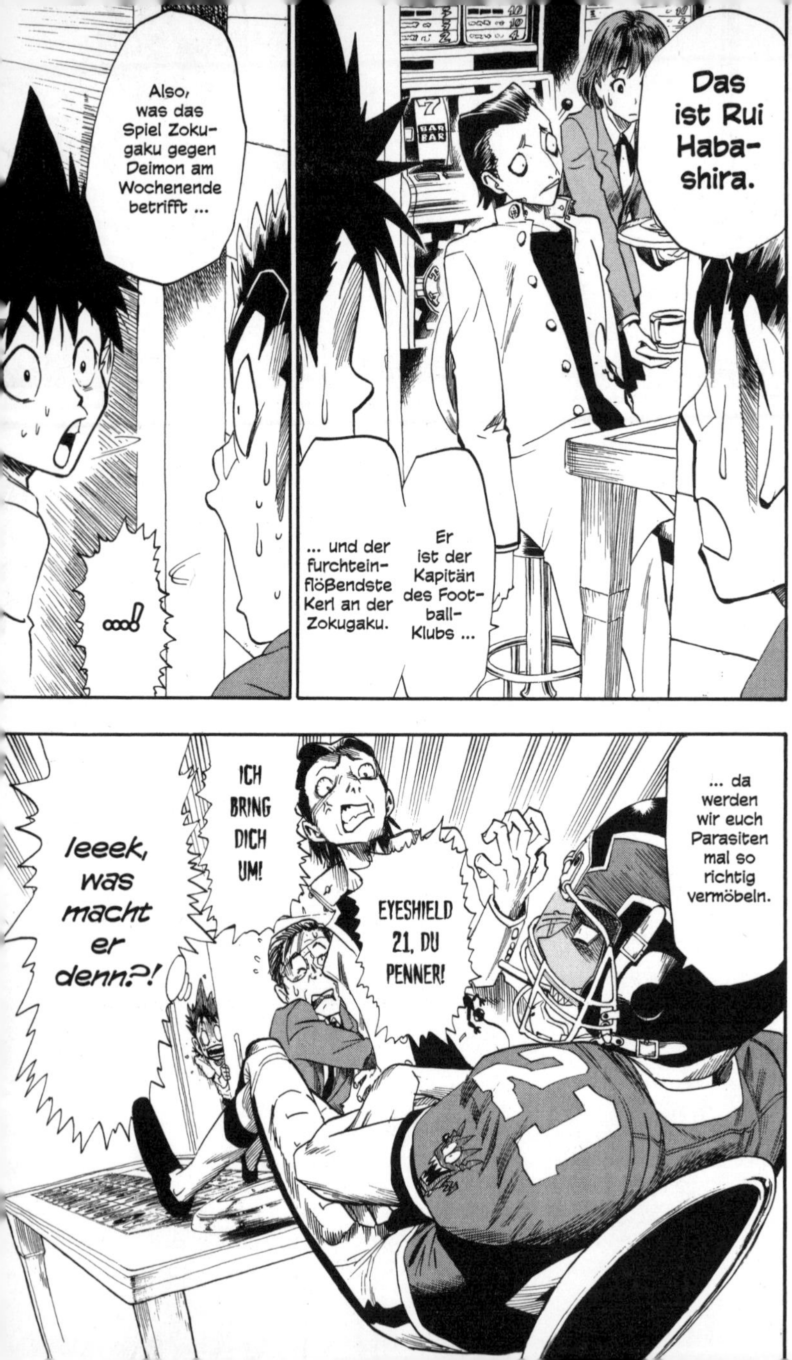
Das ist Rui Habashira.
Er ist der Kapitän des Football-Klubs ...
... und der furchteinflößendste Kerl an der Zokugaku.
Also, was das Spiel Zokugaku gegen Deimon am Wochenende betrifft ...
...!
... da werden wir euch Parasiten mal so richtig vermöbeln.
EYESHIELD 21, DU PENNER!
ICH BRING DICH UM!
Ieeek, was macht er denn?!

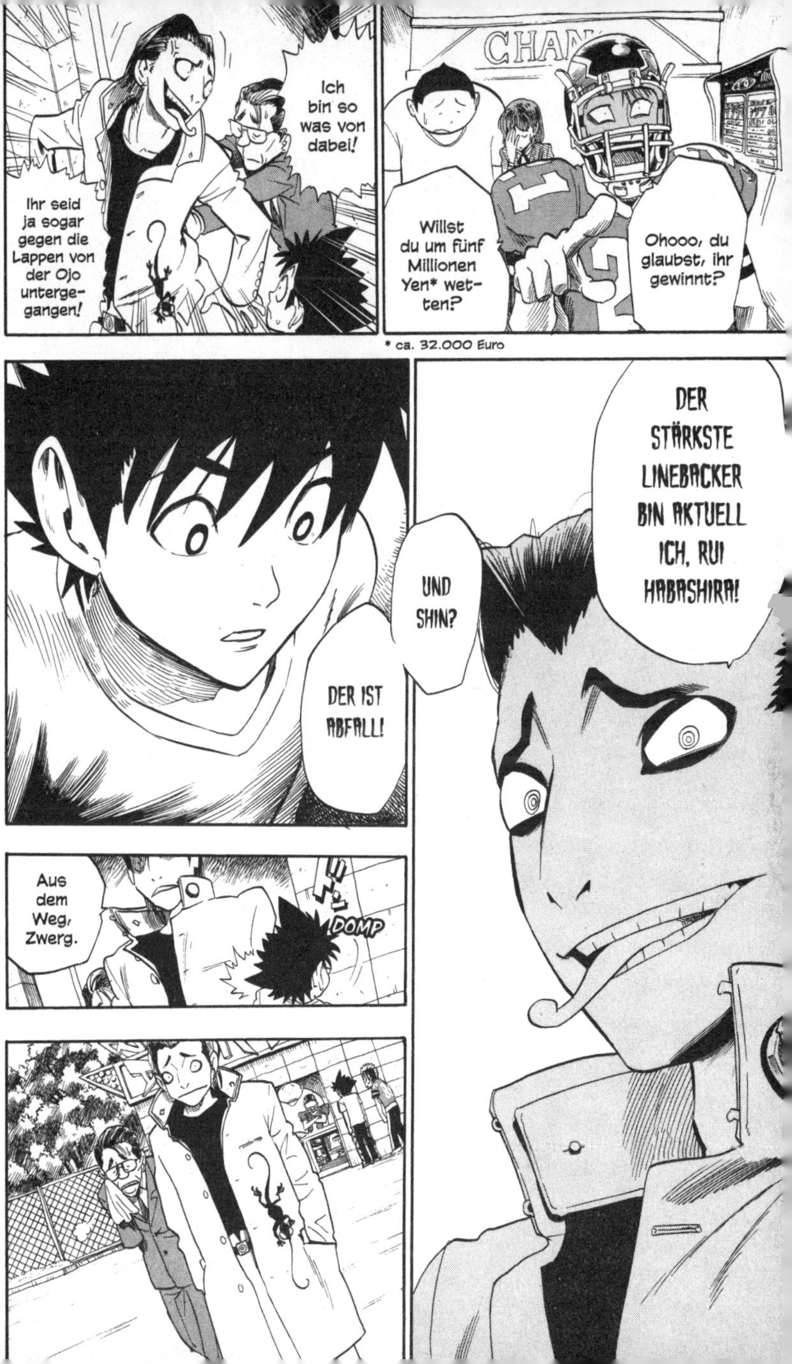

* ca. 32.000 Euro

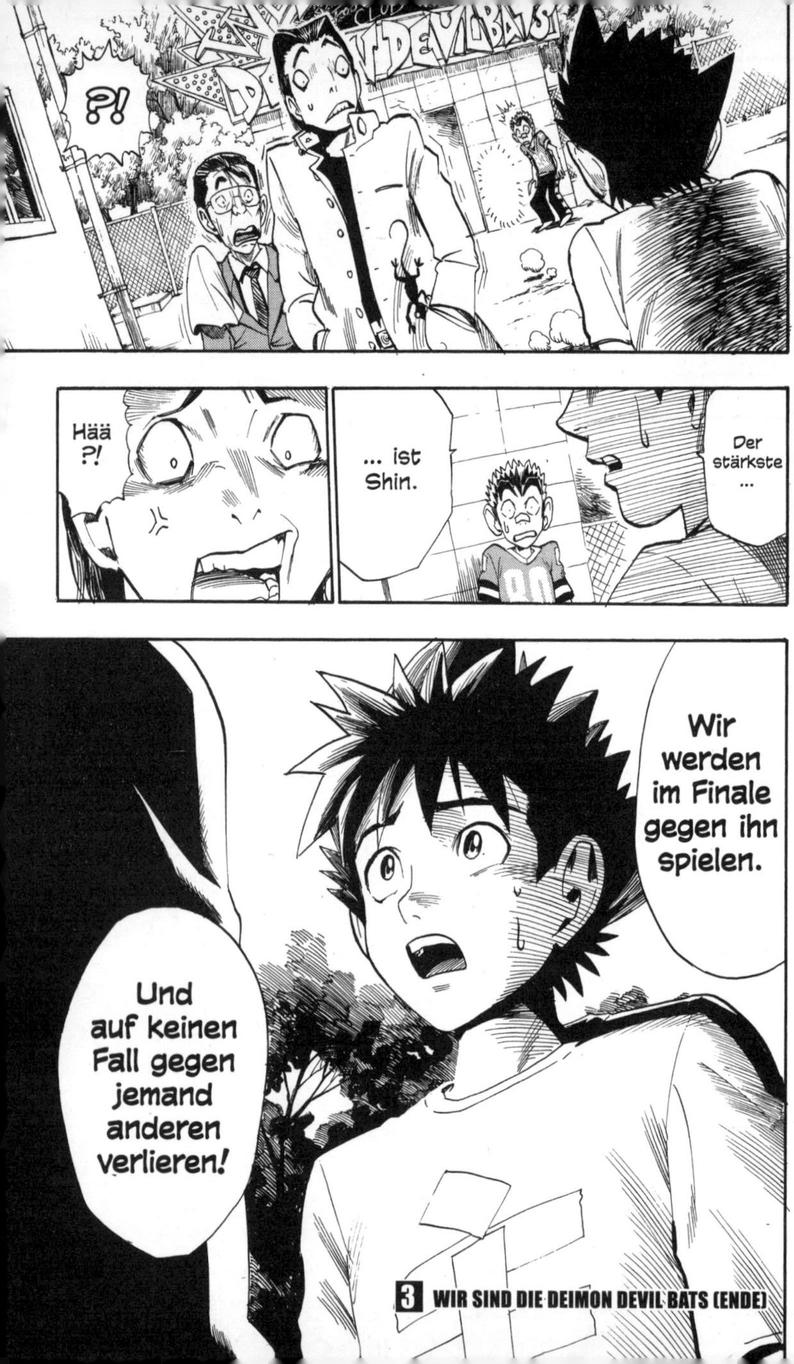
DEVILBATS
?!
Der stärkste ...
... ist Shin.
Hää ?!
Wir werden im Finale gegen ihn spielen.
Und auf keinen Fall gegen jemand anderen verlieren!
3 WIR SIND DIE DEIMON DEVIL BATS (ENDE)

DIE UNBESUNGENEN HELDEN

DAS EINMALEINS DER NEBENROLLEN

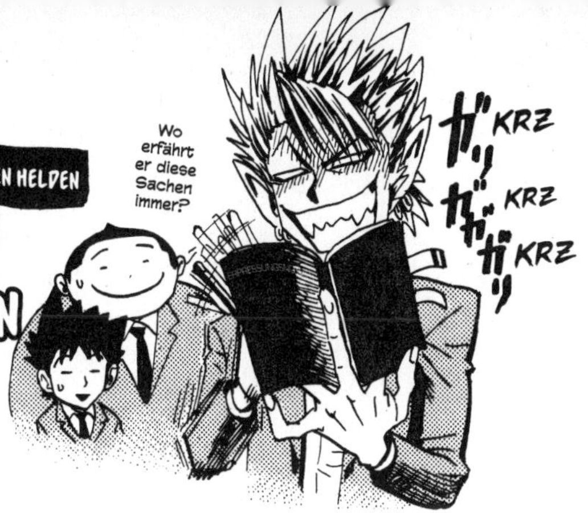

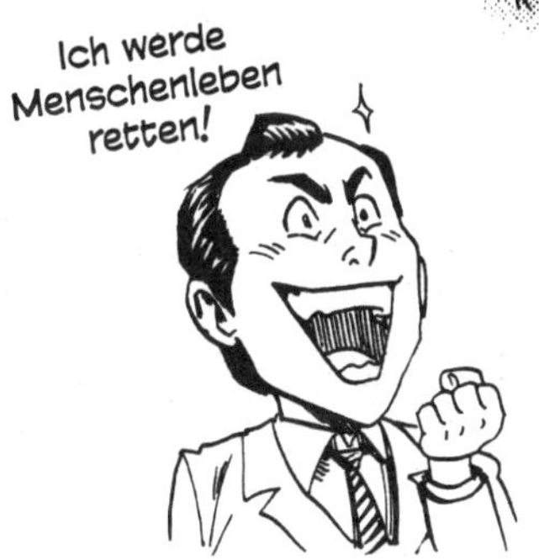

■ DER SCHULARZT DER OJO

Als Kind las er **„Black Jack“**, begeisterte sich für die Kunst der Medizin und wurde Arzt. In letzter Zeit liest er **„Say Hello to Black Jack“** und ist von der Medizin desillusioniert.

■ HERR SHIRAKAMI

Ein Physik- und Mamoris Klassenlehrer. Er hat größtes Vertrauen in die fleißige und ehrliche Mamori. Selbst wenn er sie dabei ertappen würde, wie sie jemanden ersticht, würde er wohl noch denken: **„Das Opfer und die Umgebung haben sich auf das Messer zubewegt.** Bewegung ist relativ, daher müsste man erst physikalisch beweisen, wer von beiden sich bewegt hat“, und so weiter.

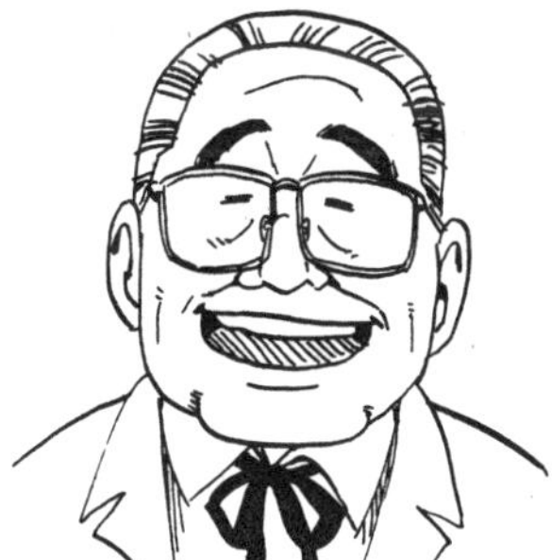

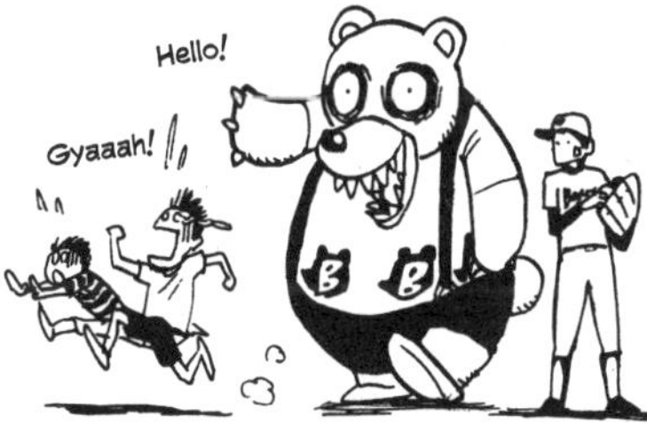

■ DIE SHUEI BEARS

Ein mittelmäßiges Pro-Baseballteam. Das Maskottchen „Grizzly“ ist für sein furchteinflößendes Aussehen berüchtigt. Während der „Dance Time“ in der zweiten Hälfte des siebten Innings hallt im Stadion das Weinen der Kinder wider.

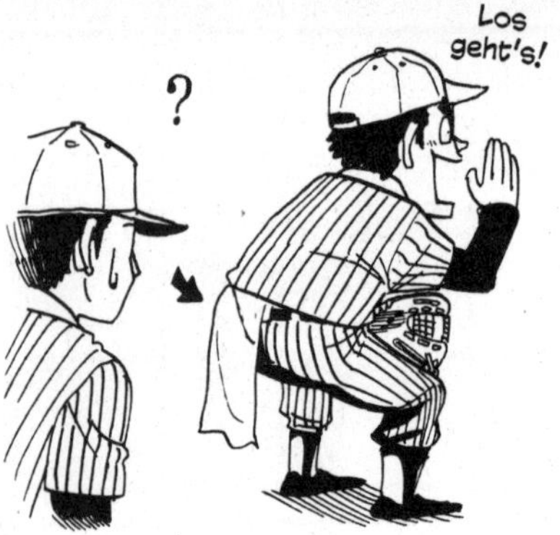

■ DER COACH DES BASEBALL-KLUBS

Er ist ein leidenschaftlicher Bears-Fan. Sein Lieblingsspruch ist: „Wenn die Bears gewinnen, **lauf ich 'ne Runde mit Lendentuch durch die Stadt."** Jedes Jahr bereitet er sich optimistisch auf Siege vor, indem er sich ein neues Lendentuch anfertigen lässt.

Aber in letzter Zeit ist ihm bewusst geworden, dass ihm ein Sieg der Bears ziemlich egal ist und **er einfach nur mit Lendentuch rumrennen will.**

■ DER JUNGE, DER HIRUMAS WURF ABBEKOMMEN HAT

Als Kind war er ziemlich klein und hat seine ganzen Ersparnisse für ein **„Magisches Wachstumsmittel" im Wert von 19.800 Yen** ausgegeben. Was er dafür erhielt, waren Kalziumtabletten (Wert: 980 Yen).

Doch dann setzte davon unabhängig seine Wachstumsphase ein. Auch heute noch kauft er Kalziumtabletten für das **Zwanzigfache des Listenpreises.**

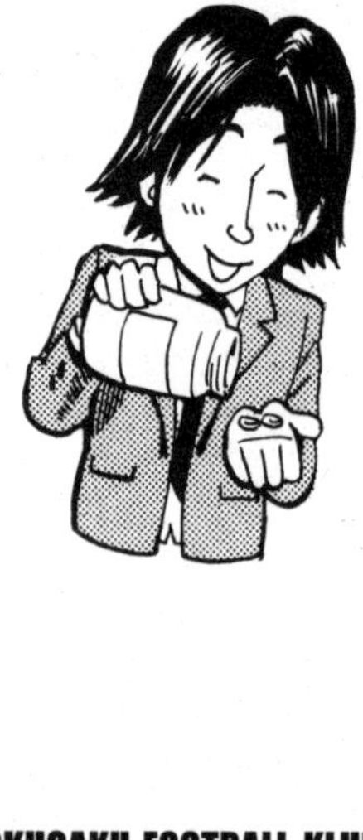

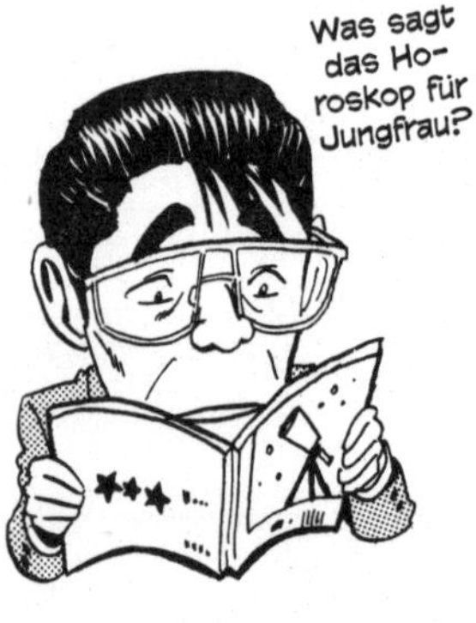

■ DER LEITER DES ZOKUGAKU-FOOTBALL-KLUBS

Ein Mann, der unter einem ziemlich unglücklichen Stern geboren wurde. Wenn er das Haus verlässt, regnet es. Wenn er sich einer Ampel nähert, wird sie rot.

Ob sich sein Pech auch beim Spiel zwischen Deimon und Zokugaku zeigen wird?

* Nr. 1 der Welt. ** Ca. 125 Euro. *** Ca. 6 Euro. **** Astrologie-Magazin

DEIMON

DEIMON-SCHÜLERZEITUNG

Vol. 3

PIROGGE-AKTIONSWOCHEN

SON SON

EIN KÄMPFER FÜR GERECHTIGKEIT

KUROMISA-MAN ERSCHEINT

EIN HOFFNUNGSSCHIMMER FÜR DAS GEFÄHRLICHE FLUSSUFER

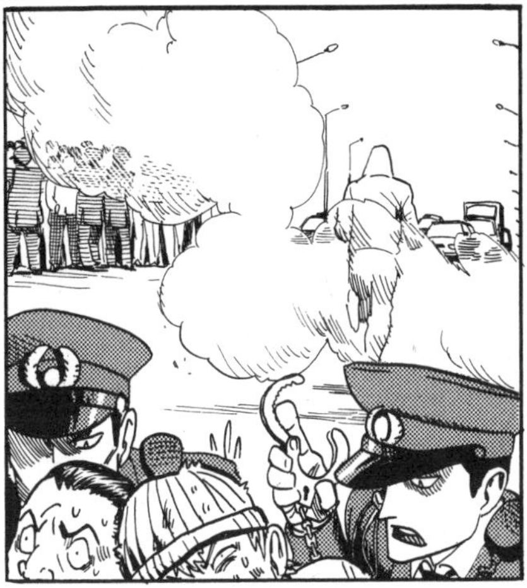

Am Ufer des Kuromisa kommt es immer wieder zu Straftaten (z. B. Raubüberfälle). Nun ist plötzlich ein mysteriöser Held aufgetaucht und hat ein Paar Schurken überwältigt.

Fing Handtaschendiebe und verschwand in aller Ruhe wieder: „Kuromisa-Man“.

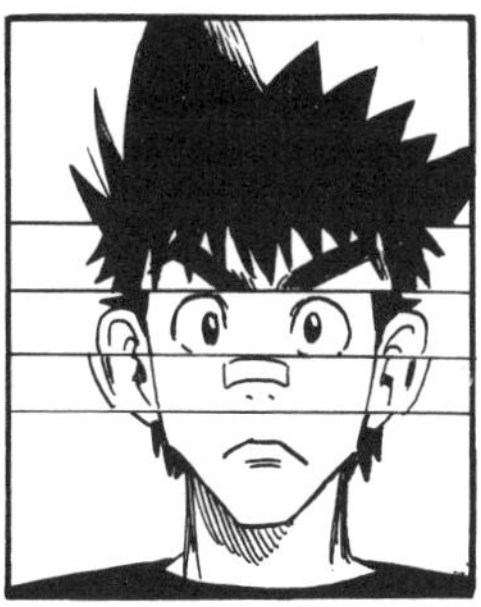

Eine Fotomontage von Kuromisa-Man, die Herr Yaji am Computer erstellt hat.

„Er war wie ein Ninja.“

„Er hat die Autos überholt, den Feind mit einem Doppelgänger-Jutsu in die Enge getrieben und das Bargeld mit bloßen Händen gefangen“, berichtet der zufällig anwesende Präsident des PC-Forschungs-Klubs mit einem Anflug von Aufregung.

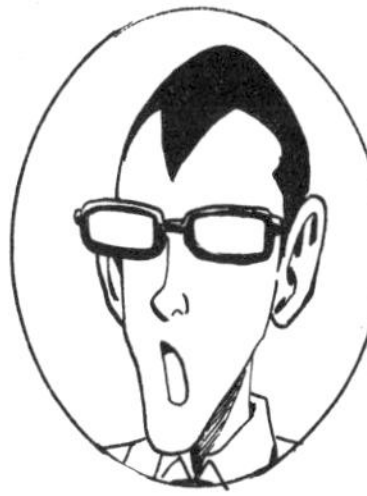

Umanosuke Yaji, Präsident des PC-Forschungs-Klubs und Augenzeuge

P-MAN

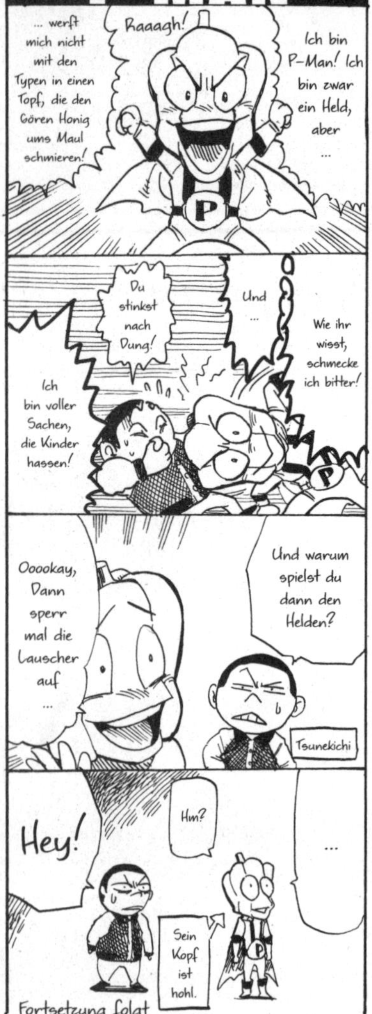

SCHULLEITFADEN

1. AUSGABE

DER KLUBRAUM DES FOOTBALL-KLUBS

EIN CASINO AUS DEM NICHTS?

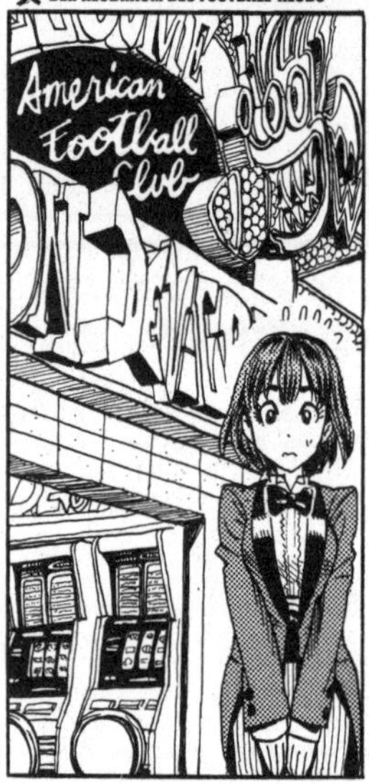

Da werden wohl viele staunend vor dem Neonschild stehenbleiben: Ja, der Klubraum des American-Football-Klubs hat sich in ein Casino verwandelt!
Auch der Autor dieses Artikels durfte die Spielautomaten testen und fuhr einen Gewinn nach dem anderen ein. Es war fast schon unnatürlich.

In einem echten Casino wäre man inzwischen steinreich. „Wir nehmen aktuell Anmeldungen für das *richtige Glücksspiel* entgegen“, grinste der Betreiber Hiruma bedeutungsschwanger.

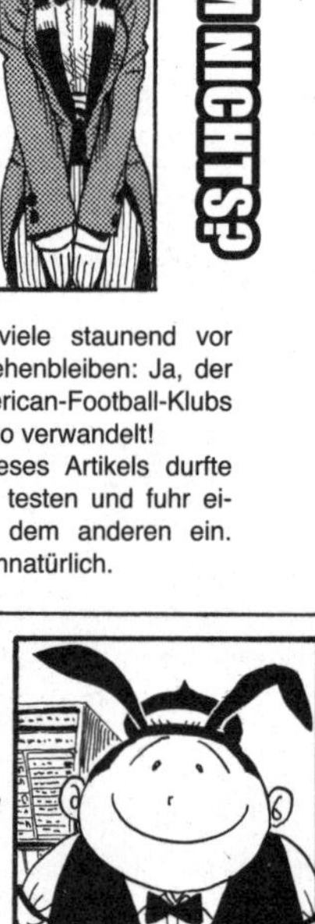

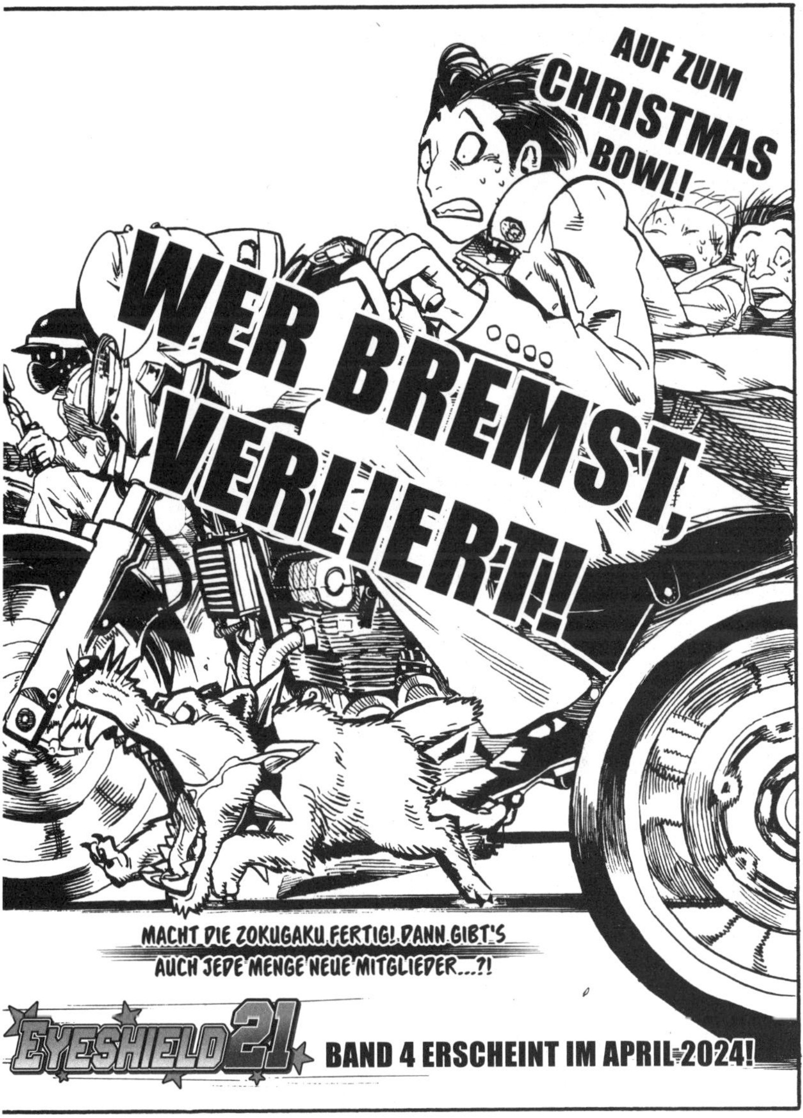

BAND 4 ERSCHEINT IM APRIL 2024!

MITARBEITER

STORY: RIICHIRO INAGAKI
ZEICHNUNGEN: YUSUKE MURATA
CHIEF: AKIRA TANAKA

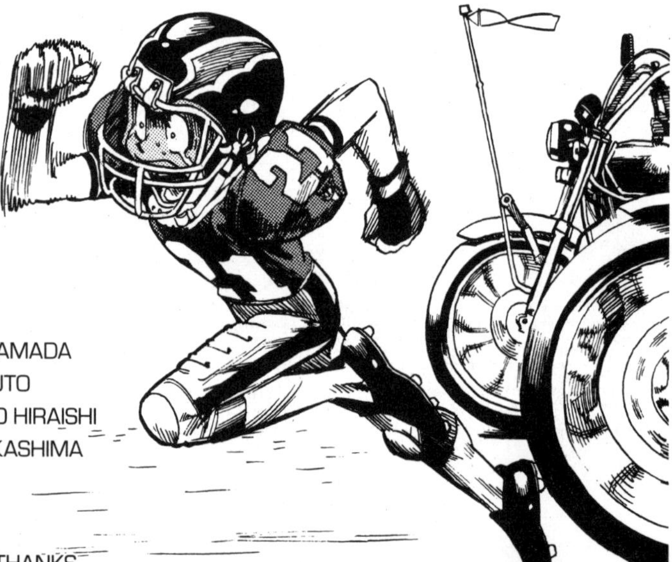

KINICHI YAMADA
KENJI MUTO
TAKAHIRO HIRAISHI
YUKI NAKASHIMA

SPECIAL THANKS
NORIKO TSUBOTA
KENTARO KURIMOTO
HEAD BANGER
TATSUNOSUKE SONODA

Comedy

Keiichi Arawi

NICHIJOU

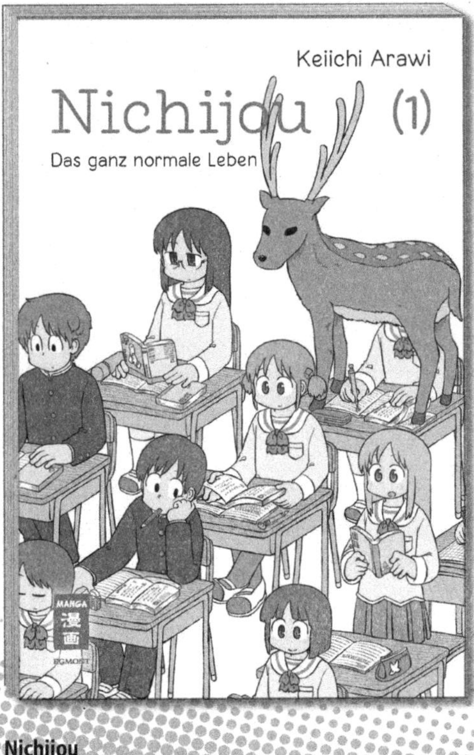

Als sich Yuko und Mio an einem sonnigen Morgen auf den Weg zur Schule machen, sind sie verwundert. Schließlich hatte der Wetterbericht Regen angekündigt. Ihr Gespräch über das schöne Wetter wird jedoch prompt von einem Schauer aus Spielzeug und Sushi unterbrochen – und ausgerechnet Lachs landet auf Yukos Kopf! Ein ganz normaler Schultag nimmt seinen Lauf ...

Nichijou
Band 1 ISBN 978-3-7555-0197-8
€ 8,00 [D]

MANGA 漫画

EGMONT

www.egmont-manga.de

Action

Tatsuki Fujimoto

CHAINSAW MAN

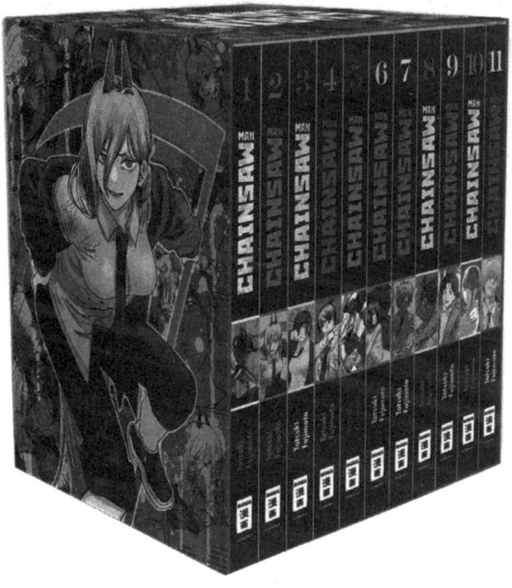

Als Denji dem kleinen Teufel Pochita – ein Hund mit einer Kettensäge auf dem Kopf – das Leben rettet, schenkt dieser ihm die Fähigkeit, sich in den Chainsaw Man zu verwandeln. Es dauert nicht lange, bis die Regierung auf ihn und seine Superkräfte aufmerksam wird: Ab sofort macht Denji beruflich den Dämonen die Hölle heiß!

Chainsaw Man Schuber mit Extras

ISBN 978-3-7704-4318-5

€ 86,00 [D]

MANGA 漫画

EGMONT

www.egmont-manga.de

Action

Tatsuki Fujimoto
CHAINSAW MAN

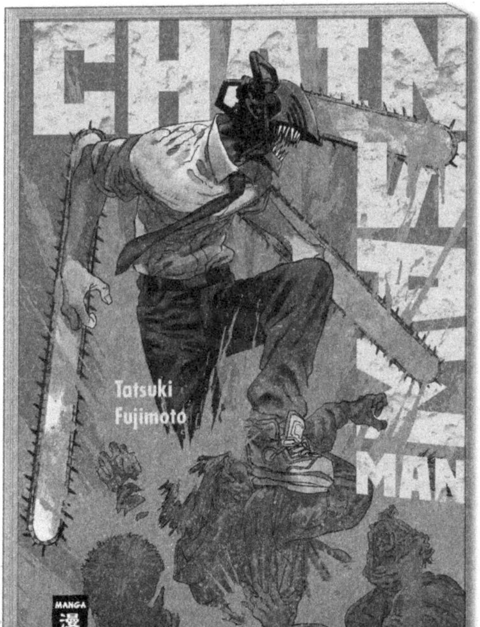

Denjis größter Wunsch ist es, ein ganz normales Leben zu führen. Doch er hat von seinem Vater nichts als Schulden bei der Mafia geerbt. Als Denji dem kleinen Teufel Pochita das Leben rettet, schenkt dieser ihm die Fähigkeit, sich in den Chainsaw Man zu verwandeln. Es dauert nicht lange, bis die Regierung auf den Jungen mit der Kettensäge als Kopf aufmerksam wird...

Chainsaw Man

Band 1 ISBN 978-3-7704-2847-2
€ 7,00 [D]

MANGA 漫画

www.egmont-manga.de

EGMONT

„Eyeshield 21“ 03 von Riichiro Inagaki und Yusuke Murata
Aus dem Japanischen von Markus Lange

Originalausgabe:

First published in Japan in 2002 by SHUEISHA Inc., Tokyo.
German translation rights in Germany, Austria and German-speaking Switzerland arranged by SHUEISHA Inc. through VME PLB SAS, France.

Deutschsprachige Ausgabe:

verlegt durch Egmont Verlagsgesellschaften mbH,
Ritterstr. 26, 10969 Berlin

1.Auflage 2024

Verantwortlicher Redakteur: Marco Walz
Gestaltung: Laura Bartels
Koordination: Angelika Schönhuber
Printed in the EU
ISBN 978-3-7555-0209-8

www.egmont-manga.de

SUTOPPU!

Koko wa kono manga no owari dayo.
Hantaigawa kara yomihajimete ne!
Dewa omatase shimashita!
Tanoshii hitotoki wo dozo!

Egmont-Manga-Chiimu

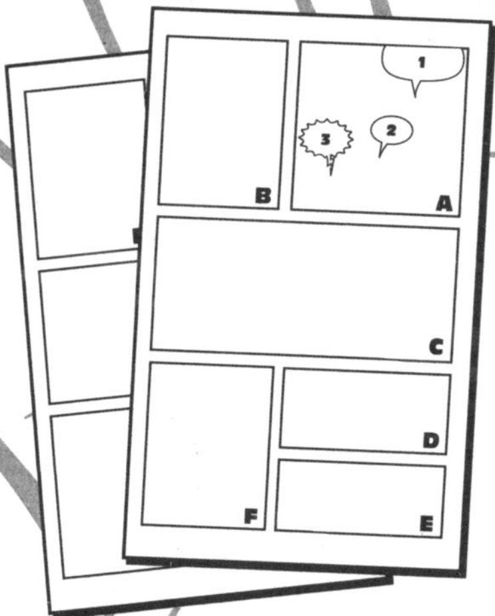

STOPP!

Das ist der Schluss des Mangas.
Fangt bitte am anderen Ende an!
Und nun genug der Vorrede,
viel Spaß beim Lesen!

Euer Egmont-Manga-Team